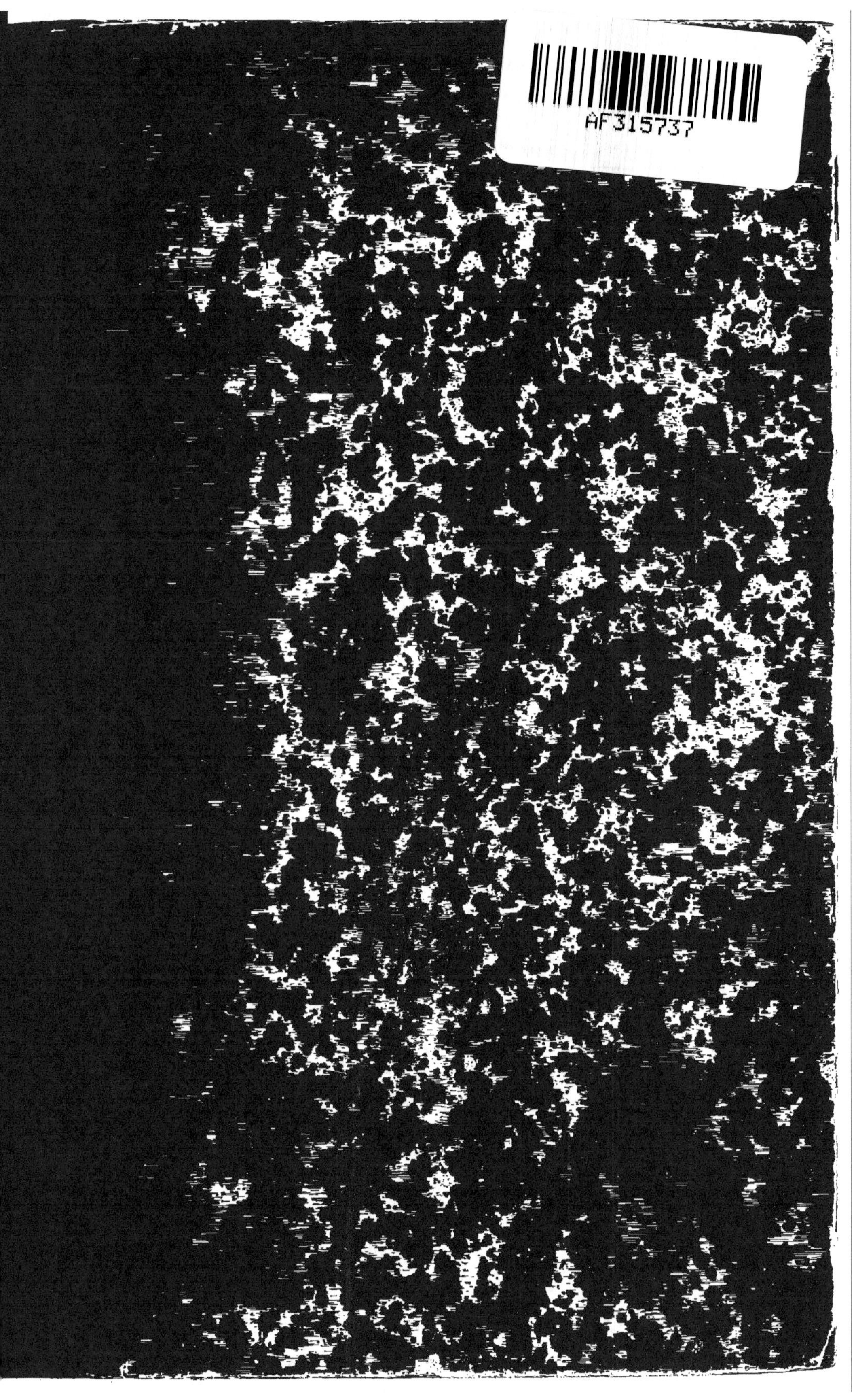
AF315737

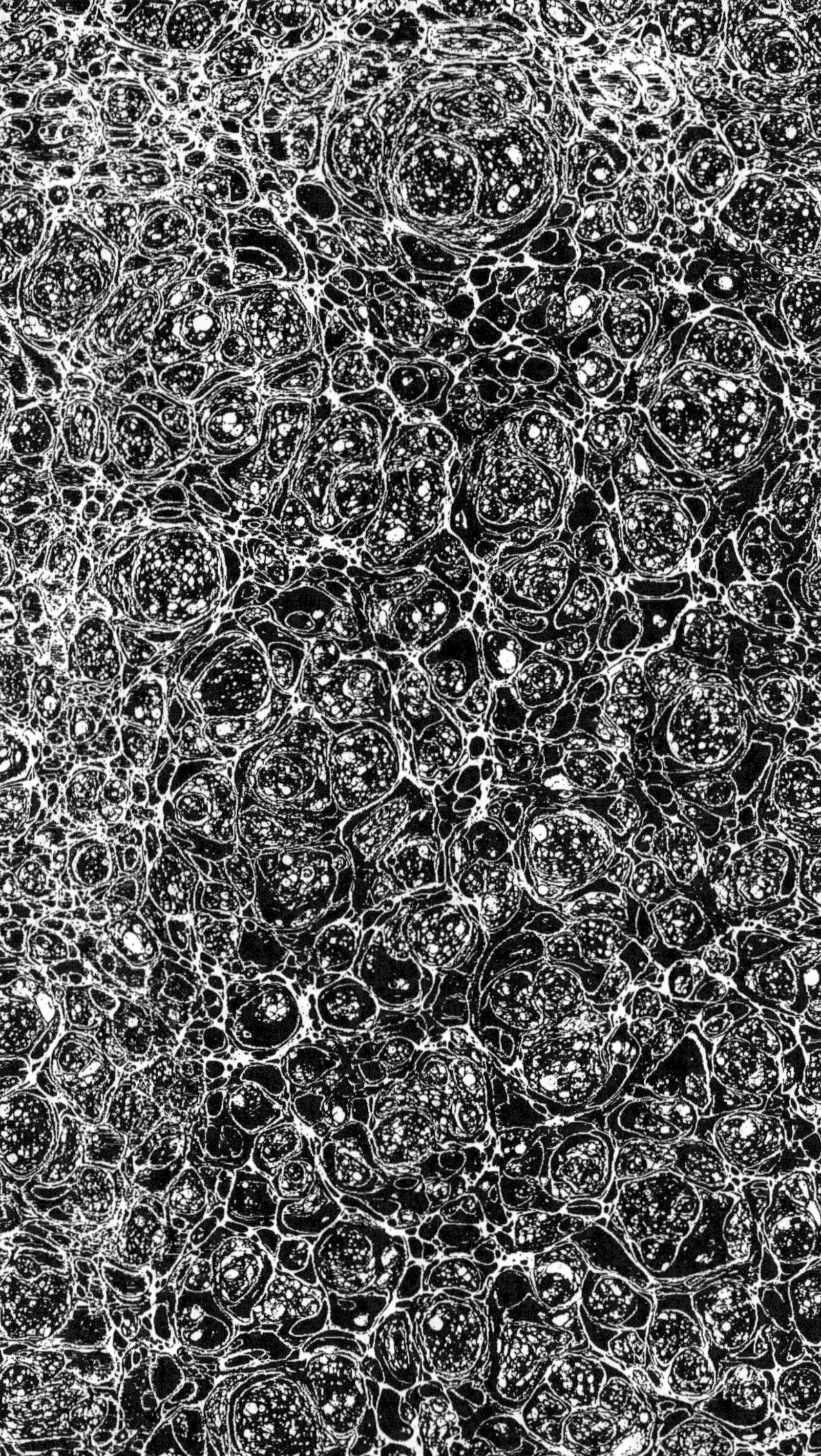

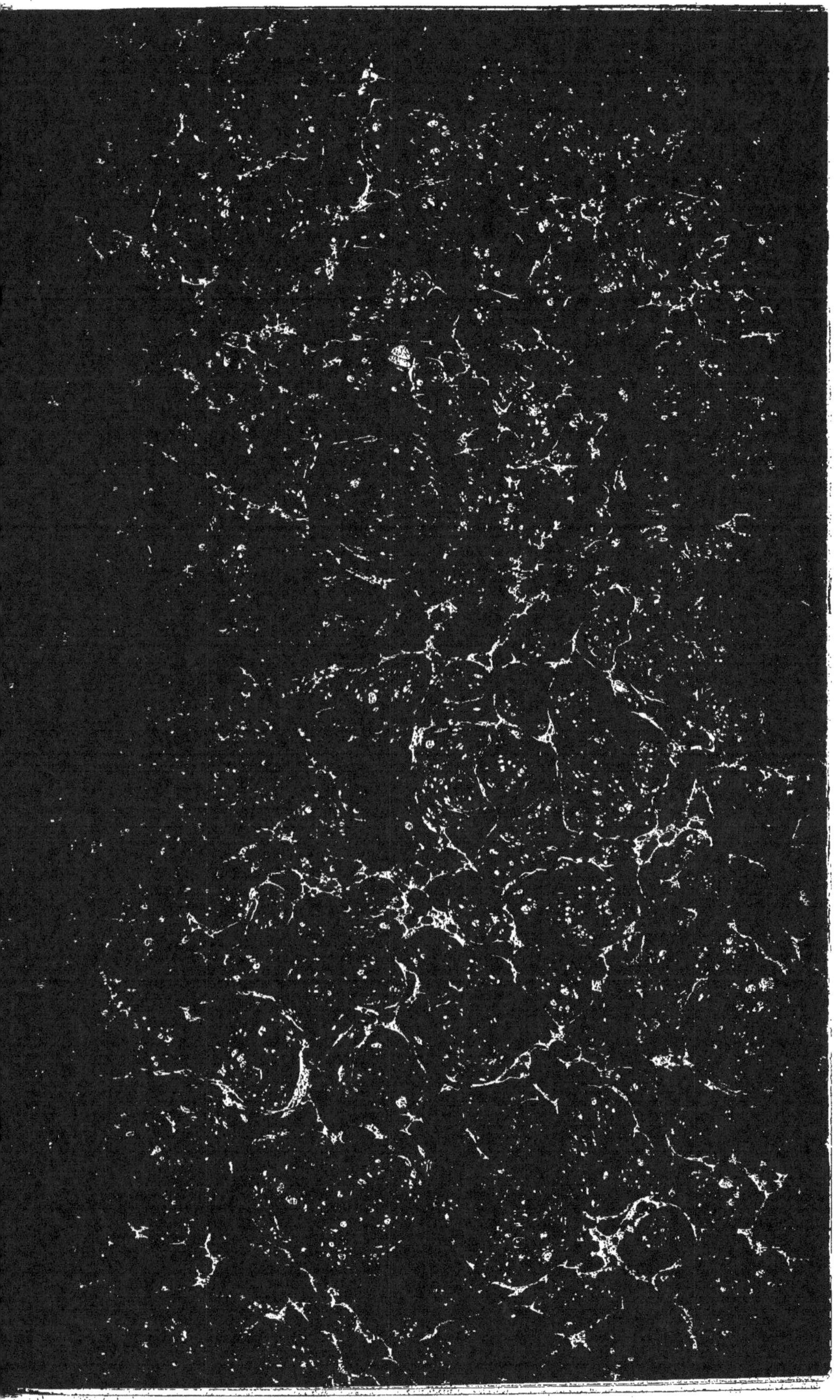

35

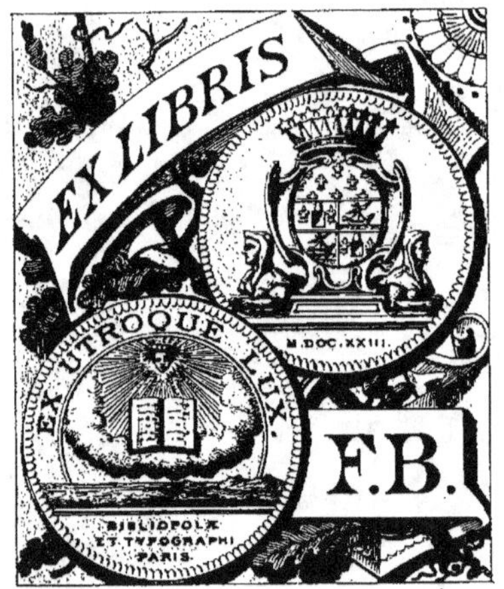

EX LIBRIS
EX UTROQUE LUX.
M.DCC.XXIII.
F.B.
BIBLIOPOLÆ
ET TYPOGRAPHI
PARIS

MYSTÈRES

DES

VIEUX CHATEAUX DE FRANCE.

PARIS. — TYPOGRAPHIE DE E. ET V. PENAUD FRÈRES,
10, RUE DU FAUBOURG-MONTMARTRE.

MYSTÈRES

DES

VIEUX CHATEAUX DE FRANCE

OU

AMOURS SECRÈTES

DES ROIS ET DES REINES,

DES PRINCES ET PRINCESSES, AINSI QUE DES GRANDS PERSONNAGES DU TEMPS.

AVENTURES MYSTÉRIEUSES, SCÈNES DRAMATIQUES,

FAITS MERVEILLEUX, APPARITIONS, REVENANTS, FANTÔMES, ETC.

PAR UNE SOCIÉTÉ D'ARCHIVISTES

SOUS LA DIRECTION DE

A. B. LE FRANÇOIS.

TOME PREMIER.

PARIS.

EUGÈNE ET VICTOR PENAUD FRÈRES, ÉDITEURS,

10, RUE DU FAUBOURG-MONTMARTRE.

Mme DE MONTESPAN.

elle s'attacha plus à captiver les sens du roi qu'à subjuguer son cœur

PRÉFACE DES ÉDITEURS.

Depuis quelque temps les recherches historiques sont à l'ordre du jour. Chacun, savant ou ignare, poëte ou prosateur, écrivain ou barbouilleur de papier, tout le monde s'est mis à l'œuvre pour reconstruire soit une province, soit une ville, soit un bourg, soit un monument quelconque du passé.

Pour nous, au milieu de cette réédification d'un ordre de choses qui a disparu, nous avons cru qu'il serait très-piquant de voir les châteaux, ces antiques résidences d'une noblesse à jamais déchue, sortir comme par enchantement de leurs ruines, et apparaître non-seulement avec toute leur pompe et leur majesté, mais encore avec leurs hôtes illustres, avec leurs châtelains et leurs châtelaines, avec leurs belles dames et leurs beaux chevaliers, et aussi avec les scènes curieuses, saisissantes, dramatiques, qui se sont passées dans l'enceinte de leurs vastes murailles.

C'est dans la pensée d'amuser, d'instruire et surtout d'intéresser vivement le public, que nous avons conçu le projet du nouvel ouvrage que nous éditons aujourd'hui, sous le titre principal de *Mystères des vieux Châteaux de France.*

Le sous-titre, *Amours des rois,* etc., indique suffisamment la nature des scènes dont nos lecteurs auront le plus souvent le spectacle. Parmi les châteaux que nous voulons réédifier, il en est bien peu qui n'aient été, sinon possédés, du moins fréquentés, soit par un roi, soit par une reine, soit par un prince, soit par une princesse ; et, chose qu'on est bien forcé de signaler, il en est bien peu aussi qui n'aient été rendus célèbres par les galanteries ou les amours mystérieuses de ces nobles personnages

Chinon rappelle Charles VII et Agnès Sorel ;

Loches, Louis XII et Anne de Bretagne ;

Anet, Henri II et Diane de Poitiers ;

Blandy, le beau Dunois, puis la belle Marie de Clèves ;

Choisy-le-Roi, Lauzun et la princesse de Montpensier ;
Louis XV et Mme de Pompadour ;

Chanteloup, la princesse des Ursins, puis le duc de Choiseul ;

Marly, Louis XIV et Mme de Maintenon ;

Chenonceau, encore Henri II et Diane de Poitiers ;

Jumiége, encore Charles VII et Agnès Sorel ;

Chantilly, Henri-Louis de Bourbon et Mme de Prie.

Chambord, François Ier et la duchesse d'Étampes ;
Louis XIV et la duchesse de La Vallière, etc. etc.

Les fêtes, les combats, les scènes nocturnes, les prisons
souterraines, les faits merveilleux, les apparitions de reve-
nants et de fantômes viendront quelquefois, en nous im-
pressionnant diversement, exciter notre gaieté ou notre
tristesse, notre pitié ou notre indignation, notre effroi ou
notre intérêt.

Les *Mystères des vieux Châteaux de France,* immense

panorama des faits les plus divers, des sites les plus variés, demandaient, pour être conduits à bonne fin, la coopération de plusieurs savants : aussi nous avons confié l'exécution de notre projet à une société d'historiens, esprits spéciaux, consciencieux, pleins de patience et d'érudition, sachant en outre présenter sous les couleurs les plus brillantes les résultats de leurs savantes et nombreuses investigations.

Afin de rendre notre livre plus intéressant et en même temps plus agréable à la lecture, nous l'avons illustré avec le plus grand soin: nous l'avons embelli de magnifiques gravures, représentant les châteaux dans toute leur splendeur, ainsi que les situations les plus pittoresques, les scènes les plus frappantes et les plus dramatiques; nous pouvons dire que nous n'avons rien négligé pour que cette partie de notre ouvrage fût la plus vraie, la plus attrayante possible, fût enfin, sous tous les rapports, digne de l'œuvre principale.

Les Editeurs.

INTRODUCTION.

———

L'histoire des châteaux est bien ce qu'il y a de plus merveilleux, de plus dramatique, de plus intéressant dans les annales de la France. Que de poésies, que de magnificence dans ces superbes habitations, demeures féodales d'une puissance qui a régné avec tant de faste et qui maintenant n'existe plus! Que d'impressions, que de souvenirs de toute espèce ces sombres donjons, ces murailles crénelées, ces tours épaisses, ces parcs et ces jardins royaux n'excitent-ils pas dans l'esprit! Aujourd'hui que le marteau des démolisseurs a fait disparaître la plus grande partie de ces magnifiques monuments du passé, que l'histoire de la noblesse, grandeur à jamais déchue, ne nous apparaît plus que comme un róman d'imagination, un rêve délicieux ou un de ces contes fantastiques des *Mille et une nuits,* nous allons tâcher de reconstruire, aux yeux de ceux qui nous liront, ces palais enchanteurs, dont les ruines éparses çà et là, et conservées avec respect par les antiquaires, ne sont plus que les témoins en deuil de merveilles qui ont disparu, et que l'on est presque forcé de regretter en même temps qu'on les admire.

Nous visiterons, un flambeau à la main, toutes les parties les plus cachées de ces maisons seigneuriales : depuis les vastes souterrains qui ont si souvent servi de tombeaux à de malheureuses victimes, jusqu'aux boudoirs des nobles dames, siéges de l'opulence et de la volupté; depuis le temple saint où le son de l'orgue harmonieux se mêlait aux ferventes prières du religieux châtelain, jusqu'à la salle d'armes et le salon d'honneur, où se sont passées tant de scènes dramatiques, où se sont débattues, au milieu des rires et des menaces, les destinées d'un vassal insoumis ou d'une province voisine.

Nous évoquerons surtout les illustres habitants de ces antiques manoirs : nous ferons comparaître leurs ombres pour les interroger, les faire agir et parler devant nous.

Ici, parmi tout ce que le luxe peut offrir à l'œil de plus ravissant, de plus somptueux, nous verrons la belle Diane de Poitiers et le jeune Henri II imprimer sur les vitraux d'Anet leurs chiffres entrelacés, emblème de leurs serments mutuels et de leurs fraîches amours.

Là, au château de Choisy-le-Roi, nous assisterons aux petits soupers de Louis XV, orgies royales où n'étaient admis que Mme de Pompadour avec quelques seigneurs privilégiés ; ou bien nous entendrons l'audacieux Lauzun, le cadet de Gascogne, battre et injurier une petite fille de France qui avait eu la faiblesse de l'aimer et de lui déclarer son amour.

Plus loin, du côté de Chambord, François Ier se vengera d'une manière chevaleresque de Charles-Quint, son rival en puissance, mais non pas en loyauté ; il parcourra ensuite voluptueusement, avec la jolie duchesse d'Étampes, les mêmes allées, les mêmes berceaux où viendront bientôt s'abriter, dans leurs chastes amours, le grand roi Louis XIV et la sensible La Vallière.

A Chenonceau, nous verrons briller successivement tout ce que la beauté, la jeunesse et l'esprit peuvent avoir de plus charmant, de plus gracieux : Diane de Poitiers, Catherine de Médicis, Marguerite de Valois, Marie Stuart.

A Chinon, tandis que Charles VII oublie ses devoirs de roi dans une coupable oisiveté, nous donnerons notre admiration à une jeune fille, pure comme les anges, héroïque comme les plus courageux, qui vient sauver la France de l'invasion des Anglais, et arracher son roi aux molles douceurs d'un amour efféminé.

A Loches, nous contemplerons avec intérêt la jeune et belle

Agnès Sorel, qui, sachant allier le patriotisme au plaisir, la grâce au courage, profite de l'ascendant que ses charmes lui ont donné sur l'esprit du roi, pour obliger son amant et souverain maître à abandonner un instant les délices de l'amour et à voler loin d'elle, sur les traces du beau Dunois, au secours de la France en danger.

A Marly, ce rien, ce pied-à-terre que Louis XIV fit bâtir par caprice, et dont il fut quitte pour un peu plus d'un milliard, nous verrons Mme de Maintenon, favorite bigote, méditer avec Bossuet, son directeur, la funeste révocation de l'édit de Nantes.

A la Malmaison, nous assisterons à l'élévation, à la grandeur et à la déchéance de Napoléon. Nous suivrons le héros dans les diverses situations de sa vie privée, depuis son mariage avec Joséphine jusqu'à son couronnement, depuis son divorce jusqu'à son abdication et son exil. Nous accorderons, en passant, une larme de compassion à cette épouse infortunée, objet de sa première affection ; astre bienfaisant qui semblait présider à ses hautes destinées, qui s'éclipsa tout à coup avec la splendeur de la France, qui s'éteignit avec le regard de l'aigle, abattu au milieu de l'incendie de Moscou et des neiges de la Russie.

Tantôt nous serons effrayés par les fréquentes apparitions du château de Blandy ; nous entendrons avec un frisson d'effroi les bruits mystérieux dont retentissent chaque nuit d'hiver les sombres tourelles du vieux manoir ; nous tremblerons de crainte à la vue des fantômes, soit qu'ils se promènent d'une manière lugubre autour des tombeaux, soit qu'ils abandonnent leurs demeures sépulcrales pour envahir les vastes galeries ou les sombres corridors, soit qu'ils soulèvent leurs draps mortuaires pour adresser un reproche aux vivants ou rappeler à leur mémoire oublieuse des promesses qui jadis ont été faites dans un moment solennel.

Dans d'autres lieux nous assisterons à des scènes moins merveilleuses, mais plus horribles, qui exciteront notre indignation en nous faisant abhorrer l'antique régime de la féodalité. Du fond des souterrains humides, où le soleil ne pénètre jamais, nous entendrons les tristes lamentations des malheureux prisonniers, se mêlant lugubrement au sourd cliquetis de leurs chaînes. Ces victimes de la tyrannie seigneuriale sont destinées à expier pendant toute leur vie une faute souvent bien légère, et quelquefois un soupçon mal fondé, un crime imaginaire... Nous verrons quelques-uns de ces infortunés, que la négligence de leurs bourreaux avait oubliés dans des cachots obscurs, mourir affreusement d'inanition, après s'être auparavant dévoré quelque membre pour assouvir leur impitoyable faim.

Nous n'en finirions pas, si nous voulions donner un aperçu, même le plus léger, de toutes les scènes que nous allons évoquer, de toutes les ombres que nous allons faire comparaître pour les passer en revue.

Au milieu de cette évocation magique, nous aurons soin de

contenir assez notre imagination pour l'empêcher de tomber dans les écarts de l'invraisemblance, et d'apercevoir jamais autre chose que la vérité.

Nous ne chercherons pas à soumettre nos récits à un ordre méthodique, à une classification régulière et chronologique; nous passerons sans scrupule d'un sujet à un autre, comme l'abeille voltige de fleur en fleur; bien persuadé, ainsi que l'était Voltaire, que le plus grand vice d'un écrivain, c'est d'ennuyer ses lecteurs, et que le plus grand défaut d'une œuvre littéraire quelconque, c'est la monotonie ou l'uniformité.

A. B. Le François.

CHOISY-LE-ROI.

Je m'en vais vous mander la chose la plus étonnante, la plus surprenante, la plus merveilleuse, la plus miraculeuse, la plus triomphante, la plus étourdissante, la plus inouïe, la plus singulière, la plus incroyable, la plus imprévue... M. de Lauzur épouse dimanche, au Louvre, devinez qui?... je vous le donne en cent... Il épouse Mademoiselle...

LETTRES DE Mme DE SÉVIGNÉ.

FÊTE DE NUIT AU CHATEAU DE CHOISY—LE—ROI.

(Mystères des Vieux Châteaux de France.)

CHOISY-LE-ROI.

Choisy ! que de plaisirs bruyants et de sombres mélancolies, que d'aveux passionnés et de tendres reproches, que de dévouement et de noire ingratitude, que de mésalliances et de dérogations, ce nom ne rappelle-t-il pas ! Bosquets silencieux, sentiers abandonnés, ruines désertes, vous retentissez encore des plaintes amoureuses de mademoiselle de Montpensier, petite-fille de Henri IV, et des grossiers jurons dont les entremêlait le cadet de Gascogne, l'audacieux Lauzun, son amant et son époux secret. Vers le soir, lorsque la brise parfumée agite la surface des ondes où se reflétait jadis, au clair de la lune, un palais enchanteur ; écho des vallées de la Seine, vous semblez redire encore les propos galants, les gais éclats de rire, les chants joyeux, toute la volupté et tout le tumulte des petits soupers, orgies royales, où Louis XV et madame de

Pompadour se réjouissaient avec quelques privilégiés, grands seigneurs et roués de la cour. Ici, derrière cette charmille décorée de lilas et de chèvrefeuille, le grand dauphin, élève de Bossuet, oubliant l'éminence de son rang et les leçons de son précepteur, se promenait autrefois, les bras entrelacés, avec l'actrice la Raisin, qui répondait à ses serments d'amour par des promesses d'éternelle fidélité, promesses et serments que le vent emportait aussitôt avec la fleur éphémère détachée de la charmille. Là, sur ce gazon fleuri, témoin discret de tant de délices, bondissait en folâtrant une jeunesse légère, insouciante, radieuse de plaisir et de santé, tandis que dans ce parterre émaillé de brillantes couleurs, quelques belles duchesses venaient cueillir des parures de roses, qu'une main audacieuse fanait bientôt de l'autre côté, sous ce massif de feuillage, ou bien sous cet antique berceau de verdure. Partout, dans ces lieux enchantés, l'imagination reçoit mille impressions, recueille mille souvenirs ; partout, l'esprit, diversement agité, est forcé, par le charme qu'il éprouve, à se replier sur lui-même, à jeter un regard rétrograde vers le passé, et à se rappeler en détail toutes les choses qu'il a vues dans l'histoire des deux siècles qui viennent de s'écouler.

Le château de Choisy était situé à deux lieues sud-est de Paris, dans le village qui porte le même nom. Il fut bâti, vers 1674, par mademoiselle de Montpensier, la *grande Demoiselle,* comme on l'appelait de son temps, petite-fille de Henri IV, fille de Gaston d'Orléans, nièce de Louis XIII et cousine germaine de Louis XIV. Mademoiselle de Montpensier, dont les propriétés étaient immenses, qui possédaient à Paris le palais du Luxembourg, et en province le château d'Eu, le château d'Aumale, le château de Thiers, le château de Dombes, celui de Châtellerault, celui de Saint-Fargeau, trouva que ces magnifiques habitations, toutes princières qu'elles étaient, manquaient cependant d'un avantage bien regrettable, celui de n'être pas, comme les châteaux de Versailles, de Sceaux et de Saint-Germain, dans les environs de la capitale. Elle voulait avoir à sa portée

une retraite où elle pût se retirer de temps en temps et rêver à son aise,
une solitude où elle pût fuir le grand monde et se soustraire à l'impor-
tunité des visites, un boudoir champêtre pour y exhaler ses soupirs
d'amour, sans autres témoins que les oiseaux de ses jardins et les bate-
liers naviguant sur les eaux de la Seine. Cette retraite, cette solitude,
ce boudoir champêtre, elle alla le chercher dans le village de Choisy.

Placée sur les bords de la Seine, au milieu de plantations d'arbres de
toute espèce, entourée de nombreuses allées de tilleuls, de saules et de
peupliers, sa nouvelle demeure s'harmonisait parfaitement avec l'état de
son âme en souffrance. Le Nôtre, qu'elle avait amené sur les lieux pour
qu'il lui donnât quelques conseils relatifs à la disposition du parc et
des bâtiments à construire, était d'avis que l'on fît abattre toutes les
plantations, sous le prétexte qu'elles obstruaient les avenues, et que l'on
ne pouvait y voir que comme à travers une lucarne. Ces arbres à épais
feuillage, ces allées en forme de berceau, cette demi-obscurité qui ré-
pugnaient tant à Le Nôtre, convenaient au contraire très-bien à la
situation de Mademoiselle : aussi renvoya-t-elle l'architecte de Louis XIV
tracer régulièrement les jardins de Versailles, bien déterminée à ne
mettre à exécution que les plans qu'elle avait elle-même imaginés. Bâti
d'après ses propres idées, le château de Choisy fut pendant toute sa vie
l'objet de ses plus chères prédilections. Le regardant comme le fruit de
ses œuvres, elle l'affectionna comme une mère affectionne son enfant ;
elle y ajouta sans cesse de nouveaux ornements ; elle voulut même qu'il
portât son nom, de sorte que, jusqu'à l'époque de Louis XV, où il fut
appelé *Choisy-le-Roi,* il ne fut désigné que sous la dénomination de
Choisy-Mademoiselle.

Dans les Mémoires qu'elle a laissés, elle parle avec une certaine complaisance de son habitation chérie. Nous nous hasardons à donner ici la
description qu'elle en a faite, en priant le lecteur de ne point s'arrêter aux
incorrections de style : une princesse du règne de Louis le Grand devait

être plus soumise aux lois de l'étiquette qu'à celles qui régissent la langue française. Voici ce que nous lisons dans ces Mémoires :

« Ce château est un grand corps de logis, avec deux avances aux deux bouts pour marquer des pavillons tout de pierre de taille, sans aucun ornement ni architecture. Si j'avais lu les livres qui en traitent, j'aurais fait une belle description ; cela aurait été une affectation qui ne me convient pas.

« Il y a une grande terrasse qui regarde depuis un bout jusqu'à l'autre du jardin. Monsieur m'a appris que quand il n'y a que cent arpents, on ne doit pas y donner le nom de parc ; j'y ai pourtant ce nombre-là, à y compter les cours et les bâtiments.

« Au-dessous de cette terrasse, devant la maison, est un parterre assez petit, borné par la rivière que l'on voit de l'appartement d'en bas. Comme j'y ai pris ma maison pour y aller en été, j'ai pris mes mesures pour que l'on vît la rivière dans le temps qu'elle était le plus basse ; de mon lit je la vois, et les bateaux qui y passent.

« A droite et à gauche sont deux petits bois, et une grande terrasse qui règne encore d'un bout du jardin à l'autre. Il y a des fontaines autant qu'il en faut, et si j'en voulais davantage, j'en aurais. J'y ai fait planter beaucoup d'allées qui viennent fort bien.

« Ce qui est de plus agréable, c'est que de tous les côtés de ma maison on voit la rivière et de tous les bouts des allées.

« D'un côté de ma maison on voit jusqu'à l'arc de triomphe ; de l'autre, Villeneuve-Saint-Georges, la forêt de Sénart et la plaine de Créteil ; on voit Saint-Maur, Villeneuve-le-Roi, à M. Pelletier, le ministre, où est une belle maison que le chancelier du Vair avait autrefois fait bâtir.

« Il y a à ma maison une belle orangerie, un agréable potager, avec trois fontaines, et tout ce qu'il faut pour accompagner la beauté de ma maison, qui a de la grandeur quoiqu'elle soit petite. Il y a une assez belle galerie, qui n'est pas peinte ; la chapelle est belle, bien peinte par

La Fosse, un des meilleurs peintres de ce temps, après M. Le Brun.

« Le long temps qu'il aurait fallu pour peindre la galerie, et le goût qu'elle eût senti, m'en ont empêchée.

« La maison est commode. Il y a un cabinet où toutes les conquêtes du roi sont en petit par Vander Meulen, un des plus habiles peintres de ces matières ; le portrait du roi est partout, comme le plus bel ornement qui puisse être en lieu du monde, le plus cher et le plus honorable pour moi.

« Il y a une salle où je mange, où sont tous mes proches ; c'est-à-dire le roi mon grand-père, la reine ma grand'mère ; le roi Louis XIII, mon oncle ; la reine Anne d'Autriche, sa femme ; les reines d'Angleterre et d'Espagne, mes tantes, et les rois leurs maris ; la duchesse de Savoie, ma tante ; mes sœurs et leurs maris ; la princesse de Savoie, fille aînée, et la duchesse de Parme, sa cadette ; ma mère, ma belle-mère, et l'infante Isabelle-Claire-Eugénie d'Autriche, gouvernante des Pays-Bas, à qui mon père avait tant d'obligations et dont il honorait tant la mémoire, qu'il est bien juste de la placer ici parmi tous mes proches.

« Les portraits de MM. les princes Henri de Bourbon, Louis-Henri-Jules et Armand, prince de Conti, y sont aussi, et mesdames les princesses Marguerite de Montmorency, Claire-Clémence Maillé, Anne, palatine de Bavière et Anne Martinozzy. Si M. le prince dernier mort avait pu y avoir une place, où toutes ses grandes actions eussent pu être représentées, c'eût été une très-belle décoration, qui ferait un très-grand plaisir à une petite-fille de France, dont la mère était de Bourbon. *Chacun de ces portraits a son nom écrit au bas, afin que si quelqu'un avait une ignorance assez crasse pour ne les pas reconnaître, il eût recours à la lettre.* » (1)

Arrêtons-nous à cette dernière phrase, pour ne point parcourir encore

______

(1) *Mémoires de mademoiselle de Montpensier,* édition Pétitot.

une longue série de portraits; d'ailleurs, elle renferme un trait caractéristique, qui peint mieux que tout autre la fierté naturelle de la grande
Demoiselle. Cette princesse, issu du sang des Bourbons, qui aimait tant
à énumérer les hauts personnages de sa lignée; qui pensait que toute la
terre devait connaître chacun de ses parents et les désigner sur leurs
portraits; qui était si orgueilleuse, qu'elle refusa les plus riches partis,
celui du roi du Portugal et celui de Monsieur, frère du roi de France;
qui portait ses prétentions si haut, qu'elle espéra longtemps épouser
Louis XIV, jusqu'à ce qu'elle eût fait pointer sur les troupes royales le
canon de la Bastille, lequel, selon l'expression de Mazarin, lui tua son
mari : arrivée à l'âge de quarante-trois ans, elle sentit raviver en elle des
feux de jeunesse que tout le monde croyait éteints; elle brûla tout à
coup d'amour pour Lauzun, lui déclara sa flamme, et la petite-fille de
Henri IV, animée d'une ardeur qui n'était point celle qui lui avait fait
affronter les périls de la Fronde, se mit aux genoux d'un cadet de famille,
d'un gentilhomme d'assez basse extraction, qui se moqua d'elle, lui extor-
qua des richesses et méprisa son amour.

On rapporte un fait extraordinaire arrivé à Mademoiselle dans le jardin
du Luxembourg, et qui aurait été la prédiction de quelques événements
de sa vie agitée. Un jour qu'elle se promenait seule dans une longue
allée ombragée de tilleuls, un vieillard se présenta tout à coup à elle, et
voulut lui parler. La princesse, effrayée de cette subite apparition, eut à
peine assez de force pour crier et s'enfuir vers le palais. Ses gens accoururent aussitôt; on fit dans le parc de nombreuses recherches, qui restèrent sans résultat. Peu de jours après, lorsque sa frayeur était dissi-
pée, repassant par le même endroit, elle aperçut encore devant elle le
vieillard, qui, avec un air suppliant, manifesta de nouveau le désir de lui
adresser la parole. Cette fois, tremblante de tous ses membres, la princesse poussa un cri, mais ne put faire un pas; bientôt elle s'évanouit et
tomba sur le gazon en fleur qui bordait le chemin. Quelque temps après,

elle revint à elle ; elle était entourée de tous les gens de sa maison, et tenait à la main un papier qu'elle serrait convulsivement. Tout le monde soupçonna que ce papier provenait du vieillard, qui, désespérant de se faire entendre de la princesse, avait voulu lui communiquer par écrit ce qu'il avait l'intention de lui révéler. Ce papier renfermait trois dessins d'une perfection admirable. Le premier représentait un navire porté sur le sommet d'une vague, et dans le navire un serpent levant une tête orgueilleuse au-dessus de l'élément en courroux. Le second représentait un naufrage : on y voyait les débris d'un navire flottant sur les ondes, et le serpent du premier dessin recueilli, au moment où il allait périr, par une femme au front noble et à l'air compatissant. Le troisième représentait un château baigné par une rivière : dans le lointain on apercevait les tours de Notre-Dame ; au milieu d'un massif de saules pleureurs, la femme du second dessin, blessée par le serpent qu'elle avait généreusement secouru. Par la suite, Mademoiselle reconnut dans le serpent l'ambitieux Lauzun ; dans le château, Choisy sur le bord de la Seine ; dans la femme au front noble, elle-même. L'histoire singulière de Mademoiselle et surtout de Lauzun, son amant et son époux, peut seule faire connaître toute la justesse d'une semblable interprétation.

Lauzun offre un des exemples les plus curieux de la bonne ou de la mauvaise fortune qui peut ballotter un courtisan. C'est de lui que La Bruyère a dit : « Sa vie est un roman : non, il lui manque le vraisemblable. »

Né avec le titre de marquis de Puiguilhem, il fut accueilli sous ce nom par le maréchal de Grammont, allié à sa famille. Le comte de Guiche, fils du maréchal, introduisit Puiguilhem chez la comtesse de Soissons, nièce de Mazarin, et qui, par droit de famille, avait succédé dans le cœur de Sa Majesté à Laure Mancini, sa sœur. La comtesse de Soissons était alors la reine de la cour ; elle était la dispensatrice des grâces et des honneurs ; le roi ne lui refusait rien, et le comte de Guiche, à son tour, pouvait tout sur la comtesse. Puiguilhem, adroit et insinuant, sut profiter habilement de la circonstance des deux amours dont la comtesse était l'héroïne. Il parvint à se mettre très-bien avec le roi, et bientôt il put se considérer comme un des favoris les plus heureux. Il reçut d'abord un régiment, puis il fut nommé maréchal de camp, ensuite colonel général des dragons, charge qui fut créée expressément pour lui.

Puiguilhem n'était pas encore satisfait de sa position ; son ambition croissant avec sa faveur, il aspirait aux dignités les plus élevées de l'État. Par le moyen de la comtesse de Soissons, il eut vent, un des premiers, de la démission que venait de donner Mazarin de sa charge de grand maître d'artillerie. Il la demanda aussitôt au roi, qui la lui promit sans difficulté, en fixant même le jour de la nomination, et en lui recommandant de tenir sur cette affaire le voile du secret.

C'était une bien haute dignité que celle de grand maître d'artillerie ; la personne qui en était revêtue marchait de pair avec le ministre de la guerre, et ne déférait à ses ordres que par pure condescendance d'étiquette. Louvois, le ministre de la guerre d'alors, était très-jaloux de son autorité ; il n'aimait pas Puiguilhem, dont la fierté et la faveur lui faisaient ombrage. Ayant appris par les indiscrétions du marquis la promesse qui lui avait été faite, il alla supplier le roi de ne point élever à une dignité presque égale à la sienne un homme aussi altier que Puiguilhem, dont il lui serait difficile de supporter les manières hautaines et capricieuses. Il se rendit, en outre, auprès de madame de Montespan, son amante secrète et la courtisane en pied de Louis XIV, la priant d'appuyer sa demande auprès du roi, et de faire tous ses efforts pour desservir celui qu'il voulait abaisser. La marquise remplit parfaitement cette mission. L'époque de la nomination était arrivée, et le brevet ne paraissait point. Le roi, toutes les fois que le favori voulait lui rappeler sa promesse, ou changeait de conversation, ou ne donnait que des réponses évasives. Le marquis s'aperçut bien qu'on était un peu refroidi à son égard, aussi s'empressa-t-il de conjurer madame de Montespan de lui venir en aide dans cette circonstance. La rusée courtisane promit merveilles à son humble solliciteur, tandis qu'elle usait de toute son influence pour lui nuire auprès de son royal amant. Ne pouvant plus rester dans de pareilles perplexités, et soupçonnant la perfidie de la marquise, l'irrité gentilhomme se rendit auprès d'une femme de chambre de madame de Montespan, lui prodigua l'or, et obtint de pouvoir se cacher dans la chambre de cette favorite, un peu avant l'heure à laquelle elle y viendrait avec le roi. Ces dispositions étant faites, et voyant Louis XIV s'avancer vers l'appartement de sa maîtresse, Puiguilhem se trouva sur le passage de Sa Majesté, lui remit un mémoire touchant la place ; puis, après avoir fait une profonde inclination, se glissa dans la chambre de la marquise par une porte dérobée. A peine était-il tapi sous le lit, que le monarque et la dame entrèrent..... Dès que le roi n'eut plus rien de mieux à faire, il s'occupa du mémoire.

« Je ne sais vraiment, dit Sa Majesté, comment sortir de cette affaire. Puiguilhem presse pour que je lui donne la place, et Louvois me prie instamment de ne pas la lui donner.

— Il me semble qu'en pareil cas un ministre, et surtout un ministre du mérite de M. Louvois, doit l'emporter sur un fade courtisan.

— La traîtresse! dit tout bas Puiguilhem en serrant les dents.

— A la bonne heure ; mais ma parole royale..

— Oui, Sire ; mais la raison d'État...

— De laquelle parlez-vous, marquise?

— Je veux dire que si votre ministre de la guerre, mécontent d'être en rapport avec un grand maître d'artillerie qu'il haïrait, donnait sa démission...

— J'en serais désolé ; Louvois est actif et plein d'expérience.

— En ce cas, refusez Puiguilhem.

— Tu me le payeras, favorite du diable! » murmura le marquis en faisant des efforts pour se contraindre.

Alors le roi se retira, et la marquise passa dans son cabinet de toilette. Quant à Puiguilhem, sortant furieux de sa cachette, il alla se poster à la porte extérieure de l'appartement, décidé à se venger à tout prix de la perfide Montespan.

La favorite ne tarda pas à sortir, magnifiquement parée, pour se rendre à la répétition d'un opéra qu'on devait jouer le lendemain sur le théâtre du château. Le marquis, comprimant sa rage, présenta la main à madame de Montespan, et lui demanda, du ton le plus respectueux, si elle avait daigné parler en sa faveur au roi.

« Aujourd'hui même, répondit-elle.

— Oh! que de bonté, madame..., repartit le courtisan avec un sourire affecté.

— Ne m'y étais-je pas engagée?... Et je vous assure que mes sollicitations ont été beaucoup plus loin encore que je ne l'avais promis.

— C'est charmant, dit d'un air moqueur le favori, dont l'impatience ne pouvait plus être contenue...

— Mais on dirait, marquis, que vous doutez?

— Point du tout, madame, poursuivit Puiguilhem en s'approchant de l'oreille de la marquise; je suis bien sûr que vous êtes une effrontée menteuse, une fourbe qui en imposez à tous ceux qui vous entourent. » Puis il lui répéta mot pour mot ce qu'il avait entendu sous le lit. Madame de Montespan ne sait si elle doit en croire ses oreilles, ou si elle ne voit pas devant elle un envoyé de Lucifer. Elle se déconcerte, tremble, s'évanouit, tandis que le courtisan, toujours furieux, la quitte et se rend dans le cabinet du roi, qu'il somme audacieusement de tenir sa parole. Le roi lui répond qu'il n'est plus engagé envers lui, puisqu'il ne lui avait donné sa parole que sous le secret, et qu'il y avait manqué. Là-dessus, Puiguilhem tire son épée, en casse la lame sous son pied, et s'écrie qu'il ne servira de sa vie un prince qui manque si vilainement de parole. Jamais ce courtisan n'avait montré tant de hardiesse. Le roi, transporté de colère, ouvre la fenêtre et jette sa canne dehors, en disant qu'il aurait trop de regret d'avoir frappé un homme de qualité.

Le lendemain, Puiguilhem fut conduit à la Bastille, d'où il sortit presque aussitôt pour recevoir la charge de capitaine des gardes, en échange de l'artillerie, qui fut donnée au comte de Ludre.

Il venait d'être élevé à ce dernier emploi, lorsque son père mourut. Le marquis de Puiguilhem prit alors le titre de comte de Lauzun, et c'est sous ce nom qu'il eut l'insigne honneur d'être aimé par mademoiselle de Montpensier.

Lauzun, qui avait la confidence des secrets plaisirs de Louis XIV, qui faisait partie de toutes ses expéditions galantes, qui n'y assistait pas seulement comme simple spectateur, mais bien le plus souvent comme acteur intéressé, avait à la cour une grande réputation de galanterie. Plus d'une noble dame savait fort bien que cette réputation n'était pas usurpée.

Cependant Lauzun n'était ni beau ni grand, il n'avait ni beaucoup d'esprit ni beaucoup d'élégance dans sa personne ; mais il était hardi, et cette qualité réussit, dit-on, singulièrement auprès des femmes !

La grande réputation du comte parvint jusqu'aux oreilles de Mademoiselle et l'empêcha de dormir. Elle brûlait d'expérimenter elle-même cette qualité supérieure, dont Lauzun, s'il fallait en croire la renommée, était doué à un si haut degré. Celui-ci s'en aperçut : il se soucia peu d'offrir son encens à une vieille idole dont le temple délaissé allait bientôt manquer d'adorateurs ; mais, en homme habile, il résolut de faire tourner au profit de son ambition un amour qui se présentait à lui si spontanément. Il feignit d'abord de ne rien comprendre au langage érotique de celle qu'il avait captivée. Mademoiselle avait beau pousser des soupirs langoureux, lancer des œillades enflammées, minauder comme une jeune personne, donner des occasions de se faire faire un aveu, Lauzun ne voulait absolument rien voir ni entendre. Il faisait semblant de prendre pour de simples marques d'amitié les manifestations les moins équivoques de l'amour ; plus Mademoiselle faisait d'avances, plus il se montrait respectueux envers elle. Pour un instant elle revint de l'idée qu'elle s'était faite des exploits de ce lion prétendu, qui ne montrait à son égard que la timidité bonasse d'un mouton. Mais elle avait trop fait pour reculer : cousine germaine du grand roi, elle en avait un peu le despotisme ; elle voulut arriver à ses fins, et déclara tout bonnement son amour à Lauzun. Celui-ci, étonné, parla de la différence des rangs et des fortunes, et feignit de croire qu'on se moquait de lui. Elle renouvela plusieurs fois sa déclaration, et le comte continua à exprimer son incrédulité. C'était vraiment, pour cette pauvre fille, à en perdre la tête : elle se consumait en désirs qu'irritaient toujours les obstacles, tant, qu'à la fin elle parla de mariage ; c'était ce que voulait Lauzun ; il consentit à l'épouser.

Quel beau parti que celui de mademoiselle de Montpensier avec son immense fortune et l'illustration de sa naissance, surtout pour un simple gentilhomme, cadet de famille, sans terres et sans richesses, qui ne possédait que les places que la faveur lui avait accordées et que la fortune lui pouvait ravir ! L'étiquette, la distance des rangs et des familles rendaient ce mariage bien difficile : aussi les deux amants désespéraient-ils d'obtenir l'assentiment de Louis XIV. Ni l'un ni l'autre n'osaient le demander. Cependant Mademoiselle, qui avait fait toutes les avances, voulut continuer son rôle jusqu'au bout. Elle écrivit une longue lettre dans laquelle, au milieu de grandes supplications, elle chercha à s'autoriser de l'exemple du passé, et cita plusieurs mésalliances qui avaient eu lieu parmi ses ancêtres, sans avoir, disait-elle, altéré en rien la pureté de son sang ou l'honneur de sa maison. Le roi, soit qu'il se rendît à de pareilles raisons, soit qu'il aimât trop son favori pour avoir rien à lui refuser, soit enfin qu'il eût pitié du long célibat de sa cousine germaine, céda à leurs instances et donna son adhésion à leur mariage.

Dès que la nouvelle s'en fut répandue à la cour, elle produisit une surprise à laquelle rien ne peut être comparé. On aurait dit qu'un évé-

nement de la plus grande importance était sur le point de s'accomplir,
que le char de la monarchie allait dévier de sa route accoutumée, ou bien
qu'une immense révolution allait changer complétement la face de l'État.
C'était, selon l'expression de madame de Sévigné, « la chose la plus surprenante, la plus merveilleuse, la plus triomphante, la plus miraculeuse,
la plus inouïe, la plus singulière, la plus extraordinaire, la plus incroyable, etc., qu'on eût jamais vue. » Elle comblait les uns de joie, et
faisait crever les autres de dépit. Les gentilshommes la regardaient
comme l'alliance, la fraternisation de la noblesse avec la monarchie ; les
princes du sang royal, comme une malheureuse dérogation qui désho-
norait la branche des Bourbons et ternissait l'éclat du beau règne de
Louis XIV. Tellement on pensait la chose difficile, c'est que personne
ne croyait à son accomplissement. Madame de Sévigné avait exprimé ses
doutes de la manière la plus frappante, en ces termes : « C'est une chose
qui se fera dimanche et qui ne sera peut-être pas faite lundi. »

Quelques amis de Lauzun le pressaient de ne pas perdre son temps,
de profiter de l'adhésion, et de se marier n'importe où et immédiatement.
Lauzun ne tint point compte de si sages avis. Enivré de son triomphe, il
voulut en jouir à son aise. Il passa huit jours à recevoir des dons de son
amante, à commander des équipages et des armoiries, et à solliciter du
roi la faveur de se marier à la messe de la reine. La princesse lui avait
concédé en toute propriété les duchés d'Eu, d'Aumale et de Saint-Fargeau
avec le beau domaine de Thiers, en Auvergne ; elle lui avait fait obtenir
en outre le titre de Montpensier ; de sorte que pendant les huit jours de
préliminaires, Lauzun ne fut plus désigné que par ce titre princier. Ses
amis renouvelèrent leurs instances auprès de lui pour lui faire hâter son
mariage. Mademoiselle, de son côté, impatiente de quitter son célibat et
de perdre sa qualité de vieille fille, voulait aussi qu'il se pressât. Mais,
ébloui par les grandeurs et comme étourdi de se voir si élevé, plein de
confiance en la fortune qui l'avait constamment servi, et touchant presque

de la main les hauteurs auxquelles il avait aspiré, il ne pouvait pas croire qu'il pût encore en être éloigné. Enfin, le contrat venait d'être signé, et le roi avait écrit à toutes les cours pour annoncer le mariage de sa cousine.

Cependant, madame de Montespan n'avait point oublié l'indiscrétion de Lauzun et les injures dont il l'avait abreuvée. Elle attendait depuis longtemps l'occasion d'exercer sa vengeance ; elle profita avec joie de celle qui se présentait. Elle fit envisager à la reine, ainsi qu'aux princes de la famille royale, ce qu'une telle union avait de contraire à la dignité du trône et à la distinction de leur rang ; elle leur dit combien il serait humiliant pour les Bourbons d'être alliés pour toujours à une maison inconnue, dont la plus grande illustration consistait dans les places que Lauzun avait obtenues en flattant Sa Majesté ; enfin elle peignit, sous les couleurs les plus sombres, le déshonneur que le mariage projeté allait répandre sur cette noble race qui comptait tant de siècles d'une illustration sans tache, et qu'allait ternir l'événement qui se préparait. La reine et les princes, qui se sentaient blessés dans leur orgueil, se firent facilement auprès du roi l'écho des rancunes de la favorite ; ils obsédèrent tellement Louis XIV de leurs doléances, ils l'attaquèrent si souvent dans les préjugés de famille, ils surent si bien mettre en avant les lois de l'étiquette et des convenances, auxquelles le grand roi fut toujours extrêmement soumis, qu'il céda de guerre lasse, retira la parole qu'il avait donnée aux deux amants, et écrivit à l'étranger pour contremander la notification du mariage.

Il est plus aisé de concevoir que de peindre la fureur du comte en apprenant cette fatale nouvelle : trompé dans le plus impérieux de ses penchants, l'ambition ; blessé dans cette vanité qui faisait le fond de son caractère, il se répandit en injures contre le roi ; injures qui, par bonheur, ne furent entendues que de quelques domestiques dévoués. Mais Lauzun ne s'en tint pas là ; il courut au château, méprisa toutes les consignes et pénétra dans l'appartement de madame de Montespan, où le roi se trouvait.

« Sire, dit brusquement le comte, sans excuser son apparition déplacée, je viens demander à Votre Majesté comment j'ai mérité qu'elle me déshonorât?

— Allons, allons, mon ami, calmez-vous.., dit avec douceur Sa Majesté, qui sentait tout ce que la colère de son favori avait d'excusable.

— Non, Sire, non, je ne puis accepter tant d'humiliation, reprit à haute voix Lauzun en présentant au roi son épée. Vous m'avez enlevé l'honneur ; prenez ma vie… prenez ! je n'en veux plus, je l'abhorre !

— Remettez-vous, comte, poursuivit Louis XIV avec le même calme ; je sens tout ce que ceci doit avoir de contrariant pour vous ; mais je vous en dédommagerai : je vous élèverai si haut, que vous cesserez de regretter l'union que je dois vous interdire.

— Je ne veux point de vos dons, Sire… je ne dois plus rien accepter d'un prince qui m'a manqué deux fois de parole.

— Monsieur de Lauzun ! s'écria le roi avec un éclat de voix terrible, qui attira dans la chambre madame de Montespan, effrayée.

— Venez, perfide, venez jouir de votre ouvrage ! dit le comte en apostrophant la favorite. C'est vous, vous surtout qui avez attiré la honte sur moi…

— Sortez, comte ! reprit le roi, dont la fierté s'était réveillée ; sortez !… Je pardonne à votre emportement ; mais ne paraissez à la cour que résigné et soumis. »

Lauzun sortit.

Pendant que cette scène se passait à Saint-Germain, Mademoiselle, enfermée au Luxembourg, éclatait en pleurs et en gémissements. Elle garda le lit plusieurs jours, refusant de prendre d'autre nourriture qu'un peu de bouillon. Quelques-unes de ses amies dévouées purent seules être admises auprès d'elle. Son altesse royale les reçut en veuve désolée. « *Il serait là !* s'écriait-elle en montrant dans son lit la place vide que Lauzun devait occuper ; *il serait là !*… Oh ! j'en mourrai, mesdames, j'en mourrai!... » Et la pauvre fille poussait des sanglots et inondait sa couche de ses larmes. Non, jamais on ne vit une virginité aussi affligée de n'avoir pu mourir.

Lauzun, cependant, ne voulait point se tenir pour battu. Ayant le goût du jeu et faisant des dépenses bien au-dessus de sa fortune, il avait besoin d'avoir à sa disposition une mine d'or où il pût constamment puiser à son aise : Mademoiselle, avec ses nombreux domaines et ses immenses revenus, lui offrait cette ressource précieuse ; il lui prodigua donc les consolations que son état réclamait ; il lui donna les soins les plus tendres et les plus empressés ; en un mot, il sut si bien l'engager par la reconnaissance, que la princesse consentit à transgresser les ordres du roi et à épouser secrètement le cadet de Gascogne.

Le roi, qui n'en voulait pas à Lauzun de l'emportement que le comte avait montré en sa présence, et qui savait qu'en bonne justice il lui devait une compensation pour l'humiliation qu'il lui avait fait subir, le nomma presque aussitôt capitaine des gardes de sa maison.

Lors de la campagne de Flandre et du voyage que fit le roi sur le théâtre de la guerre, avec toutes les dames de la cour, ce fut Lauzun qui eut l'insigne honneur de commander l'escorte royale ; ce qui combla de joie Mademoiselle, qui faisait partie du cortége, et excita la jalousie de Louvois, qui n'avait pas été consulté sur la nomination.

Tandis que les deux époux jouissaient en paix du bonheur qu'ils s'étaient promis, l'envie, de concert avec la vengeance, faisait tous ses efforts pour trouver un moyen de leur nuire. A force de recherches, de subtilités et de sacrifices, les agents du ministre et de la marquise parvinrent enfin à découvrir cette union secrète. Madame de Montespan s'empressa d'en informer le roi, qui, outré de colère de ce que le comte s'était permis de mépriser sa défense, le fit arrêter sur-le-champ et conduire à la Bastille. Louvois ne manqua pas d'envenimer les intentions de Lauzun : il le représenta comme un ambitieux, jaloux de l'autorité de son souverain, et qui voulait se faire adorer de la troupe; il l'accusa même d'entretenir des relations avec la Hollande et l'Espagne, et de conspirer contre l'État. L'infortuné favori ne fut pas moins attaqué par madame de Montespan. Cette beauté vindicative, révélant au roi la violation de son boudoir et les injures qu'elle avait reçues, reprocha au comte, entre autres griefs, de conspirer contre les amis de Sa Majesté et d'attenter malicieusement à ses plaisirs intimes. Quoi qu'il en soit, Lauzun, convaincu d'avoir transgressé la plus souveraine des lois que Louis XIV reconnût, — sa volonté, — fut emmené à la forteresse de Pignerol et renfermé dans un sombre cachot.

C'était dans le même endroit que le malheureux Fouquet expiait les prodigalités dont il s'était rendu coupable, et peut-être aussi le crime irrémissible d'avoir déplu à son auguste maître.

L'arrestation de son amant plongea Mademoiselle dans de nouveaux chagrins. Complice de Lauzun, elle craignait pour elle-même; aussi donna-t-elle à sa douleur le moins de manifestation qu'il lui fut possible. Cependant il lui était difficile de ne pas montrer quelquefois la plaie de son cœur. Dans la crainte d'éclater en présence de la cour, elle jugea prudent de s'éloigner de Versailles et d'aller pleurer au loin son veuvage anticipé. Elle se rendit à son château de la ville d'Eu, sur les bords de la mer. Là, elle put au moins verser des larmes en liberté. Elle porta, pendant quelque temps, le deuil de son amour malheureux; et bien souvent les échos d'alentour redirent tristement ses douloureuses et bruyantes lamentations.

Cependant, Louis XIV s'était aperçu de l'absence de Mademoiselle à la cour. Lui, qui regardait comme une des gloires de son règne le brillant entourage qui ne le quittait jamais; qui n'alla jamais à la guerre que suivi de ses nombreux gentilshommes et d'un essaim des plus jolies dames; qui força un jour tyranniquement la duchesse de Bourgogne, sa petite-fille, d'accompagner la cour à Marly, malgré le danger éminent d'une grossesse laborieuse : le grand roi ne pouvait permettre à sa cousine germaine de se tenir éloignée du centre de ses plaisirs; il lui ordonna de revenir à Paris pour ajouter à son cortége journalier un ornement de plus: une illustre naissance, une armoirie princière.

La princesse obéit, mais dès ce moment elle sentit plus que jamais le besoin d'avoir à la campagne, près de la capitale, une solitude pour s'y retirer à la dérobée, après avoir rempli à la cour les devoirs que l'étiquette imposait à son rang. C'est alors qu'elle conçut et réalisa le projet de la fondation de Choisy.

Ce château, qu'elle affectionnait par-dessus toutes ses autres propriétés, fut pendant dix ans l'unique témoin de ses longs chagrins d'amour. Que de fois elle s'assit en pleurant au pied d'un massif de cyprès, placé vis-à-vis de la porte d'entrée pour empêcher les regards étrangers de surprendre sa douleur! Que de fois elle se promena solitairement dans les sombres allées de son parc, allées bordées de saules pleureurs ou de peupliers, et qui aboutissaient à la rivière de la Seine, aux eaux de laquelle elle mêla si souvent ses larmes! Son bien-aimé Lauzun ne cessait un instant d'occuper sa pensée et de remplir son âme de tristesse. Tantôt elle enviait le sort des grossiers paysans qui cultivaient, en chantant, les fleurs de ses jardins; tantôt elle maudissait son illustre naissance, qui mettait obstacle à ses plus chères affections. Que lui importaient ses richesses, qui ne l'empêchaient pas de souffrir? que lui importait sa noblesse, dont elle était si fière, mais qui causait son malheur? Fortune, richesse, illustration, naissance, elle aurait volontiers tout sacrifié pour adoucir sa peine et procurer la liberté à celui qu'elle aimait.

Un jour que, plongée dans sa tristesse habituelle, elle était occupée à lire une lettre que son amant lui avait fait parvenir en secret, elle entendit retentir sa cour d'honneur du bruit d'un carrosse inattendu. Quelle est cette visite mystérieuse qui vient tout à coup la distraire de ses amoureuses rêveries? Une dame descend de la voiture : c'est madame de Maintenon, la veuve du poëte Scarron, la gouvernante des bâtards de Louis XIV, la future favorite en pied, et actuellement la rivale de madame de Montespan, sa protectrice, et qu'elle supplantera bientôt dans le cœur de Sa Majesté. La princesse, toute préoccupée de ses pensées d'amour, crut que c'était un envoyé qui venait de la part du roi lui annoncer la liberté du prisonnier de Pignerol : elle ne se trompait pas entièrement.

« Soyez la bienvenue ! dit-elle en apercevant la dévote marquise. Quelle heureuse nouvelle avez-vous la bonté de m'apporter ?

— Je viens, officieusement, Mademoiselle, vous entretenir quelques minutes, — car on m'attend à Versailles, — au sujet d'une personne au sort de laquelle vous vous intéressez depuis longtemps.

— Oh ! je vous remercie, madame ; parlez, je vous en prie !... Le roi consent-il enfin à lui rendre la liberté ?

— Le roi est assez bien disposé à cet égard. Néanmoins il balance encore : une pensée l'empêche de se rendre à votre désir.

— Quelle est donc cette pensée qui peut arrêter ainsi la clémence de Sa Majesté ?

— Si j'ai bien deviné, le roi voit avec peine que la principauté de Dombes et le comté d'Eu soient sortis de la famille royale pour passer entre les mains d'un simple gentilhomme.

— Le roi a bien mauvaise grâce de s'en formaliser, reprit vivement la princesse ; ce simple gentilhomme fut, de l'aveu de Sa Majesté, duc de Montpensier ; s'il a cessé de l'être, il ne faut accuser que la versatilité de Louis XIV.

— Je n'oserais point, Mademoiselle, improuver votre opinion, ni me permettre de juger les déterminations de Sa Majesté. Tout ce que j'ai pu comprendre de la conversation que j'ai eue ce matin avec le roi, c'est qu'il est tourmenté par une espèce de parallèle qui s'établit, malgré lui, dans sa pensée.

— Un parallèle ! mais c'est pour moi une énigme inexplicable !

— Habituée à lire dans l'esprit de Sa Majesté, je crois, Mademoiselle, pouvoir vous donner le sens de cette énigme : d'importantes propriétés, auxquelles sont attachées des prérogatives princières, ont été cédées à un homme d'une naissance obscure, tandis que le duc du Maine, le fils chéri du roi, est sans aucune attribution, et que les lois de la monarchie s'op · posent à ce que son auguste père ne lui en accorde directement.

— Qu'y puis-je faire, madame? Je n'ai pas prétendu insulter au dénûment de M. le duc du Maine en enrichissant M. de Lauzun; et le parallèle fantastique dont le roi berce sa mauvaise humeur est une injustice de plus.

— Veuillez, s'il vous plaît, y réfléchir mûrement : le rapprochement que vous appelez fantastique l'est peut-être moins que vous ne le pensez. Toujours est-il certain que, s'il existe dans l'esprit de Sa Majesté, il peut exercer une très-grande influence sur la destinée du noble prisonnier dont vous désirez la liberté... Je vous ai communiqué, Mademoiselle, ajouta madame de Maintenon, ce que l'amitié et ma sympathie pour votre douleur me faisaient un devoir de vous révéler : daignez à présent permettre que je prenne congé de votre altesse et que je retourne à Versailles, assister à la leçon de mon élève, M. le duc du Maine. »

La marquise, à ces mots, fit une profonde révérence et laissa la princesse se livrer à ses réflexions.

Le but de madame de Maintenon, dans sa visite au château de Choisy, était assez manifeste. Elle venait appeler l'attention de la princesse, qui était très-riche, sur la pénurie du jeune duc du Maine, qui était sans héritage. L'entretien qu'elle eut avec Mademoiselle était un préliminaire, un prélude à une déclaration plus nette, plus positive du projet qu'elle avait conçu avec madame de Montespan. Les deux favorites, connaissant tout le chagrin que ressentait la princesse de la captivité de son amant, résolurent de mettre à profit le sentiment qu'elle nourrissait, de spéculer sur son amour passionné et de lui vendre, au profit du jeune prince, une liberté qui était chaque jour réclamée avec plus d'instances. Le roi, qui était meilleur père que bon époux, donna la main à ce tripotage de cour; il permit aux deux courtisanes d'employer en cette circonstance toutes les ressources de la ruse : sa faiblesse paternelle fournit ainsi à l'histoire une bien triste page dans les fastes de son règne.

Madame de Maintenon s'efforça d'habituer son élève à se montrer plus aimable possible envers celle qu'elle voulait exploiter. Le jeune duc allait très-souvent visiter la princesse, la caressait, l'amusait par son babil et sa gentillesse, lui débitait, en formes d'impromptus, de jolis petits compliments enfantins qui lui avaient été serinés par son habile gouvernante. Chaque matin, à son réveil, la petite-fille de Henri IV recevait du bâtard de Louis XIV un billet, dont la naïveté charmante avait été étudiée toute la soirée par madame de Maintenon. Dans les loteries que le roi tenait dans ses appartements, le hasard ne manquait pas de favoriser le jeune prince : celui-ci s'empressait de porter son lot à Mademoiselle, qui, complétement dupe de ces égards simulés, conçut insensiblement une vive tendresse pour ce petit comédien.

Madame de Montespan tâchait, de son côté, de gagner le cœur de la princesse : elle lui faisait une cour assidue, et bien souvent la rusée marquise la remerciait de la bienveillante attention qu'elle daignait avoir pour son fils. Plusieurs fois, elle affecta d'implorer, devant son altesse royale, la clémence de Louis XIV en faveur du malheureux prisonnier: le roi alors, comme préoccupé d'une idée pénible, changeait de conversation; et, en jetant ses regards sur le duc du Maine, il semblait indiquer à sa cousine le seul moyen capable d'arranger et de satisfaire tout le monde.

Mademoiselle, qui était plus amoureuse que pénétrante, ne concevait qu'à moitié toute la portée d'un pareil manége. Malgré la conversation qu'elle avait eue avec la marquise de Maintenon, elle ne comprenait pas qu'on voulût profiter de sa position pour lui vendre, d'une manière peu délicate, la liberté de celui qu'elle aspirait à sauver. Comme elle ne faisait aucune ouverture, aucune avance au sujet de ce qu'on avait l'intention d'obtenir d'elle, il fallut bien lui parler à découvert et lui exposer nettement ce dont il s'agissait. Ce fut madame de Maintenon qui, après avoir commencé l'affaire, fut chargée par ses complices de la conduire à bonne fin. Elle se rendit donc de nouveau au château de Choisy, où se trouvait alors la princesse.

« Soyez heureuse! cria-t-elle à la noble châtelaine d'aussi loin qu'elle l'aperçut; le roi vous est favorable : il consent enfin à exaucer vos vœux les plus chers.

— Oh! merci, madame! dit Mademoiselle avec un transport de joie qu'elle ne chercha pas à dissimuler; merci! quelle reconnaissance ne vous dois-je pas pour tant de bonté!

— Mademoiselle, reprit la dévote marquise, si vous pensez devoir de la reconnaissance à quelqu'un, veuillez, s'il vous plaît, l'adresser à qui de droit : Sa Majesté s'est rendue à la prière d'une seule personne, et ce n'est pas celle qui vous parle en ce moment.

— Quelle est donc la personne assez sensible, assez dévouée, pour s'être intéressée si vivement à mes désirs?

— Ajoutez assez éloquente pour avoir pu toucher le cœur du roi, lorsque tous vos amis n'osaient plus solliciter, dans la crainte de déplaire ou d'éprouver un refus.

— Ne me faites pas attendre, je vous en prie; dites-moi son nom, afin que je la bénisse intérieurement, en attendant que je puisse lui offrir moi-même le témoignage de ma gratitude.

— Eh bien, puisque vous le désirez si fortement, il faudra que je manque à ma parole, car j'avais promis à cette personne, sur sa recommandation, de ne point vous la nommer.

— Je vous en supplie, madame, n'excitez pas davantage mon impatience!

— C'est un jeune prince, aussi beau qu'aimable, et qui a pour vous tout l'attachement d'un fils.

— Le duc du Maine?

— Vous l'avez deviné.

— O le charmant enfant! que n'est-il ici, pour qu'il soit témoin de ma joie et que je lui prodigue mes baisers! Au milieu de toutes vos bontés, vous êtes bien cruelle envers moi, madame, de ne pas avoir pensé à amener avec vous votre excellent et digne élève.

— Si je ne l'ai point fait, Mademoiselle, c'est que j'avais à vous parler à son égard.

— Veuillez vous expliquer, madame.

— Le roi, qui a déjà fait à M. de Lauzun plusieurs promesses que, dans sa sagesse, il n'a pas cru devoir exécuter, pourrait bien, après avoir réfléchi, trouver encore quelque obstacle qui l'empêchât de tenir cette fois ce qu'il a accordé ce matin à son fils.

— Est-ce que vous craignez que le roi ne revienne encore sur sa parole?

— D'après l'expérience du passé, nous devons être très-modérées dans nos espérances; et s'il y avait un moyen d'obliger le roi à remplir sa promesse, je pense qu'il serait prudent de l'employer au plus tôt.

— Obliger le roi à remplir sa promesse! ceci me paraît bien difficile...

— Pas aussi difficile que vous le pensez. Malgré le chagrin que le roi vous a causé en vous contrariant dans votre inclination, il est bon, il est généreux, et je suis persuadée que la reconnaissance l'engagerait d'une manière invincible.

— Mais comment procurer à Sa Majesté l'occasion d'être reconnaissante envers moi?

— C'est à quoi il faudrait songer... Tenez, voici un moyen que la circonstance me suggère et qui ne répugnera pas à votre cœur. Le roi voit avec peine que le jeune prince qu'il chérit et que vous aimez aussi, je peuse, soit sans apanage ni dotation : assurez au duc du Maine, par testament, quelques-unes de vos propriétés. Vous aurez de cette manière obtenu deux résultats que vous souhaitez : d'abord, vous vous serez acquittée envers le fils, qui est la cause du bonheur dont vous jouissez aujourd'hui, et vous aurez fait naître chez son auguste père un sentiment de gratitude qui l'engagera envers vous et qu'il sera bien aise, j'en suis convaincue, de vous témoigner à la première occasion. »

Mademoiselle, dans le transport de joie que lui causait la pensée de revoir bientôt son amant, accueillit avec enthousiasme la proposition qui lui était faite. La marquise n'en demandait pas davantage pour le moment.

Ne pouvant plus modérer le plaisir qu'elle ressentait, elle salua la princesse et s'empressa d'aller à Versailles raconter le triomphe qu'elle avait obtenu.

Parmi les propriétés que possédait la princesse, il y en avait qui étaient plus importantes que les autres, tant à cause des revenus que des prérogatives qui y étaient attachées. C'était justement celles qui avaient été cédées à Lauzun lors du mariage et celles aussi qu'on ambitionnait en ce moment pour le jeune prince. De là, nouvelle difficulté, que l'habile marquise se chargea encore d'aplanir. Mais cette fois, la fille de Gaston fit un peu la sourde oreille. Il s'agissait de déposséder son amant, pour lequel elle aurait volontiers fait tous les sacrifices, mais qu'au résultat elle ne voulait point appauvrir. Madame de Maintenon mit donc une seconde fois toutes ses batteries en jeu : tandis qu'elle attaquait la princesse par d'adroites allusions et des paroles persuasives, elle la faisait agacer par les jongleries du jeune prince et émouvoir par les soupirs attendrissants que poussait Louis XIV à la vue de son fils.

Madame de Montespan avait aussi son rôle dans cette comédie : c'est elle qui était chargée du dénoûment, qui devait porter le coup décisif. On savait que Mademoiselle aimait beaucoup son château de Choisy, qu'elle l'affectionnait comme le fruit de ses œuvres : la rusée marquise était

chargée de faire entrevoir à son altesse royale combien Louis XIV serait enchanté, dans sa reconnaissance, d'embellir par toutes sortes d'ornements un séjour qui plaisait tant à sa cousine. La princesse, dans ses
Mémoires, raconte d'une manière fort naïve cette scène qui frise le comique. « On peut voir, dit-elle, par le détail où je suis entrée sur Choisy,
que j'aime cette maison comme mon ouvrage : je l'ai toute faite. On m'en
parlait souvent; madame de Montespan me disait, quand j'étais chez elle :
« Le roi ne songera dorénavant qu'à vous surprendre, par tous les agréments dont il se pourra imaginer. Il vous fera mille présents de tout ce
qu'il y aura de joli ; il vous fera peindre Choisy, car il n'est pas achevé.
Vous trouverez, à tous les voyages que vous ferez, quelque nouveauté,
une chambre peinte, une fontaine, une chambre meublée, des statues :
il en fera son plaisir comme de Versailles. » (1)

Circonvenue de toutes parts, attaquée dans ses côtés les plus faibles,
sollicitée, priée, étourdie, cajolée, caressée, flattée, obsédée, attendrie,
émerveillée surtout des espérances qu'on lui faisait concevoir au sujet de
Choisy, Louise d'Orléans ne put résister à tant d'intrigues ; elle se rendit
enfin et acquiesça à tout ce qu'on voulait d'elle.

Or voici ce qui fut résolu : Lauzun, sur le consentement duquel on
comptait à l'avance, devait abandonner, après quelques bouffées de
mauvaise humeur, le comté d'Eu et le duché d'Aumale, et recevoir en
échange, de Mademoiselle, le duché de Saint-Fargeau avec dix mille
livres de revenu sur les gabelles du Languedoc. M. le duc du Maine devait être établi héritier des deux premières propriétés, et Lauzun, en
conséquence de cet arrangement, devait jouir de sa liberté.

Les choses s'exécutèrent ainsi qu'elles avaient été résolues, avec cette
différence cependant que le prisonnier de Pignerol, au lieu de jouir
pleinement de sa liberté, reçut ordre de se rendre à Angers, où il passa
quatre ans en exil.

(1) *Mémoires de Mademoiselle de Montpensier.* Édition Pétitot.

Pendant ce temps la princesse jetait les hauts cris : elle se plaignait de madame de Montespan et de son fils, disant qu'après l'avoir impitoyablement rançonnée, on la trompait encore en tenant Lauzun éloigné. Elle fit tant, qu'à la fin elle obtint le retour de son amant, avec la condition néanmoins qu'il se tiendrait éloigné de deux lieues de l'endroit où le roi se trouverait.

Mademoiselle était donc parvenue au terme de ses désirs ; l'instant délicieux qu'elle avait appelé de tous ses vœux et qu'elle avait attendu avec tant d'impatience était arrivé : Lauzun était libre ! Elle pouvait donc jouir de la présence de son bien-aimé ; et aucun obstacle, ni la prison, ni l'exil, n'empêchait plus celui-ci de venir se jeter aux genoux de sa bienfaitrice pour lui présenter ses remercîments et lui donner des marques de son amour.

Mais de longues années s'étaient écoulées depuis l'incarcération de Lauzun (en 1671) jusqu'à son entière délivrance (en 1684). Mademoiselle, qui était déjà vieille lors de son projet de mariage, puisqu'elle avait alors quarante-quatre ans accomplis, était loin d'être rajeunie quatorze ans plus tard, à l'époque de la mise en liberté de son amant. Lauzun, qui avait dédaigné jadis les charmes surannés de la cousine de Louis XIV, n'était pas très-enchanté d'offrir son hommage à une beauté que le temps avait rendue plus respectacle, à la vérité, mais à laquelle il n'avait pas prêté de nouveaux attraits. Aussi le comte ne mit-il pas beaucoup d'empressement à satisfaire aux vifs désirs de la princesse, et conçut-il même de la répugnance à s'acquitter d'un devoir de reconnaissance que les services qu'il avait reçus lui imposaient en ce moment.

Il était d'ailleurs d'un naturel trop galant pour rester longtemps sans faire de conquête. Au château de Pignerol, aussitôt qu'il put sortir de son cachot et circuler librement dans l'intérieur de sa prison, il se prit de passion pour mademoiselle Fouquet, que son amour filial avait attirée auprès de son père. Les mémoires du temps s'accordent tous à dire que la fille de l'ancien ministre ne fut pas insensible au sentiment qui lui était manifesté, et qu'elle accepta l'hommage qui lui était offert en consolation de ses chagrins et de la captivité qu'elle s'imposait. A Angers, il s'amouracha bientôt de la jolie femme du gouverneur, qui ne tarda pas à le payer de retour, très-flattée qu'elle était d'être aimée par un gentilhomme que ses nombreuses galanteries avaient rendu si célèbre. Lorsque sa nouvelle amante quitta Angers pour aller habiter Amboise, Lauzun obtint, par l'entremise de Mademoiselle, de changer aussi de résidence ; de sorte qu'il se trouvait dans cette dernière ville au moment où il reçut le message qui lui annonçait la fin de son exil.

La princesse pensait bien qu'aussitôt après la réception de sa lettre de grâce il s'empresserait de venir vers elle, le cœur rempli de joie, de reconnaissance et d'amour. Il n'en fut malheureusement pas ainsi! L'ingrat, retenu à Amboise par des charmes plus séduisants que ceux de son altesse, ne se hâtait point du tout de quitter un séjour où son cœur était attaché. Mademoiselle fut blessée autant que surprise de ce manque de convenance, qui semblait lui révéler un manque d'affection. Ne pouvant contenir sa douleur, elle en écrivit à Lauzun, qui s'excusa autant qu'il put, en abandonnant cependant, quoique avec regret, le lieu chéri de son exil. « Il ne vint pas aussi vite qu'il aurait dû, dit-elle avec amertume dans ses *Mémoires* ; je croyais qu'il viendrait en poste ou en relais. Il dit que sa santé s'était si affaiblie dans sa prison, qu'il n'était plus fort comme les autres. » (1)

C'est à son château de Choisy qu'elle voulut revoir, pour la première fois depuis si longtemps, celui qu'elle n'avait cessé d'affectionner avec toute l'ardeur dont la femme seule est capable. Elle voulait que les lieux qu'elle avait attristés si souvent de ses larmes fussent enfin témoins de son bonheur ; elle voulait parcourir avec son amant ces mêmes allées, ces mêmes berceaux où elle avait tant de fois promené sa douleur, en

(1) *Mémoires de Mademoiselle de Montpensier.*

pensant à l'infortuné prisonnier ; elle voulait que cette retraite solitaire, que ce séjour de deuil choisi par elle pour y exhaler ses chagrins en liberté, se métamorphosàt tout à coup, comme par enchantement, en temple de délices ; que les oiseaux de ses jardins ne fussent plus distraits de leurs chants que par des paroles d'allégresse, et que les échos d'alentour ne répondissent plus désormais qu'à de joyeux éclats de rire ou à des soupirs d'amour.

L'aurore du jour si impatiemment attendu a resplendi enfin aux yeux de la princesse : la visite de son amant, de son époux, de son cher protégé vient de lui être annoncée ; le roulement d'une voiture s'est fait entendre dans la cour du château ; Lauzun arrive... il est présent !

Mais pourquoi l'air du comte est-il si embarrassé ? Pourquoi son visage ne reflète-t-il pas la joie dont son âme doit être enivrée ? Que ne s'élance-t-il voluptueusement dans les bras de son amante, ou bien que n'embrasse-t-il avec ardeur la main qui lui a prodigué libéralement ses largesses et l'a gratifié de si riches apanages ? Est-ce l'émotion qui le saisit ? Est-ce la crainte, le respect qui le retient ? Non, ce sont les rides de son altesse qui le fascinent et le glacent ; c'est son teint décoloré, sa figure flétrie, ses yeux caves et renfoncés, ses cinquante-huit ans en un mot, qui produisent sur lui l'effet qu'opérait autrefois la tête de Méduse sur ceux qui avaient le malheur de la regarder en face.

Mademoiselle, toute préoccupée de son sentiment d'amour, n'attribua pas à son véritable motif la froideur glaciale qui lui était manifestée par celui qu'elle était si heureuse de retrouver. Après une certaine hésitation, elle consentit à faire elle-même les frais de l'entrevue : elle se jeta au cou de son amant, lui prodigua des paroles de tendresse, et l'étreignit, pendant quelques minutes, de ses embrassements. Celui-ci fut bien forcé de vaincre ses répugnances et de prouver à sa bienfaitrice qu'il était reconnaissant au fond du cœur de la fidélité qu'elle lui avait montrée et des services qu'elle lui avait rendus

Mais le comte n'était pas homme à combattre longtemps ses antipathies. Il aurait voulu accoutumer la princesse à se passer entièrement de son ministère, et à ne sentir le besoin de sa présence que pour lui rendre compte de l'emploi de sa fortune, et lui remettre entre les mains les revenus annuels de ses nombreux domaines.

Tout aveuglée qu'était la princesse par sa passion, elle ne pouvait s'empêcher de voir qu'on négligeait sa personne tout en faisant la cour à son coffre-fort : une femme, une femme amoureuse surtout, ne pardonne pas facilement un pareil procédé de la part d'un amant. Le comte avait beau s'excuser sur sa santé et prétendre que son tempérament était détérioré par la prison, qu'il ressentait des faiblesses intérieures, qu'il n'était plus semblable aux autres hommes, Mademoiselle n'apercevait dans la bonne mine de Lauzun, dans son frais embonpoint, dans ses membres musculeux, dans sa vive carnation, que toutes les apparences du tempérament le plus robuste et de la santé la plus brillante. Aussi elle ne tarda pas à concevoir quelque inquiétude sur la fidélité de son amant. Dans cette situation, elle se mit à réfléchir et à jeter un regard rétrograde vers le passé. Elle se souvint alors du peu d'empressement que le comte avait mis à la revoir après une si longue absence ; elle se rappela l'indifférence, ou plutôt la froideur presque outrageante qu'il avait montrée envers elle au commencement de leur première entrevue ; en pensant à tout cela et à d'autres choses encore, elle eut des soupçons sérieux ; et ces soupçons furent bientôt confirmés par les rapports de plus d'un genre qui parvinrent de tous côtés à ses oreilles.

En effet, Lauzun se faisait remarquer de plus en plus par ses nombreuses galanteries. On aurait dit qu'il avait quelque philtre, quelque recette mystérieuse pour s'attacher le cœur des belles : chaque jour lui apportait de nouvelles conquêtes, lui procurait de nouvelles faveurs. Sa réputation en ce genre, loin de lui nuire auprès des nobles dames, était au contraire pour lui un titre à leur estime et à leur considération. Parmi les beautés du grand monde, il y en avait bien peu qui ne désirassent, par curiosité, faire sa connaissance, ou bien qui ne fussent très-honorées de recevoir un hommage qui n'avait pas été dédaigné par une petite-fille de France.

La princesse, instruite des infidélités de son amant, devint jalouse. Elle lui reprocha plus d'une fois sa conduite légère : ce qui amenait des scènes fâcheuses, mais ne faisait point revenir le coupable de ses égarements. Un jour, elle s'avisa de le prendre par la famine : elle lui refusa l'argent qui lui était nécessaire pour subvenir à ses nombreuses prodigalités. Le comte, dont le caractère était très-emporté, se mit en colère, devint furieux et s'oublia jusqu'au point d'injurier la cousine germaine de Louis XIV, la petite-fille du grand Henri IV. La princesse, se rappelant alors qui elle était et grandissant tout à coup d'un pied : « Monsieur le comte, dit-elle avec dignité, une pareille insolence ne peut être punie que par une grande humiliation : vous allez me demander pardon, la face contre terre... sinon je vous condamne, de par le roi, à un exil perpétuel ! » Le ton impérieux avec lequel ces paroles furent prononcées imposèrent tellement à Lauzun, qu'il tomba aux pieds de la princesse, comme s'il avait été frappé d'une terreur subite.

Dans la suite, les brouilles devinrent plus communes, et Mademoiselle se montra de plus en plus difficile pour les raccommodements ; jusque-là, qu'un soir, en présence de ses gens, elle exigea que Lauzun vînt à elle sur les genoux, d'un bout à l'autre de la galerie du Luxembourg... Le fier gentilhomme obéit ; il fallait ménager *la vieille,* comme il l'appelait en arrière : elle tenait la clef du coffre-fort.

Les punitions que Mademoiselle lui infligeait étaient loin de rendre Lauzun plus aimable. Il était avec elle habituellement sombre, souvent brusque, et parfois d'une brutalité révoltante.

C'est au château de Choisy, maison qui, dans la pensée de la princesse, ne devait plus être témoin que de gracieuses voluptés, qu'elle reçut de son amant le plus grand outrage qu'une femme puisse recevoir. Par une belle journée d'été, elle se trouvait assise dans son parc, à l'ombre d'un massif de saules pleureurs. Le comte, qui s'était livré toute la matinée au plaisir de la chasse, se dirigea vers elle ; et ayant essayé vainement de se débarrasser de ses grosses chaussures qui le gênaient, s'adressant à Mademoiselle : *Louise d'Orléans,* fit-il avec brusquerie, *tire-moi mes bottes.* La nièce de Louis XIII s'étant récriée sur cet excès d'insolence, Lauzun fit un geste de mépris, et, avec le pied, porta à Mademoiselle un coup qui vint mettre le comble aux injures qu'il s'était permises jusque-là. Mademoiselle, remplie d'indignation, se leva de toute sa hauteur ; elle allait ordonner à ses gens de punir l'insolent comme il le méritait, lorsqu'elle aperçut, au fond du massif à l'ombre duquel elle se trouvait, le même vieillard qui lui avait autrefois apparu dans le jardin du Luxembourg. A cette vue, son indignation fit place à la terreur, un frisson d'effroi s'empara de tous ses membres, sa bouche ne put prononcer un seul mot, ses yeux s'éteignirent, ses jambes chancelèrent, et la princesse tomba évanouie au pied d'un saule pleureur. Lorsqu'elle revint à elle, elle se trouvait seule. L'image du vieillard, avec ses diverses apparitions, se retracèrent vivement à son esprit. Elle se rappela qu'il lui avait laissé trois dessins, et, en regardant autour d'elle, elle vit que l'un d'eux représentait parfaitement le site où elle se trouvait. En effet, le massif de saules pleureurs qu'elle avait devant elle était bien celui qui l'avait tant impressionnée autrefois ; mais il manquait les personnages de la scène : une femme au front majestueux piquée par un serpent ingrat. En songeant à l'outrage sanglant qu'elle venait de recevoir, elle n'eut plus de doute que ce serpent était Lauzun, et que la noble dame était elle-même. Les autres circonstances de sa vie se rapportaient également aux deux autres dessins. Le premier représentait un navire porté sur le sommet d'une vague, et dans le navire un serpent levant une tête orgueilleuse au-dessus des flots. L'autre figurait un naufrage où le serpent, luttant contre la mort, était secouru par la noble dame. Dans le serpent, elle voyait toujours Lauzun, qui, plein d'audace et d'orgueil, après avoir bravé la puissance même de Louis XIV, avait fini par faire naufrage, et, dans son malheur, avait été secouru par une dame à l'air distingué, au cœur généreux et compatissant, laquelle dame, à ses yeux, n'était encore qu'elle-même. Convaincue de la justesse de son interprétation, la princesse ne put s'empêcher de croire en même temps que, sous la figure du vieillard, une âme amie, un ange tutélaire, un messager de l'autre monde, avait voulu, en s'efforçant de lui parler, l'instruire de sa destinée, l'aider de ses conseils et détourner de sa tête les maux qui étaient venus l'accabler. Dans cette pensée, elle pénétra au fond du massif, cherchant à découvrir le vieillard qui lui avait inspiré plusieurs fois tant de terreur; mais ses efforts furent inutiles; ses recherches n'eurent d'autre résultat que d'effrayer les animaux paisibles qui étaient venus se mettre à l'abri du soleil, au milieu des branches épaisses de ces arbres touffus.

Mademoiselle, toute préoccupée de son malheur et de ces apparitions, retourna lentement au château, l'air triste, le regard abattu et la douleur dans le cœur.

Depuis cette dernière scène, elle ne revit plus jamais ni le vieillard, ni son amant.

Elle s'adonna dès lors exclusivement aux pratiques de la dévotion, et mourut en odeur de sainteté, le 5 mars 1693, à l'âge de soixante-six ans.

Quant à Lauzun, ayant rendu des services signalés à la famille de Jacques II, roi d'Angleterre, il rentra en grâce auprès de Louis XIV, reçut le titre de duc en récompense de ses services, et épousa, en 1695, à l'âge de soixante-trois ans, la seconde fille du maréchal de Lorges, qui n'en avait que seize. Le duc mourut très-riche et parvint à une vieillesse fort avancée.

Après Mademoiselle de Montpensier, le grand Dauphin, fils de Louis XIV et élève de Bossuet, vint transporter à Choisy le siége de ses amours. Comme, dans sa jeunesse, on lui avait présenté pour modèle à suivre les belles actions et la noble conduite du grand roi son père, Monseigneur crut satisfaire aux préceptes de ses maîtres en imitant tout d'abord la galanterie paternelle. Dans le cours de sa carrière érotique, il s'amouracha d'une fille d'honneur de la Dauphine, appelée mademoiselle de Rambure, vive, hardie, robuste beauté qui ne le fit pas soupirer longtemps. A cette première fille d'honneur en succéda une seconde, puis une troisième, puis une quatrième ; enfin, il est probable que Monseigneur ne se fût arrêté que lorsqu'il aurait été au bout de la liste, si le roi, plus chatouilleux pour les autres que pour lui-même du côté de la foi conjugale, n'eût supprimé les filles d'honneur de madame la Dauphine.

Lorsqu'il n'eut plus de filles d'honneur sous la main, Monseigneur s'adressa aux comédiennes : la Raisin, entre autres, eut quelque temps ses bonnes grâces. On raconte une aventure assez singulière, dont la jolie actrice fut la triste héroïne, et qui montre à quel point Monseigneur savait allier les devoirs pieux avec les faiblesses humaines. C'était un jour de carême. Le prince, dans un rendez-vous qu'il avait donné à sa maîtresse, au château de Choisy, ne fit servir à table que de la salade maigrement assaisonnée et du pain frit dans l'huile. Le prince mangea avec appétit ; l'actrice, accoutumée à de meilleurs repas, n'osa se plaindre, mangea avec répugnance et faillit mourir d'une indigestion. Les personnes qui prodiguaient leurs soins à la belle comédienne reprochaien au prince d'avoir régalé sa maîtresse d'un repas bien dur à digérer. « Écoutez donc, leur répondit-il en mettant la main sur son cœur, je voulais bien commettre un péché, mais je ne voulais pas en commettre deux. » Cette réponse fait connaître à elle seule l'esprit de la cour de Louis le Grand, où mademoiselle de La Vallière, madame de Montespan, madame de Maintenon savaient si bien harmoniser ensemble la conviction religieuse la plus profonde avec les joies mondaines et tant soit peu libertines qu'elles se permettaient.

Voici une autre aventure assez drôlatique arrivée quelques jours après l'événement que nous venons de rapporter. Monseigneur se sentit un goût très-vif pour une chanteuse âgée de quinze ans au plus, et dont l'accent mélodieux avait séduit ce prince. Dumont, gendre de Lully, et qui lui avait succédé dans l'exploitation du privilége de l'Opéra, fut chargé de porter à la jeune personne une lettre accompagnée d'un riche présent. Elle refusa formellement l'une et l'autre chose, vertu bien rare chez une demoiselle de sa qualité. Le lendemain de la démarche, Monseigneur se rendit à l'Opéra, plein d'espérance et d'amour; il attendait avec impatience dans sa loge le rapport de Dumont, lorsque la petite chanteuse, ayant fait lever à moitié le rideau, s'avança jusque sur le bord du théâtre, et, tournant ses regards vers le Dauphin, chanta de la meilleure façon du monde ce refrain connu :

> Je ne saurais,
> Je suis trop jeunette;
> J'en mourrais.

Tous les musiciens reprirent l'air, le jouèrent jusqu'à ce que la toile fût levée, et le Dauphin finit par rire de bon cœur du scrupule chanté à grand orchestre par la jeune pensionnaire de l'Opéra.

Depuis que madame de Maintenon régnait à la cour après avoir supplanté sa rivale, madame de Montespan; depuis que la vieillesse, avec ses rides et ses scrupules, avait fait invasion sur la figure et l'esprit de Louis XIV, Versailles, de fastueux, de bruyant qu'il était, devint triste, morne et silencieux. Plus de fêtes brillantes, plus de bals somptueux, plus de tournois, plus d'opéras, plus de ballets. Partout les espions, partout les jésuites. Les grâces se sont enfuies à l'aspect des robes noires et des sombres physionomies. La joie a fait place à la tristesse; les gais propos aux conversations sérieuses; les rires à l'oraison; l'opéra aux chants d'église; les folles histoires, les chroniques scandaleuses aux entretiens sur l'autre monde.

Le grand Dauphin, ennuyé de vivre de la vie monotone de Versailles, avec un roi dévot et une courtisane bigote, s'avisa de former à Choisy une cour supplémentaire, succursale de la première, et d'y attirer, par l'appât du plaisir, toute la jeunesse, toutes les grâces, toutes les beautés du temps. Il ne fallait pas tant d'attraits pour faire venir à cette cour improvisée tout ce qu'il y avait alors de plus brillant parmi la noblesse : l'ennui mortel que l'on éprouvait à Versailles suffisait seul pour produire cet effet. Pendant le peu de temps que cette petite cour subsista, on allait ou chez le roi ou chez Monseigneur, chez madame de Maintenon ou chez la Dauphine. Versailles et Choisy avaient leurs partisans et leurs sectateurs. D'un côté, tous les dévots, tous les vieux, toutes les vieilles, tous les prêtres, tous les jésuites, Bossuet, le père La Chaise, le père Gobelin, Montchevreuil, Dangeaud. etc., et toutes les femmes qui auraient perdu leur temps à être galantes ; de l'autre côté, le duc de Chartres, le prince de Conti, le duc du Maine, Vendôme, Vaudemont, Chaulieu, Lafare, Corbinelli, la belle princesse de Conti, la jolie duchesse du Maine, madame de Route, etc., et toutes les femmes qui pouvaient briller par un avantage quelconque. On peut juger, par la liste des initiés, que ce n'était pas l'esprit qui manquait à ces réunions. Les allures y étaient libres, les manières dégagées, les propos légers, le langage un peu leste ; mais il fallait bien se dédommager quelque peu de l'ennui que l'on éprouvait ailleurs. La cour du roi y était surtout fort gaiement critiquée, ridiculisée, chansonnée même, l'héritier de la couronne donnant le ton. La vive, la maligne duchesse de Bourbon y disputait à Chaulieu le sceptre de la chanson satirique : c'était bien la plus jolie Sapho du monde ; aussi ne parlait-on que de ses impromptus de Choisy.

Les charmants étourdis de cette cour folâtre ne modéraient quelquefois pas assez le sel de leurs plaisanteries. Un jour, une de leurs parties fit tant de bruit, le roi y avait été chanté d'une manière si leste par sa fille chérie, madame la duchesse du Maine, que Sa Majesté voulut avoir des détails précis, afin, disait-elle, de punir sévèrement les auteurs de cette orgie, Monseigneur et la petite princesse les premiers. En conséquence, La Reynie, qui était intendant de la police, reçut l'ordre exprès de dépister les convives du souper scandaleux. Ce magistrat, après quelques re cherches, découvrit que l'Italien Corbinelli assistait d'ordinaire aux repas chantants du Dauphin. Robe et perruque déployées, le lieutenant général se rendit chez ce vieux épicurien.

« Où avez-vous soupé mercredi? lui demanda-t-il après un salut bien sec, un salut de police.

— Mercredi, répondit l'Italien, il y a cinq jours... C'est de l'histoire ancienne... Songez-donc, monsieur, que j'ai mangé quinze fois depuis cet instant, et qu'un repas digéré ne laisse aucun souvenir dans la tête.

— Monsieur, trêve de plaisanterie, et veuillez ne pas vous amuser de moi.

— M'amuser, reprit Corbinelli en bâillant à se fendre la bouche... Voilà qui vous prouve tout le contraire.

— Répondez-donc catégoriquement. Où avez-vous soupé mercredi?

— Je ne m'en souviens nullement.

— Ne fréquentez-vous pas M. de Conti, M. le duc, M. de Vendôme?

— Il se peut; mais je l'ai tout à fait oublié.

— Ne vous arrive-t-il point de manger quelquefois avec ces seigneurs?

— Ne me parlez pas du passé; c'est pour moi un sillon tracé dans l'eau. Mais si ces messieurs m'invitent à l'avenir, je vous en informerai.

— Il me semble qu'un homme comme vous devrait se souvenir de ses relations avec des personnes de cette importance.

— Je ne dis pas non, monsieur; mais avec un homme comme vous, je ne suis jamais un homme comme moi. »

La Reynie ne put en savoir davantage du rusé transalpin, et tous les convives de Monseigneur n'ayant pas moins fidèlement gardé le secret, Sa Majesté dut renoncer à ses recherches sur le souper de Choisy.

Louis XIV néanmoins, jaloux de voir se former à quelques lieues de Versailles une cour nouvelle rivale de la sienne, une cour indépendante, puisqu'il n'y dominait pas en souverain maître ; une cour impie, sacrilége, puisqu'on y brûlait un encens qui ne lui était pas toujours adressé, voulut punir Choisy de l'ombrage qu'il en recevait : il décida que ce château, qui faisait alors partie des domaines de la couronne, cesserait d'être une résidence royale. Il enjoignit donc à son fils, le grand Dauphin, de quitter au plus tôt des lieux embellis par tant d'agréments, et qui rappelaient au prince de si doux souvenirs.

Monseigneur ne pouvait se résigner que très-difficilement à une pareille injonction. Fatigué, comme tant d'autres, de la monotonie de Versailles et de l'air d'hypocrisie qu'on y respirait, habitué dès sa jeunesse à plus de liberté et de laisser-aller, il maudissait en secret l'espèce d'exil auquel on le condamnait et la prétention tyrannique de son père à l'associer aux ennuis de sa vieillesse et aux scrupules tardifs de sa conscience.

Il résolut d'aller demander raison de sa disgrâce à madame de Maintenon, qui gouvernait en ce moment le cœur et la volonté du roi.

L'habile marquise, qui avait joué auprès de son royal amant le même rôle que Lauzun avait autrefois joué auprès de mademoiselle de Montpensier ; qui, plus insinuante et pour le moins aussi adroite que le duc, avait su déterminer Louis XIV à échanger son sceptre contre un chapelet, à se laisser diriger par un jésuite, à abandonner son goût dominant des galanteries pour celui des pratiques religieuses, à partager enfin sa couronne avec elle, et à épouser, lui, Louis le Grand, la veuve d'un cul-de-jatte, la femme du poëte Scarron ; l'habile marquise, dis-je, aidée de ses dévots acolytes, tenait entre les mains l'autorité souveraine, et c'était à elle qu'il fallait s'adresser pour implorer quelque faveur, ou pour se plaindre de quelques abus. Le Dauphin se rendit donc chez madame de Maintenon. Après l'avoir saluée profondément :

« Madame, dit le prince, vous savez que l'on m'exile de Choisy, auriez-vous la bonté de me faire connaître le motif qui a pu déterminer Sa Majesté à prendre une pareille mesure à mon égard?

— Monseigneur, cela ne peut pas s'appeler un exil.

— Comment, madame!...

— Ce n'est tout simplement qu'un changement de résidence.

— Je puis me tromper; mais jusqu'à présent, j'ai toujours cru qu'une résidence forcée ou un exil, c'était tout à fait la même chose.

— Pas entièrement, Monseigneur; la différence est facile à saisir : Un exil est une punition et entraîne avec soi le retrait des faveurs de Sa Majesté.

— La perte de Choisy équivaut pour moi à une disgrâce que je ne pense pas avoir méritée.

— Veuillez, s'il vous plaît, être bien persuadé que le roi n'a point du tout l'intention de vous retirer ses bonnes grâces; il tient au contraire beaucoup à votre amitié et à vos hommages, et son plus grand désir serait de vous voir, Monseigneur, le plus possible à la cour, auprès de sa personne. »

La marquise appuya avec intention sur ces derniers mots.

« Je vous remercie, madame, reprit le Dauphin, de vous faire d'une manière si aimable l'interprète des désirs de Sa Majesté; je suis bien aise d'apprendre la place distinguée que le roi me conserve dans son affection; mais ne serait-il pas possible de concilier des choses qui ne me paraissent pas incompatibles, la conservation de Choisy dans mes apanages et l'amitié dont le roi veut bien m'honorer.

— Ces deux choses ne sont pas absolument incompatibles; cependant vous conviendrez, Monseigneur, que les agréments que l'on goûte à Choisy sont bien capables de faire oublier un peu les devoirs qui sont imposés à tout gentilhomme de France, à la cour de Versailles.

— Je ne comprends pas très-bien, madame; si vous daigniez entrer dans quelques explications...

— Son Altesse comprendra parfaitement que dans une monarchie où il n'y a qu'un seul maître, il ne doit point exister deux cours rivales l'une à côté de l'autre...

— J'en conviens, madame...

— Que le roi est en droit de regarder comme autant d'usurpations les hommages qui sont adressés à un autre qu'à lui.

— Je suis bien obligé d'être encore sur ce point de l'avis de Sa Majesté.

— Eh bien, Monseigneur, veuillez voir, je vous en prie, si la nombreuse société qui se rassemble tous les jours à Choisy, si l'empressement que l'on met à assister aux fêtes que l'on y donne, si le luxe que les plus jolies dames y déploient à l'envi, si le plaisir que les élus paraissent y goûter, si tout cela ne ressemble pas un peu à ce que l'on est convenu d'appeler une cour.

— Je croyais, madame, qu'un prince du sang, destiné au trône, pouvait se permettre de réunir chez lui une société d'élite, et de procurer à ceux qu'il daignerait recevoir des plaisirs dignes de lui et de la haute position qui l'attend un jour.

— Le roi, Monseigneur, peut tout permettre à un prince du sang, excepté de jouir du privilége de la royauté avant d'être en possession de la couronne. Quant à la société de Choisy, elle renferme certainement tout ce qu'il y a de plus distingué dans le royaume, si ce n'est cependant qu'elle exclut, je ne sais pourquoi, une certaine classe qui possède, elle aussi, ses illustrations.

— De quelle classe parlez-vous, madame?

— De celle du clergé; et bien certainement, les Bossuet, les Bourdaloue, les La Chaise, et tant d'autres, pourraient bien se formaliser de cette exclusion.

— Les plaisirs de ce monde s'accordent bien peu, madame, avec les fonctions sévères de la classe dont vous parlez; et c'est peut-être un motif de haute convenance qui a tenu éloignés de nos réunions les illustres personnages que vous venez de nommer.

— Ces messieurs ne sont point du tout déplacés à la cour de Versailles.

— Ils l'auraient été, madame, il y a vingt ans, quand Louis XIV, dans la fleur de sa jeunesse, réunissait à la cour tous les plaisirs que l'on pouvait goûter, et excitait ainsi par sa splendeur et sa magnificence la jalousie de tous les peuples de l'Europe.

— Il y a des goûts et des tempéraments pour tous les âges : ce qui convenait à Louis XIV, il y a vingt ans, ne peut plus lui convenir aujourd'hui ; et comme il est maître souverain, il doit vouloir que tout ce qui l'entoure se conforme à son humeur et à son caractère. »

Le prince n'avait rien à répondre à la réplique de madame de Maintenon. La marquise venait de faire sentir la position qu'elle occupait auprès du trône et la part de pouvoir dont elle avait été investie par son royal amant. Elle se plaisait quelquefois, comme en cette circonstance, à faire le Louis XIV et à s'amuser au despotisme, jeu qui coûta un jour bien des larmes aux malheureux protestants.

Le grand Dauphin avait reçu l'ordre de se retirer à Meudon. Ce château était la propriété qui lui avait été donnée en compensation de la perte de Choisy. Mais avant de quitter ce gracieux séjour, ce temple de délices qui excitait ses regrets à un si haut point, il voulut dire un adieu solennel à ses magnifiques lambris, à ses vastes salles de bal, à ses voluptueux boudoirs, à ses belles fontaines, à ses bosquets mystérieux, à ses parterres aux mille fleurs, à ses berceaux de feuillage si favorables aux amours, et même aux eaux de la Seine qui venaient se jouer mollement au pied de ce palais enchanteur. Il rassembla, pour une dernière fois, les initiés de la petite cour princière, et leur donna, par une belle nuit d'été, une fête des plus ravissantes. Tout Choisy était illuminé, tant à l'intérieur qu'à l'extérieur des appartements ; de riches candélabres s'élevaient de distance en distance à travers le parc, et jetaient de tous les côtés des gerbes de lumière qui allaient se perdre dans l'étendue. Tout le château resplendissait comme au milieu de mille soleils. La façade

était ornée de guirlandes de fleurs d'où sortaient, comme par enchantement, une foule de jets lumineux. Deux statues colossales, placées à
l'entrée de la porte principale, tenaient dans les mains d'énormes falots
allumés. Toutes les fenêtres des appartements étaient ouvertes sur les
jardins; on voyait briller, dans des chambres magnifiquement parées,
des lustres de toutes dimensions, dont la vive lumière allait se refléter
dans les eaux jaillissantes des fontaines. Les berceaux étaient éclairés par
des verres de toutes les couleurs, dont la disposition formait, à travers le
feuillage, un effet magique. A l'entrée des allées, on voyait d'immenses
arcades en feu, avec des transparents où on lisait des inscriptions en
vers, et où étaient représentées des scènes allégoriques faisant allusion
à la circonstance actuelle. Aucun des élus de la petite cour ne manquait à
cette réunion. Tandis que, dans les vastes salons, on dansait voluptueusement au son d'une musique délicieuse, on voyait circuler dans le parc
de frais et joyeux convives, qui tantôt se réunissaient en groupe pour
s'exciter par de piquantes saillies, et tantôt se divisaient par couples et
allaient se perdre, en se promenant, dans les détours des allées ou dans
les clairières des massifs. La Seine avait aussi sa part de la fête : ses rives
étaient illuminées par une double ceinture de lampions qui laissaient
tomber dans l'onde les rayons de leur lumière vacillante; ses eaux étaient
sillonnées par une multitude de nacelles portant, suspendues à l'extrémité
des mâts pavoisés, de gracieuses lanternes vénitiennes, qui, au loin,
semblaient être autant de globes enflammés ou de feux follets balan-
cés au gré des vents. Dans ces nacelles se trouvaient de galants cavaliers et de jolies dames, qui, tout en agitant les eaux de leurs rames légères, égayaient leur promenade nocturne par des chants joyeux ou par
des causeries amusantes. Jamais château n'avait offert un aspect plus
féerique; jamais fête n'avait présenté tant de merveilles; jamais réunion
n'avait compté de convives plus gais, plus charmants, plus aimables,
plus disposés à s'enivrer de plaisir.

A quelques jours de là, le prince se retirait tristement à Meudon; et la veuve de Louvois venait habiter la demeure chérie du prince.

Le château de Meudon, possédé par la veuve de l'ancien ministre, avait été échangé par Louis XIV contre celui de Choisy.

Pendant un instant, le château de Mademoiselle, où le Dauphin avait laissé de si délicieux souvenirs, ne fut plus habité que par la vieillesse au front glacé, au cœur sec, au maintien sévère, à l'air sombre et mélancolique; les fleurs des jardins n'étaient plus cueillies par de frais et jolis doigts, les gazons du parc n'étaient plus foulés par des pieds mignons et agiles, les bosquets n'étaient plus visités par une jeunesse folâtre et avide de volupté; à l'aspect des rides et des glaces, l'Amour s'était pris de frayeur, il avait déserté un séjour où il avait reçu des hommages si flatteurs, et où bientôt il devait remporter, sur les pas d'un petit-fils du grand Dauphin, des triomphes plus éclatants encore.

Louis XV fut à son tour en possession de Choisy.

C'est ici l'époque la plus florissante de cette habitation célèbre. Le petit-fils du Dauphin n'avait point dégénéré; il était digne de son aïeul, et il se promettait bien de faire revivre à Choisy les souvenirs que sa famille y avait laissés.

Le roi bien-aimé trouvait l'architecture du château un peu sévère, un peu surannée pour son règne, et les appartements trop resserrés, trop mesquins pour contenir sa grandeur. Il fit donc abattre l'édifice presque en entier et en fit construire un autre beaucoup plus grand, beaucoup plus fastueux. « Tous les arts avaient été appelés à doter ce séjour de leurs merveilleux prestiges. A l'extérieur, ce n'étaient partout que statues, que bosquets, qu'eaux jaillissantes dans des bassins de marbre; les murs eux-mêmes étaient surchargés de mille ornements divers sculptés dans la pierre de taille; vous n'auriez pu fixer vos regards sur une partie quelconque de l'édifice sans rencontrer aussitôt quelque Amour joufflu se détachant en relief pour vous présenter, le plus gracieusement du monde, une

LES PETITS SOUPERS DE LOUIS XV AU CHÂTEAU DE CHOISY-LE-ROI.

(Mystères des Vieux Châteaux de France.)

énorme guirlande de roses. Pas un encadrement de fenêtre qui ne fût sur-monté de cet inévitable couronnement. A l'intérieur, c'était bien mieux encore : pas un panneau de boiserie sur lequel le pinceau des Boucher et des Vanloo n'eût jeté, au milieu des emblèmes les plus gracieux, toutes les nymphes et tous les satyres de la mythologie ; pas un lambris, pas une corniche où l'or ne ruisselât à grands flots ; et puis c'étaient des myriades de glaces les plus belles qu'on eût pu trouver, afin de réfléchir toutes ces têtes brillantes qui sont venues s'y mirer (1). »

C'est à partir de cette restauration que le château de Choisy-Mademoiselle, comme on l'avait appelé jusqu'alors, fut désigné par le nom plus pompeux de Choisy-le-Roi.

Louis XV voulut faire de sa nouvelle demeure ce que Louis XIV avait fait de Marly, je veux dire une retraite pour s'y réfugier loin du bruit de Versailles, un asile pour s'y distraire des soucis de la royauté : avec cette différence cependant que Louis le Grand allait chercher à Marly le repos, le calme d'esprit nécessaire à la vieillesse ; tandis que Louis le Bien-Aimé y venait, accompagné d'un petit nombre de roués grands seigneurs, pour y trouver des plaisirs plus libres, des joies plus licencieuses que celles qu'il avait l'habitude de goûter à Versailles.

Les petits soupers de Choisy-le-Roi sont surtout célèbres dans les fastes merveilleux de ce château. Au nombre des convives de ces soupers, ou plutôt de ces orgies royales, se trouvaient le plus souvent le prince de Soubise, les ducs de Duras et de Richelieu, mesdames de Mirepoix et de Forcalquier, la marquise de Pompadour et dans la suite la comtesse du Barri. Dans ces petites réunions d'intimes, le roi déposait sa majesté à la porte du salon, l'étiquette était mise de côté, les allures étaient franches, les dames étaient très-décolletées, et les cavaliers un peu plus que galants. Chacun pouvait à son aise donner un libre cours à son imagination,

______

(1) *Châteaux et ruines historiques de France.*

et mettre au jour la gaieté de son naturel et la nature de son tempérament. Au milieu des fumets de mille plats divers, c'était d'abord un feu roulant de saillies piquantes et d'épigrammes ingénieuses; non pas que les convives que nous avons nommés fussent des aigles, mais ils avaient cette sagacité et cette assurance qu'on acquiert dans la bonne société, et qui tiennent lieu d'esprit; d'ailleurs il n'est pas de courtisan que la gaieté du prince ne mette en verve. A la fin du repas, lorsque les têtes étaient échauffées par les flots brûlants des vins les plus généreux, la conversation devenait plus animée et les manières plus dégagées; les cavaliers se rapprochaient davantage de leurs dames, et presque toujours on dépassait sans scrupule les bornes, je ne dirai pas de la bienséance, mais du respect que chacun, fût-il roi, prince ou marquis, se doit à soi-même.

Un soir que Louis était plus fatigué qu'à l'ordinaire, il voulut faire un peu diversion à la joie bruyante qui régnait parmi les convives; il proposa à la société de clore le souper par le récit plus ou moins intéressant d'un conte d'imagination ou d'une histoire véritable. La proposition était neuve, elle fut agréée avec empressement. Le prince de Soubise, ayant été désigné pour commencer, raconta à peu près en ces termes l'histoire suivante :

« J'avais vingt ans, une jolie figure, une tournure élégante. J'étais maître d'une fortune qui rendait plus sensibles encore les agréments de ma personne. J'avais la plus grande envie du monde de me ruiner, envie que depuis j'ai assez bien satisfaite. Les femmes ne me détestaient pas : toutes celles qui étaient jolies me plaisaient. Elles n'avaient pas besoin pour m'enflammer d'être issues d'une illustre maison et de porter des robes de velours.

« Mon premier valet de chambre était un nommé Finot, aussi mauvais sujet, tout valet de chambre qu'il était, qu'aucun grand seigneur de la cour. Il m'entretenait avec enthousiasme d'une de ses cousines, créature belle comme un astre, et sage comme une vestale. Il lui avait parlé d'amour : malgré sa profonde expérience, il n'avait pas réussi, non que la demoiselle fût sauvage, mais elle était prudente, elle voulait se faire épouser, et son cousin Finot était déjà marié.

« Quand il vit que le portrait de la belle Annette Dumont commençait à m'enflammer : « Monseigneur, me dit-il, vous êtes le plus joli « garçon du royaume : à votre place, je ferais la cour à cette petite « coquette; elle ne vous résistera pas : vous serez heureux, et moi « j'aurai la consolation d'être vengé. »

« L'idée de Finot ne me déplut pas. Je mourais d'envie de contempler de près cette merveilleuse créature. L'aborder dans toute la splendeur de mon rang ne m'était pas possible, ses parents ne l'auraient pas souffert : c'étaient d'honnêtes gens, menuisiers dans la rue Saint-Joseph. Finot avait l'esprit de l'intrigue, des fourberies, des déguisements. J'endossai, par son conseil, un habit à ma livrée, et me voilà mon second valet de chambre, le collègue de Finot et son ami. En cette qualité il me présente à son oncle et à sa tante. Je suis fort bien accueilli, et nous passons dans l'arrière-boutique.

« Mademoiselle Annette arrive : de ma vie je n'avais rien vu de plus charmant que mademoiselle Annette. C'était une figure angélique; de grands yeux bleus, d'une douceur inexprimable; une taille fine, une main, un pied parfaits. Bref, me voilà éperdument amoureux. Je fus galant, empressé : on m'avoua que je ne déplaisais point; mais on me parla de mariage. Pour le moment je ne pouvais y penser; j'étais depuis trop peu de temps au service du prince. En attendant on me permit de soupirer, et je ne perdis pas mon temps. Annette, qui m'aimait avec idolâtrie, céda; elle eut regret de sa faute, puis elle y retomba volontairement. Cependant elle me pressait avec une impatience extrême de tenir ma promesse et de l'épouser : ses instances m'embarrassaient. Cette petite était si douce, si caressante, si affectueuse, qu'après six mois de constance je ne pouvais me décider à la laisser là.

I.   8

« On jouait à cette époque une tragédie nouvelle de M. de Voltaire, qui faisait courir tout Paris. Il prit fantaisie à la famille Dumont de voir cette pièce. J'avais dîné ce jour-là chez M. de La Poplinière ; j'en sortis un peu tard. Ne pouvant m'en retourner à Versailles, j'entrai à la Comédie-Française. Je me plaçai dans la loge des gentilshommes ; je passai ensuite dans celle de madame René ; c'était le temps de ma grande passion pour cette dame.

« Le lendemain, Finot entre tout effaré dans ma chambre :

— Pourquoi cette mine consternée ?

— Monseigneur, une fàcheuse aventure...

— Laquelle ?

— Ma cousine Annette est ici.

— Que demande-t-elle ?

— A vous voir. Elle vous a reconnu hier à la Comédie-Française ; elle jure qu'elle ne s'en ira pas sans vous parler.

— Fais-la entrer.

« Imaginez, car je ne saurais la peindre, la scène qui se passa alors, les pleurs, les sanglots de la tendre Annette ; ses reproches, ses invectives, ses supplications. Comment une fille si tranquille et si douce était-elle si véhémente et si emportée dans son désespoir ? Je fis de mon mieux pour ramener la paix dans son pauvre cœur. Mes serments de l'aimer toujours ne furent pas écoutés. Je lui promis un sort magnifique pour l'avenir : promesse inutile !

— Enfin, Annette, soyez raisonnable : que voulez-vous ?

— Que vous m'épousiez.

« L'idée était plaisante : la fille d'un menuisier femme du prince de Soubise!... Je ne pus m'empêcher d'en rire. Ma gaieté calma tout à coup la douleur d'Annette ; ses larmes cessèrent : elle devint tranquille, sérieuse, pensive, me dit adieu avec un sang-froid extraordinaire, et sortit de ma chambre.

« Elle m'avait quitté depuis cinq minutes. Je sonne Finot. « Cours
« après ta cousine, lui dis-je; suis-la, ne la quitte pas que tu ne l'aies vue
« rentrer chez elle. » Finot m'obéit : il arrive au Pont-Neuf. La foule était
amassée; on se pressait vers le parapet, on s'agitait, on se questionnait.
Il demande ce qui se passe : une jeune fille vient de se jeter à l'eau. Il
écarte les curieux, arrive au bord du pont, aperçoit sa cousine entraînée
par le courant, qui disparaît, reparaît encore, disparaît enfin, et pour
toujours! On court pour la sauver; il était trop tard. Il revint me
raconter cette triste catastrophe. J'en fus consterné. Je ne croyais
pas que le désespoir pouvait inspirer à une amante abandonnée une telle
résolution. Quelques jours après, Finot me demanda son congé, que je ne
lui refusai pas. Depuis son départ, je n'entendis jamais parler de lui ni de
sa famille. »

Le prince de Soubise se tut. Tout le monde garda le silence. On semblait être touché de l'histoire, mais personne n'était indigné du courage
de celui qui l'avait racontée. Comment, de gaieté de cœur, le prince pou-
vait-il rapporter une semblable histoire? Un si horrible souvenir aurait
empoisonné la vie d'un homme d'honneur. Mais le vieux prince de Soubise!
un demi-siècle d'intrigues et de scandales avait éteint chez lui toute sen-
sibilité morale.

Le duc de Richelieu ayant été désigné par le roi :

« Sire, dit le duc, je suis pour le comique; les scènes galantes plaisent-
elles à Votre Majesté?

— Oui, monsieur le duc, surtout quand vous en êtes le narrateur.

— Mais, si le héros est un des rois vos ancêtres?

— Je vous permets d'en parler à votre aise; on ne doit des égards
qu'aux vivants. »

Le prince se hâta de prendre la parole :

« Le roi, dit-il, ne se contenta pas d'élever Lauzun aux plus grands
honneurs, il l'admit encore dans son intimité et le mêla à ses aventures ga-

lantes. Voici une de ces aventures que le duc m'a racontée plusieurs fois, bien longtemps après son retour de Pignerol : La comtesse de Soissons, qui avait été supplantée par mademoiselle de La Vallière, cherchait toutes les occasions de nuire à la nouvelle favorite. Elle fit entendre à mademoiselle d'Houdancourt, fille d'honneur de la reine et d'une beauté remarquable, qu'il lui suffirait de quelques agaceries pour attirer à elle le royal infidèle. En effet, ce prince, ayant le cœur rempli de ces petites misères humaines que l'on s'obstine à prendre généralement pour le bonheur, ne tarda pas de répondre aux avances de la jolie personne. L'appartement des filles d'honneur se trouvait, au Louvre, tout à fait sous la main de Sa Majesté. Le roi voulut s'y rendre, comme il avait l'habitude de le faire avant son mariage ; mais l'entrée en était alors interdite aux hommes par la sévérité de la duchesse de Noailles, et peut-être aussi par les ordres secrets de la reine. Louis jura, frappa des pieds : colère perdue ; il fallait subir la consigne, et aviser à d'autres moyens. Le grand conseil galant, composé de Lauzun, de Guiche, de Vardes et de Bontems (1), fut convoqué dans le cabinet du roi. Lauzun connaissait bien les localités ; il avait reconnu toutes les avenues de la chambre des filles, et déclara que l'unique voie possible était, pour le moment, la gouttière ; l'unique issue libre aboutissant au sérail, la cheminée. Le roi avoua naïvement qu'il pourrait se trouver fort embarrassé sur ce théâtre de galanterie tout à fait nouveau pour lui ; mais que, cependant, il voulait essayer. Le rendez-vous fut donc fixé à minuit : il parut inutile d'en prévenir les beautés que l'on devait visiter ; elles avaient l'esprit assez bien fait pour ne se formaliser de rien, quoiqu'on dût les prendre à l'improviste. A l'heure convenue, le grand conseil déboucha sur le toit par une lucarne de mansarde ; le chemin qu'il fallait suivre n'était ni large ni sûr...

— Donnez-moi la main, Sire, dit Lauzun à son maître...

(1) Valet de chambre du roi, qui le suivait dans ses expéditions galantes.

— Bon, bon, m'y voici, répondit le roi... Je vais, pour plus de sûreté, prendre mes souliers à la main.

— Maintenant, annonça de Vardes, qui marchait en éclaireur, il faut s'avancer sur les ardoises jusqu'au pied de la cheminée.

— Ah diable ! dit le roi en se cramponnant au toit le mieux qu'il put, ceci devient difficile.

— Ce n'est cependant pas le plus fort, ajouta de Guiche, qui, déjà, descendait doucement une échelle de corde dans la cheminée.

— Allons, Sire, reprit Lauzun, voici le moment de l'assaut ; je vais entrer le premier dans la place.

— D'accord, repartit Sa Majesté ; mais n'allez pas, le premier, vous loger en vainqueur.

— Soyez tranquille, Sire, j'attendrai que vous ayez pris votre quartier.

— Pour moi, dit de Guiche, je reste sur le rempart avec Bontems, de peur de surprise.

— Oh oui ! continua Lauzun, dont le corps était déjà à moitié dans la cheminée ; depuis que de Guiche a fait la conquête de *Soissons*, il s'en tient à cette place.

— Elle est cependant ouverte à tout venant, répondit le roi avec malignité.

« Louis XIV descendit dans la chambre des filles après Lauzun, tandis que le vainqueur de *Soissons* et le valet de chambre de Sa Majesté retenaient fortement l'échelle de corde, qui resta attachée à la cheminée pendant toute l'expédition. Le roi n'était pas attendu par mademoiselle de La Mothe ; Lauzun l'était encore moins par la demoiselle qu'il visita, et à laquelle il n'avait, assurait-il, jamais adressé une seule parole. Pourtant il ne s'éleva pas, de la chambre des filles, la moindre clameur, pas une petite réclamation ; tout se passa dans un profond silence. En vérité l'on ne pouvait être plus doux, plus résigné que les filles d'honneur. »

Cette histoire, qui rappelait toutes les galanteries de Louis XIV, avait égayé tous les auditeurs, et le roi avait de très-bon cœur participé à la joie générale.

Après le duc de Richelieu vint le tour de madame de Mirepoix, et après, celui de madame de Forcalquier. Ces dames racontèrent avec un laisser-aller admirable quelques-unes des scènes galantes qui leur étaient arrivées ; et au milieu des peintures parfois un peu vives de leurs amours, pas le moindre scrupule, pas la moindre rougeur ne vint les embarrasser. Tel était le ton, telle était la licence qu'on se permettait à Choisy-le-Roi.

Lorsque Louis XV fut descendu dans la tombe, l'ouragan révolutionnaire ne tarda pas à arriver avec ses dévastations et ses pillages. Un grossier vandalisme, voulant faire disparaître jusqu'aux traces de l'aristocratie, se mit à démolir les antiques demeures féodales, ainsi que les châteaux somptueux, chefs-d'œuvre du génie moderne. Choisy-le-Roi subit le sort de Marly : il fut abîmé dans la tourmente. Les marteaux des démolisseurs renversèrent les murailles, brisèrent les statues, abattirent les arbres du parc, dispersèrent les arbustes du jardin ; tous les matériaux rassemblés en tas furent vendus à l'encan. Les riches lambris, les boiseries fastueuses, les superbes dalles, qui décoraient ce royal séjour, ont servi, pour la plupart, à construire des usines et des manufactures : monuments industriels, temples élevés à une déité nouvelle et destinés à remplacer dans l'avenir les magnifiques demeures d'une noblesse à jamais déchue !

ANET.

Il (l'amour) voit les murs d'Anet, bâtis au bord de l'Eure :
Lui-même en ordonna la superbe structure,
Par ses adroites mains avec art enlacés,
Les chiffres de Dieu y sont encore tracés ;
Sur sa tombe, en passant, les Plaisirs et les Graces
Répandirent les fleurs qui naissaient sur leurs traces.

LA HENRIADE, CHANT IX.

LE CHÂTEAU DU BLUET.

(Mystères des Vieux Châteaux de France.)

ANET.

H D! Henri, Diane! double chiffre, double nom! symbole d'amour qui resplendissais jadis aux rayons de la couronne royale sur les parois de tant de murs célèbres, où es-tu dispersé maintenant? Sous quelles touffes d'herbe sont cachées aujourd'hui les pierres sur lesquelles le ciseau des artistes t'avait gravé?... où?... Hélas! hélas! il y a longtemps que chaque jour le vent en emporte des atomes dans les tourbillons de poussière! — Chambord et Chenonceaux subsistent encore, quoique bien déchus ; mais toi, Anet, toi surtout qui vis, pour ainsi dire, naître et mourir la favorite enchanteresse ; toi qui la connus d'abord épouse fidèle, ensuite fille peut-être trop dévouée, puis maîtresse toute-puissante d'un roi, puis enfin rivale chassée par une femme qui devait être encore plus puissante qu'elle ; toi, Anet, qui vis tout cela, et dont les murs auraient dû sur vivre, ne fût-ce que pour conserver et raconter cette histoire ; ô château si plein de souvenirs, Anet, où es-tu ?

Où ?... sous les hautes herbes des plaines de la Beauce, à quinze lieues environ de Paris, sur les bords de l'Eure, représenté par quelques pierres brisées portant les traces de ce double chiffre que j'ai fait resplendir à vos yeux tout à l'heure ! — C'est là que d'un pied indifférent le premier passant venu peut faire rouler tout ce qui en reste ; mais aussi où l'artiste, où le penseur, où l'antiquaire pieux viendront religieusement recueillir les brises éloquentes, les mille bruits soulevés disant les choses d'un si riche passé.

Pauvre château d'Anet, je te reconstruis dans ma pensée ! Tantôt je t'aperçois vieux manoir, avec ton sombre aspect, tes énormes tours, ton pont-levis, ta herse de fer, tes murailles crénelées ; tantôt je te contemple château moderne, avec tes riches décors, tes magnifiques peintures, tes beaux jardins, ton parc royal, ton admirable architecture ! Je te réédifie, mais au milieu de cette réédification, je me sens émouvoir à l'aspect de tes hôtes illustres. J'éprouve en les voyant toutes les passions qui les ont agités, et je ne puis me soustraire à l'impression que produisent sur moi les drames dont ils ont été les héros. Aussi, comme fasciné par une sorte d'hallucination, je vais me laisser entraîner par les scènes diverses qui se retracent vivement à mon esprit ; je vais parcourir au galop des heures tous les épisodes qui se déroulent à mes yeux, et que j'aperçois, ô château d'Anet, dans les profondeurs de ton ombre.

C'est le matin. Le jour commence à poindre. Un de ses premiers rayons jette une lueur blanchâtre dans la grande chambre à coucher de notre ancien château. Le lit, devant lequel glisse la faible lumière matinale, est occupé ; mais par quel personnage, bon Dieu ! Il a dû passer une nuit bien agitée, le maître de ce manoir ! Que lui est-il arrivé ? Tout ce qui l'entoure est dans un désordre extrême... Cependant il dort, mais de ce sommeil impérieusement amené par la fatigue. Ses traits, déjà mûrs, portent l'empreinte d'un cœur soucieux et défiant. Une certaine mobilité de son visage s'est conservée à travers son sommeil : une idée pénible a dû le poursuivre.

Tout à coup il se réveille. Sa tête quitte aussitôt l'oreiller ; il regarde avec inquiétude autour de lui :

« Charlotte, ma mère !... » s'écrie-t-il en même temps.

Puis, laissant sa phrase inachevée, il passe sa main sur son front, comme un homme qui lutte contre une pensée douloureuse.

Et ses yeux continuent à errer sans la moindre fixité dans leur regard.

Enfin, reprenant la parole :

« Charlotte, ô ma mère ! se met-il à redire avec un pénible effort, pourquoi votre image est-elle venue me trouver cette nuit?... »

En effet, il a vu sa mère en songe, et cette idée d'avoir rêvé de sa mère semble le poursuivre comme un cauchemar.

D'où vient cela? — Ordinairement la vue d'une mère, soit en réalité, soit en songe, est une si douce consolation pour un fils !...

Bientôt il se lève...

Vêtu à la hâte, il se rend, la tête baissée et comme fléchissant sous sa tristesse, dans une chambre entièrement tendue de noir, et dans laquelle on ne remarque d'autres objets qu'un grand portrait de femme, qu'on devine, grâce au rideau qu'une main distraite a oublié de tirer tout entier. Il achève de le découvrir, et le contemple avec des yeux scrutateurs.

« Mère, dit-il ensuite lentement et comme s'il eût fait sortir chacun de ses mots du fond de son cœur ; mère, vous êtes venue à moi cette nuit..., qu'aviez-vous donc à me dire? »

Vous seriez bien surpris si je vous disais que le portrait lui répondit ; mais lui fut surpris bien davantage de ce qu'il ne lui répondit pas.

« O mère, continue-t-il, votre apparition est-elle un présage, ou si elle n'est tout simplement que le fruit de mes pensées soucieuses?... Oh ! si vous avez quelque chose à me dire, dites-le-moi!... Fais-je bien de l'épouser?...»

Il s'arrêta là, craignant presque une réponse à sa question.

« Fais-je bien, ma mère? reprend-il l'instant d'ensuite. O madame Charlotte de France, au nom du respect que j'ai toujours eu pour votre mémoire, répondez-moi : fais-je bien?... Je la prends parce qu'elle est belle... c'est peut-être une faute, je suis laid...; je la prends parce qu'elle est jeune... c'est peut-être une faute encore, je suis vieux...; mais je la prends aussi parce qu'elle est vertueuse. »

Ici une larme tomba involontairement de sa paupière ; ses jambes fléchirent, il se trouva à genoux devant le portrait de madame Charlotte de France.

« O ma mère, ce n'est point pour vous rappeler votre faute que j'ai prononcé ce mot ; nul fils plus que moi n'a enfoui au fond de son cœur l'erreur maternelle. J'ai dit ce mot de vertu, parce que j'espère en celle que j'épouse... Oh! malheur, malheur à moi si pareille chose allait lui arriver!... Mais non ; elle a du sang noble et généreux dans les veines : Jean de Poitiers, son père, est un loyal chevalier ; il est l'honneur et l'orgueil des Tournelles ;... il ne pourra pas se faire que sa fille, ange de beauté, mente à son sang, et déchoie parce que je la prends pour femme!... Du reste, son doux nom de Diane ne doit-il pas me porter bonheur? ce nom n'est-il pas pur comme elle, et n'a-t-elle pas sur son visage toute la chaste grâce de sa patronne mythologique?... O ma mère, dites-moi que je fais bien de la prendre pour femme ; dites-moi que le démon des noces maudites ne viendra pas s'abattre sur ma maison ; rassurez votre fils, qui pleure, vous pardonne et prie toujours pour vous... Au mois de mai dernier, je suis encore allé, comme tous les ans, à pied et tête nue, faire mon pieux pèlerinage à l'abbaye de Coulombs ; je m'y suis encore agenouillé, comme me voilà aujourd'hui, devant vos restes mortels, et j'ai demandé à Dieu qu'il prenne pitié de votre âme... Vous voyez, ma mère, que je n'ai point oublié mes devoirs de fils... Si vous avez un conseil maternel à me donner, faites-le : je vous en supplie, dites-moi pourquoi vous m'êtes apparue cette nuit?...»

Le portrait resta muet à cette supplique comme aux précédentes ; mais le jour qui grandissait venant à l'éclairer davantage, et un rayon surtout glissant sur la figure de Charlotte de France, les traits de cette mère fautive, mais punie, prirent en ce moment, aux yeux de son fils, une expression moins sombre et moins terrible ; quelque chose lui sembla se dérider dans cette austère physionomie, et, avec l'ardent désir qu'il en avait, il ne fut pas longtemps à croire que, pour réponse à son inquiète supplication, il avait vu les lèvres de sa mère lui laisser tomber un complaisant sourire.

« Merci, ma mère! s'écria-t-il aussitôt ; merci!»

Puis il se relève, jette un dernier regard sur le portrait, en tire cette fois le rideau tout entier, et sort lentement de cette sombre chambre, dont l'atmosphère lui inspirait toujours des terreurs, et où aujourd'hui il est venu néanmoins demander une idée consolante.

Toute sa journée se passa ainsi, dans des alternatives de crainte et d'espérance...

. . . .

Le lendemain, Louis de Brézé, comte de Maulevrier, grand sénéchal de Normandie, âgé de cinquante-cinq ans, et un des seigneurs les plus laids de la cour de France, épousait Diane de Poitiers, fille de Jean de Poitiers, comte de Saint-Vallier, âgée de quinze ans, et qui comptait déjà parmi les plus ravissantes beautés dont la cour de François Ier pût s'enorgueillir.

Nous sommes en 1515. Le château d'Anet n'a encore à cette heure aucune des allures qu'il prendra plus tard. Malgré son nom très-pompeux de *Palais des rois de Navarre* (parce que la terre d'Anet avait jadis fait partie des domaines de la maison de Navarre), malgré ce nom, dis-je, il est noir, triste et sombre…, absolument de la couleur des pensées de son propriétaire. Il a bien pour lui sa situation : bâti dans une vallée agréable, entre les deux rivières l'Eure et la Vesgre, qui la parcourent en l'arrosant, il se trouve en outre adossé à la belle forêt de Dreux. Comme paysage, c'est quelque chose de fort joli ; mais le château en lui-même est loin de répondre au charme de ses environs. Un lourd bâtiment carré, percé sur toutes ses faces de deux rangées de fenêtres étroites, et flanqué à ses quatre coins de tours assez fortes et assez hautes, le tout surmonté de créneaux, entouré d'un mur de défense qui domine un large fossé sur lequel s'abaisse le pont-levis menant à la solide et unique porte d'entrée : tel est l'aspect général de la châtellenie d'Anet. Ces murs ternes et d'un aspect monotone sont loin, vous devez le penser, de prévoir leur future et brillante métamorphose… Attendez, artistes de Henri II ; la duchesse de Valentinois n'existe pas encore !

Voilà Louis de Brézé marié à une jeune fille charmante ; voilà Diane de Poitiers la femme d'un homme laid, et déjà vieux ?… Que le ciel les protége l'un et l'autre ! Ils en ont besoin, surtout au milieu d'une cour galante et tant soit peu corrompue.

Diane avait toutes les grâces qui attirent, tous les charmes qui captivent : jeunesse, beauté, esprit, Dieu lui avait tout prodigué… Aussi, jugez de l'angoisse que dut éprouver le grand sénéchal, lorsqu'un beau jour on vint lui dire, de par le roi son maître, qu'il fallait se préparer à partir pour la guerre !

François Ier, qui ne faisait que de monter les marches de son trône, allait, pour ses débuts dans la royauté, entreprendre la conquête du Milanais.

Le grand sénéchal de Normandie, propriétaire du manoir d'Anet, était un de ceux qui devaient le suivre…

Vous comprenez sans peine, après l'avoir vu devant le portrait de sa mère, quelle horrible inquiétude vient de s'emparer de son cœur. Il se dispose à obéir sur-le-champ, en homme ponctuel qui connaît et veut faire son devoir...

« Oh! la terrible besogne, s'écrie-t-il tout à coup, que d'aller faire la guerre quand on laisse une jeune et belle femme dans sa maison! Que le devoir est parfois une grande chose! Dire qu'on a là, chez soi, celle qui fait le bonheur de vos journées, et qu'il faut la laisser en butte à tous les vents pour s'en aller au loin, et peut-être ne jamais la revoir!... Pourquoi ne peut-on emporter avec soi tous ses trésors? au moins je n'aurais pas peur des voleurs pendant mon absence!... mais dire que je vais la laisser, et que tous les jeunes seigneurs de la cour viendront papillonner autour d'elle, et lui dresseront à qui mieux mieux des embûches!... dire que ma belle Diane pourra, de lassitude et par longueur de temps, songer à d'autres et m'oublier!... O destinée moqueuse! j'avais bien raison d'interroger ma mère, et de craindre...

— De craindre quoi? » interrompt une douce voix, qui se fait entendre par derrière le sénéchal.

Louis de Brézé se retourne vivement :

« Qui est là? s'écrie-t-il.

— Diane, répond la même voix encore plus doucement.

— Vous, ma dame bien-aimée?... j'allais vous envoyer quérir.

— Eh bien, monseigneur, me voici à vos ordres. Que parliez-vous donc de craindre, tout à l'heure? »

Le sénéchal jette sur elle un regard profond et résigné :

« Je crains de vous quitter, Diane..., lui dit-il, comme on craint de quitter ce qu'on a de plus cher au monde.

— Me quitter? et pourquoi le voulez-vous, seigneur?

— Le roi va faire la guerre, Diane, et il m'appelle avec lui.

— Le roi s'inquiète peu, comte, s'il brise les familles, et s'il en garde avec lui la moitié!

— Pourvu que Dieu veille sur la moitié qui reste!... pensa le grand sénéchal. Allons, Diane, continua-t-il tout haut, il faut se résigner; c'est pour le bien du pays, et par la volonté de mon maître.

— Il ne faut pas désobéir à son roi, monseigneur. »

L'air avec lequel Diane prononça ce mot frappa Louis de Brézé; il y trouva peut-être plus de résignation qu'il n'aurait voulu en voir. Il concevait bien que lui ne dût pas manquer d'obéissance envers son prince; mais pourquoi sa femme se faisait-elle l'interprète si précis de cette maxime? Quelle disposition d'esprit cette condescendance lui laissait-elle entrevoir? Il ne s'en rendait assurément pas compte; mais ce mot coïncidait trop bien avec ses craintes pour que ce mot ne lui fît pas mal.

« C'est vrai, Diane, lui répondit-il en tâchant de ne point laisser paraître une certaine émotion intérieure; c'est vrai: l'obéissance à son roi est un des moyens les plus sûrs... pour être heureux. »

Et cette entrevue, qui avait semblé devoir être longue et touchante, allait s'arrêter là.

« Adieu, disait-il déjà à sa femme; adieu, ma belle Diane, ange de ma maison; adieu!... songez à votre époux... Je vais combattre, et peut-être rester sur le champ de bataille... pour obéir à mon roi... Adieu! »

Et il l'embrassa affectueusement et tristement au front.

Mais Diane reprenant tout à coup la parole :

« Tout à l'heure, comte, quand vous avez parlé de crainte, n'aviez-vous pas aussi, il me semble, à demander quelque chose à votre mère?

— Diane, répond le sénéchal en se contraignant, ma mère est morte, et on ne demande rien aux morts.

— Il me semblait cependant que vous aviez parlé d'elle?

— J'y songe souvent, Diane; mais j'en parle peu, vous le savez. Sa mémoire m'est chère. Tous les ans j'accomplis envers elle certains devoirs pieux; mais c'est toujours avec une tristesse profonde que je revois son image et que son nom sort de mes lèvres. »

Là, il ne fut plus maître de renfermer en lui toute son émotion ; la belle sénéchale s'en aperçut...; elle-même en ressentit comme un reflet pénible.

Elle interrogeait le comte des yeux.

Le comte ne semblait pas disposé à répondre.

« Que s'est-il donc passé de si triste entre vous et votre mère? » demanda enfin la jeune femme.

Le sénéchal saisit involontairement la main de sa belle moitié ; cette question le faisait tressaillir :

« Entre elle et moi, répondit-il, rien ; rien au moins que de naturel et de filial...

— Eh bien, reprit Diane de Poitiers, dont l'anxiété augmentait, pourquoi alors tous ces tristes souvenirs ?

— Parce qu'elle a forcé un honnête homme, un noble seigneur à commettre un crime.

— Votre mère, comte?

— Oui, madame.

— Et quel homme a-t-elle pu contraindre...

— ...A commettre ce crime, n'est-ce pas ?

— Oui.

— Son mari, madame..., mon père !

— Et quel crime? continue à demander Diane avec un effroi croissant.

— Un meurtre.

— Un meurtre ! Et sur qui, grand Dieu ?

— Sur elle, madame.

— Comment ! il l'a assassinée ?

— Lui-même.

— Et pourquoi? qu'avait-elle fait ?

— Ce qu'elle avait fait, Diane ?

— Oui, comte.

I.

— Il n'y a qu'une raison au monde, une seule, rappelez-le-vous bien, pour laquelle un mari puisse tuer sa femme... et c'est cette raison qui fait que, tous les ans, je prie Dieu pour le repos de l'âme de madame Charlotte de France, ma mère, tuée par Jacques de Brézé, mon père, le 6 mai 1474. »

Il est probable que Diane avait compris ; néanmoins, une nouvelle question s'échappa de ses lèvres avec un cri involontaire :

« Mais, seigneur, qu'avait-elle donc fait ?

— Ce que Dieu ne pardonne pas, surtout à la femme d'un homme de cœur, madame, répond le sénéchal avec un regard sévère : elle a trompé son mari !

— Le Christ a pardonné à la femme adultère, comte, » reprend Diane au milieu des transes où la mettait cette conversation.

Louis de Brézé ne fut pas plus content de cette phrase que de celle qui lui disait d'*obéir au roi ;* son front se rembrunit encore ; quelque chose de fatal lui apparaissait dans ces répliques, trop résignées selon lui, et qui tendaient presque à devenir une justification du crime même dont il venait de raconter une punition sanglante.

« Les hommes ne sont pas le Christ..., dit-il en répondant à Diane ; et le Christ, d'ailleurs, n'était pas un mari... »

Il y eut un moment de solennel silence.

Diane était profondément émue.

Enfin le comte sortant de sa douloureuse rêverie :

« Mais, dit-il, qu'avons-nous affaire de nous assombrir de la sorte ? Toutes les fois qu'il est question de ce triste épisode, mes pensées s'en ressentent. Je ne voudrais cependant pas, ma belle Diane, que mes adieux vous fussent faits sous le voile lugubre de cette noire humeur. En vous j'ai mis tout mon amour ; en vous j'ai placé l'espoir de ma maison ; en vous j'entrevois la force de mes vieux ans. Diane, ange qui devez me protéger, protégez-moi véritablement : par vos prières, veillez sur moi quand je serai dans la mêlée. Si je succombe, et que je meure loin de vous, volez jusqu'à moi, et donnez à mon âme le baiser de paix au passage : si je reviens, que vous soyez fière et orgueilleuse de me revoir... Adieu, trésor de jeunesse et de beauté ; adieu, ma Diane bien-aimée !... priez, et luttez contre le démon... Car tout ange que vous êtes, le démon a de fortes embûches, et il pourrait vous en dresser qui fussent plus fortes que vous... Je pars... adieu, ma Diane chérie... adieu !... »

. . . .

Peu après cette scène, le comte de Maulevrier suivait François Ier marchant contre le Milanais.

Et la belle sénéchale restait veuve de par la guerre, exposée à toutes les embûches que son mari lui avait si fort recommandé de vaincre.

Nous verrons plus tard comment elle s'imposa cette tâche, comment elle y réussit, et surtout si le comte de Maulevrier avait raison de nourrir dans son esprit tous ces fantômes que la crainte y avait fait naître.

Laissons se passer plusieurs années, après lesquelles nous retrouverons le soupçonneux mari ; laissons la jeune sénéchale se faire connaître à la cour, dans ce monde de galanterie, où il suffisait presque toujours d'être belle pour succomber ; laissons-la vivre un peu dans cette enivrante atmosphère, puis la quitter pour retourner passer quelque temps à Anet, partageant ainsi sa vie entre le lieu du péril et le lieu du réconfort ; tantôt songeant aux craintes de son mari et à l'amour qu'elle lui doit, tantôt légèrement séduite et éblouie des gracieuses splendeurs que le cour déploie devant elle. — Laissons-la ainsi, dis-je, et arrivons bien vite en l'année 1523, à l'époque de la conspiration du connétable de Bourbon.

On sait que cette conspiration avait pour but de livrer la France à Charles-Quint, et que le connétable devait recevoir, pour prix de son crime, la Provence, le Dauphiné, avec quelques autres beaux domaines. On sait aussi que la trahison ayant été découverte par François Ier, le duc de Bourbon fut obligé de s'enfuir en Italie, que plusieurs grands personnages furent arrêtés comme ses complices, et que le comte de Saint-Vallier, ami intime du traître et père de notre belle Diane, fut condamné à avoir la tête tranchée sur un échafaud.

Louis de Brézé était alors revenu de la guerre ; il avait retrouvé, malgré ses craintes, sa jeune épouse toujours digne de lui et de son amour

Ce fut un coup terrible pour Diane, quand elle apprit la fatale nouvelle.

« Comte, s'écria-t-elle en courant au grand sénéchal, un affreux malheur nous frappe !

— Je le savais, madame ; et je craignais de vous en parler, parce qu'il est sans remède.

— Sans remède !... Oh non ! s'écria-t-elle, pleine d'un généreux élan, mon père ne mourra pas comme un criminel, cela ne peut pas être ; je le sauverai !

— Vous, le sauver, madame ?...

— Oui, moi, comte.

— Et comment ?

— Comte, voulez-vous me conduire à la cour ?

— Qu'a de commun, madame, la cour avec votre père ?

— O M. de Brézé, c'est une prière désespérée... ; ne me refusez pas : une heure, une minute de perdue peut être mortelle... Il faut si peu de temps pour faire tomber une tête !...

— Je ne refuse pas, Diane ; mais expliquez-moi...

— Le roi est bon, monsieur, et je vais aller me jeter à ses genoux pour lui demander la grâce de mon père...

— Et l'obtenir ?

— J'en ai l'espérance, comte.

— Allons, partez, madame, répond le grand sénéchal avec l'air le plus tristement résigné du monde ; partez.

— Est-ce que vous ne m'accompagnez pas ? demanda Diane, surprise de cette permission un peu brève.

— Je n'en ai pas le pouvoir, madame ; partez. Comme vous me l'avez, dit, le temps est précieux ; partez, partez... et que Dieu vous garde !... »

Le comte de Maulevrier commençait à entrevoir une espèce de fatalité qui le poursuivait. Mais il manquait de la force nécessaire pour faire dévier la marche des circonstances. Il ne savait que les laisser venir, et il se soumettait tout simplement à leurs conséquences avec sa muette et sombre, résignation...

Diane partit.

Qu'elle aille, la belle jeune femme ; qu'elle parte... ; il est dit qu'elle donnera des angoisses à son mari.

Quand elle se fut éloignée, le grand sénéchal se parla encore à lui-même :

« La voilà qui s'en va, dit-il, et je ne l'accompagne pas ! Pourquoi ne suis-je pas avec elle ? Quel démon me pousse à ne pas la suivre ?... Mais, après cela, elle part pour une mission si sainte... quelles craintes puis-je avoir ?... Ce n'est pas en allant demander la grâce de son père qu'on cherchera à tromper son mari ?... non ; mais sans chercher, il y en a qui trouvent parfois ! Cependant elle a déjà résisté aux embûches. A mon retour de la guerre, j'ai retrouvé ma Diane chérie ; l'ange n'avait pas déserté la maison... Alors, vieux mari, ton âge t'inspire des terreurs mal fondées ; rassure tes esprits. Ce n'est pas une raison, parce que mes cheveux blanchiront avant les siens, pour que je ne puisse pas compter sur la foi qu'elle m'a jurée. Elle doit voir en moi le soutien et le guide raisonnable de sa jeunesse... Non, ma Diane bien-aimée, non, n'est-ce pas que l'aile de Satan ne viendra point effleurer ma porte ? N'est-ce pas que je puis avoir confiance en ton amour ?... La femme, d'ailleurs, qui sait s'agenouiller devant celui qui condamne son père doit savoir se redresser devant son propre séducteur !... »

Et, quelque peu rassuré par le dévouement de sa Diane, le comte de Maulevrier sentit se glisser un peu de calme dans la turbulence maladive de ses pensées.

C'est dans cet état tempéré que nous allons le laisser un instant, pour courir à un autre point de notre théâtre, à une autre scène de notre histoire.

A la cour on s'entretenait volontiers de la trahison du connétable de Bourbon. On en nommait les principaux complices, on parlait de leur condamnation avec un air de touchant intérêt, lorsque le nom de Jean de Poitiers vint à se faire entendre aux oreilles du roi.

« Pourquoi aussi, dit François 1er d'un ton de dépit, pourquoi ce vieillard a-t-il eu l'idée de se mêler de tout cela? Aimé et honoré de tous, a-t-il bien fallu qu'il vînt là troubler et ternir ses vieux ans!...

— S'il en est un à plaindre, Sire, en effet, c'est le comte de Saint-Vallier.

— J'en suis peiné pour sa chère Diane, sa fille... »

En même temps un page entra.

« Sire, une dame demande à parler à Votre Majesté.

— Que me veut-elle?

— Sire, elle est en pleurs, et veut ne parler qu'à vous-même.

— Et cette dame, quelle est-elle?

— Je crois, Sire, la grande sénéchale de Normandie.

— Oh! la belle sénéchale! chuchotaient tout bas entre eux la plupart des seigneurs.

— Ah! Diane de Poitiers! fait le roi; j'étais presque sûr que l'amour filial en viendrait là! Qu'elle entre.

— Sire, elle désire parler à vous, mais à vous... seul.

— Son désir est le mien; introduisez-la. »

Et sur un geste gracieux du roi, tous les seigneurs se retirent, non sans sourire, laissant le champ libre à la charmante fille du coupable Jean de Poitiers.

On fait entrer Diane :

« Grâce ! grâce ! s'écrie-t-elle en se jetant aux genoux du roi ; Sire, accordez-moi la grâce de mon père !...

— Madame, votre père est bien coupable.

— Sire, ce noble vieillard n'a été coupable que cette fois... Songez à son âge... on ne voit pas sans émotion tomber une tête blanche sur l'échafaud.

— Si jamais condamnation m'a coûté, madame, c'est bien celle-là.

— Sire, je viens d'Anet ici, seule, et en larmes... que le dévouement de la fille plaide un peu pour le père... Il ne doit pas lui être interdit de profiter de l'amour de son enfant.

— Madame, votre père a une fille digne et dévouée...

— Si cela pouvait lui porter bonheur, Sire ?

— Je crains que ce ne soit au-dessus de mon pouvoir, madame.

— O Sire, je vous le demande de nouveau... grâce ! grâce pour le noble seigneur des Tournelles !... Oubliez, je vous prie, qu'il a connu Charles de Bourbon, et souvenez-vous qu'il a servi François Ier... O noble et généreux roi de France, accordez-moi la grâce de mon père !...

— Madame...

— Sire, la plus belle prérogative d'un roi, c'est la clémence.

— Oui, madame ; et parfois un roi peut se trouver heureux de l'exercer...

— Eh bien, Sire ?...

— Eh bien, madame...

— L'occasion est belle ; qu'attendez-vous ?

— Que j'aie pu répondre à votre sentence de tout à l'heure. Oui, la clémence est la plus belle prérogative d'un roi... Je suis roi, et je m'en souviendrai ; et vous, madame, souvenez-vous, en échange, que la plus grande éloquence d'une femme, c'est la beauté.

— Sire, on prétend que Dieu me l'a donnée ; s'il est ainsi, je le bénirai de ce qu'elle aura pu faire pour mon père.

— Alors, vous devez à Dieu de grandes actions de grâces.

— Comment cela, Sire?

— Elle peut faire tout, à elle seule.

— Quoi! Sire, indépendamment de votre clémence?

— L'une aide l'autre, madame. Comment voulez-vous qu'on refuse une grâce, quand elle est demandée par une bouche si belle, par des yeux si doucement suppliants?

— Ah! Sire, j'aurai donc le bonheur d'avoir réussi!...

— Et la satisfaction de dire que les charmes de votre divine personne auront été une des causes de la réussite.

— Oh! merci, Sire! merci!... Et vous, mon Dieu, merci aussi de m'avoir faite belle, puisque ma beauté me sert à quelque chose!... »

Et la belle sénéchale, transportée de bonheur, allait se retirer.

« Un instant! » dit le roi en la retenant doucement par la main.

Diane regarda François Ier.

Si le roi n'eût pas été le roi, il est fort probable que ses yeux eussent été à leur tour suppliants. Mais le roi, pour supplier, était maître d'une circonstance trop forte...

Ils restèrent ainsi plusieurs secondes, Diane ayant toujours sa main dans celle de François Ier; lui, tenant toujours sous son regard royal la fille à qui il voulait vendre la grâce de son père.

Que se passa-t-il pendant cet intervalle dans l'âme de Diane de Poitiers? Quelle puissance fascinatrice le regard du roi exerça-t-il sur elle? Ce regard fut-il assez éloquent pour lui faire comprendre un impérieux désir? Devina-t-elle que, malgré l'accueil ouvert du galant roi, elle n'avait qu'à choisir entre un refus... ou une complaisance?... Bien adroit qui dira ce qui s'est passé dans ce·moment entre ces deux êtres; mais ce que chacun pourra facilement dire, attendu que cela s'est passé de la sorte, c'est que la belle sénéchale s'inclina, nul ne sait à quel degré de bon vouloir, sous le désir tacitement formulé du roi..., qu'elle ne quitta que le lendemain matin...

LOUIS DE BRÉZÉ, ÉPOUX DE DIANE DE POITIERS

« Elle est jeune et belle... moi je suis vieux et laid !... »

(Mystères des Vieux Châteaux de France)

Sors, pauvre Diane ; quitte ce boudoir royal ; arrange-toi avec le souvenir de cette nuit furtive..., et tâche surtout de n'avoir pas trop de regrets, en voyant la brèche que l'épouse infidèle s'est laissé faire pour complaire à la fille dévouée.

Il est vrai de dire qu'en galant roi qu'il était, François Ier envoya sur-le-champ la grâce du comte de Saint-Vallier. Mais le comte était déjà entre les mains de l'exécuteur : « Descendant de l'eschaffaud, dit Brantôme, il ne dit autre chose sinon : *Sauve le bon cas de ma fille qui* « *m'a si bien sauvé...* » Il était, parbleu, bien temps ! Sans compter que la frayeur l'avait déjà mortellement frappé ; car il fut pris d'une fièvre qu'on appela depuis *fièvre de Saint-Vallier,* et il en mourut.

Pauvre Diane, son dévouement n'a pas eu un résultat de longue durée... ; mais, au fond, ce dévouement lui avait-il coûté bien cher ? et s'en est-elle bien véritablement repentie ?...

Marot, et plus tard Henri II, pourraient nous répondre.

Et toi, grand sénéchal, pourrais-tu bien nous répondre aussi ? Sais-tu la nouvelle dans ton vieux manoir d'Anet ? Hélas ! de quelque manière que le bruit t'en arrive, les murs de ton vieux château auront peu la vertu de te consoler ! A quelle douleur va faire place ton humeur soucieuse ? Voilà ton cher ange envolé un peu loin ! Quelles couleurs vont prendre actuellement tes pensées ?... Mais j'aime à croire, pour le repos de ta vie, que tu ne sauras jamais à quel prix Diane de Poitiers, ta femme, a reculé de quelques instants la mort du comte de Saint-Vallier, son père... Sans quoi, c'est alors que tu irais de nouveau te prosterner devant le lugubre portrait de Charlotte de France, et que tu lui dirais : O ma mère ! votre crime m'a porté malheur !

Mais Dieu veuille le laisser vivre, ce pauvre comte, sans lui imposer cette sombre invocation ! Qu'il partage son temps entre les devoirs de sa haute charge et certaines apparitions à la cour ; qu'il laisse sa jeune femme au château des Tournelles ; qu'il revienne le plus souvent passer, seul, ses heures soupçonneuses dans les salles de son vieux château… Pendant ce temps-là, il ne verra pas Marot, le poëte *Clément,* comme on l'appelait, pourchasser la belle Diane, dont il obtient sourires et baisers, et l'assaillir à coups d'épîtres, d'élégies, de rondeaux, de chansons, et plus tard d'épigrammes… Vraiment, c'est un piquant spectacle, et, si ce n'était sortir de mon cadre, je demanderais à mes lecteurs la permission de leur en faire entrevoir le tableau…

Tenez, une parenthèse de deux minutes, et nous revenons à Anet.

Marot débute en 1523. — Certes, c'est peu attendre après le triste épisode du comte de Saint-Vallier ! — Marot débute par consoler Diane de Poitiers de la profonde douleur qu'elle éprouve au sujet de son père :

> La grant'amour que mon las cueur vous porte
> Incessamment me conseille et exhorte
> Vous consoler en vostre ennuy extresme ;
> Mais, tout bien veu, je trouve que moy mesme
> Ay bon besoin de consolation
> Du ducil que j'ay de vostre affliction…

Et il la consola si bien, qu'il finit par n'être pas du tout mal avec elle.

Cela ne va qu'en grandissant pendant toute une année. Écoutez le poëte :

> Ung an y a que par toi commencée
> Feust l'amitié : et, sachant ta pensée,
> Esclave et serf d'amour feuz arresté,
> Ce qui devant jamais n'avoit esté.

Mais Marot ne s'en tient pas aux galanteries rimées ; il a, parbleu, bien son but… qui n'est pas difficile à deviner :

> Fleur de quinze ans, si Dieu vous saulve et gard,
> J'ai en amours treuvé cinq poincts exprès :
> Premièrement il y ha du regard,
> Puis le deviz, et le baiser après ;
> L'attouchement le baiser suit de pres,
> Et tous ceulx-là tendent au dernier poinct,
> Qui est… hé quoy… ? je ne le dirai point…

Il ne le dit point ; mais voyez comme il presse pour y arriver :

> Je louë amour. Or esvitons les peines,
> Dont les amours communément sont pleines ;
> Treuvons moyen, treuvons lieu et loysir
> De mettre à fin le tien et mien désir.

Tout cela, n'est-ce pas, semble d'une intimité assez avancée? Certains se sont trouvés, cependant, qui prétendent que Diane était complaisante... ; mais que le seul et dernier *point* l'arrêtait. Comment l'ont-ils su ? La preuve en est difficile. Et cette chanson, qui est de 1524, n'a-t-elle pas sa petite part d'éloquence :

> Celle qui m'a tant pourmené
> A eu pitié de ma langueur :
> Dedans son jardin m'a mené
> Où tous arbres sont en vigueur ;
> Adoncques n'usa de rigueur :
> Si je la baise, elle m'accolle ;
> Puis m'a donné son noble cueur,
> Dont il m'est advis que je volle.

A vrai dire, Marot semble content... et vous savez ce qu'il exigeait pour se contenter.

De tout cela je n'affirme rien ; je soulève le coin du voile, et laisse chacun faire ses suppositions... Il n'y a point ici d'inquisiteurs d'amours...

Voilà ma parenthèse terminée. Pauvre vieux comte de Maulevrier, tu vois qu'il a dû être aussi bon pour toi d'ignorer que de savoir.

Que le ciel maintenant le conduise paisiblement jusqu'à sa mort ; dans les dernières années qu'il va avoir à passer, il n'y a pour nous rien de curieux touchant Anet, et la plume du chroniqueur est impitoyable : là où il ne trouve rien à prendre, elle supprime à l'instant les vides ; il ne lui faut pas de lacunes.

Ainsi donc, laissons Louis de Brézé fermer tout doucement sa paupière ; nous voici en 1531 ; il a la soixantaine passée : avec ses combats et surtout ses soucis, il est vieux ; et, comme l'ange aimé de sa maison a depuis six ans fait son trou au toit pour prendre sa volée, il n'aura nul bonheur à regretter... Adieu, grand sénéchal! Voilà Diane de Poitiers veuve.

Un mari, quelque peu compté qu'il soit dans les affections d'une femme, a toujours pour elle au moins l'air d'un protecteur naturel, d'une espèce de garde-respect, qui n'empêche pas, hélas! les infidélités clandestines; mais qui sert à maintenir, ou mieux à garantir les apparences. C'est ce qu'était dans ces six dernières années Louis de Brézé pour sa femme.

Sa mort la laissant donc seule au milieu d'une cour où une autre était toute-puissante, et où son heure de briller, à elle, n'était pas encore venue, elle retourna confiner son veuvage à Anet.

Ne demandons pas trop à la jolie châtelaine ce qu'elle va faire de ses longues heures. Nous sommes à peu près sûrs que la mémoire du vieux sénéchal n'a pas laissé des traces bien profondes dans son esprit. Peut-être pensez-vous qu'elle va charmer un peu ses souvenirs par la galante moisson que l'amant poëte a laissée tomber de sa plume pour elle?... Moi, je ne vous dis rien; vivez dans ces douces convictions, et laissez marcher les événements.

Entre autres habitudes, Diane aimait à faire souvent sa promenade du matin, dans les alentours de son manoir, montée sur un fringant palefroi, et suivie de ses gens, qui parfois restaient bien loin derrière elle, tant sa course était leste et rapide. Cet exercice donnait la chasse à ses pensées, en remplissant chez elle un certain besoin d'activité. Le bruit de la cour avait déjà fait brèche dans son âme.

Un jour, dans ce même voisinage du château d'Anet, un jeune homme de seize ans environ, avec tout l'entourage qui pouvait faire soupçonner la plus haute naissance, et paraissant venir du côté de Dreux, se trouva à la rencontre et face à face d'une femme ayant à peu près le double de son âge, mais portant sur la figure et dans le maintien toute la fraîcheur et toute la grâce de la première jeunesse ; tous les deux semblaient se connaître, et cependant n'osaient se parler ; l'un et l'autre arrêtèrent un instant le cheval sur lequel ils étaient montés ; ils se regardèrent ; un soupir sembla s'échapper en même temps de leur poitrine... ; et, après s'être de nouveau jeté un regard un peu embarrassé, mais assurément amoureux, ils se saluèrent..., et se séparèrent, se retirant chacun de son côté, l'un le front couvert d'une rougeur candide, l'autre désireuse au plus haut degré de fixer ce novice amour.

Cette scène, toute courte qu'elle est, peut vous paraître piquante... ; eh bien, elle se renouvela, à peu près la même, pendant quatre années consécutives !

Oui, pendant quatre années, sous prétexte de chasse, le jeune duc d'Orléans, car c'était lui, joua à cette espèce de cache-cache amoureux avec la belle Diane, car c'était elle... ; c'est long pour un fils de roi, surtout pour un fils de François Ier !

Mais enfin l'heure vint où l'audace l'emporta sur la timidité... Voici de quelle manière :

C'était par une journée du printemps de 1535. Henri, suivant son habitude, venait de Dreux, où il avait couché. Les trois lieues qui séparent cette ville du vieux manoir avaient déjà été, bien innocemment pour le gibier, franchies par notre jeune amant, lorsque tout à coup le ciel se charge, un orage s'amoncelle et éclate... Où fuir ? où s'abriter ? Il n'y a pas moyen de retourner à Dreux... Ma foi ! l'amour parle dans le cœur du jeune duc ; il parle assez haut pour l'enhardir... Il se dirige vers le pont-levis du château, et se décide à demander l'hospitalité à la belle châtelaine.

Quand on a soupiré à la rencontre d'un beau jeune homme, et que ce beau jeune homme est un prince du sang, à l'attachement duquel on a l'ambition de prétendre, on doit se hâter, je pense, de lui ouvrir sa porte par un vilain temps d'orage. La porte aussi fut généreusement ouverte, et l'hospitalité si complète, qu'à partir de ce jour jusqu'à celui si triste de sa mort, Henri n'eut pas au cœur d'amour plus vif ni plus fidèle.

Bien lui prit, à la belle veuve de Louis de Brézé; bien lui prit, si elle était aussi ambitieuse qu'on le dit (et je le crois), de capter l'affection du duc d'Orléans, car, l'année d'ensuite (1536) le dauphin François, son aîné, mourut par le poison du Ferrarais Montecuculli ; ce qui fit tout simplement de notre belle Diane la maîtresse du prince royal.

En même temps, la duchesse d'Étampes était la maîtresse de François Ier, et, comme chacun avait ses partisans, la cour se trouvait divisée en deux camps rivaux.

Le besoin qu'avait la belle châtelaine de ne pas trop s'absenter pour ne pas perdre de terrain dans cette lutte, fit que, pendant un certain nombre d'années, le manoir se trouva, pour ainsi dire, déserté. Les amants ne s'y rendaient qu'à certains intervalles assez éloignés, pour fêter, par leur présence dans des lieux si chers, le souvenir d'un événement qui faisait le charme de leur vie, de l'événement qui les avait réunis à jamais l'un à l'autre.

Une fille, portant le nom poétique de sa mère, une Diane était née de ces charmantes amours (1537). — C'est le seul épisode saillant, en ce qui nous touche, arrivé pendant les dix années qui s'écoulèrent jusqu'au moment où la mort vint fermer les yeux de François Ier, pour le faire remplacer sur le trône par son fils Henri II, amant choyé de la si jolie et maintenant tant heureuse veuve du comte de Maulevrier.

Je crois, belle Diane de Poitiers, qu'à cette heure te voilà triomphante ! Ton amant te fait monter jusque sur le trône de France, et, malgré la reine légitime, tu régneras partout ; tu vas surpasser en crédit et réduire même à un tranquille silence celle qui, plus tard, sera la puissante Catherine de Médicis ! Et ta rivale donc ? exile-la promptement dans ses terres ; sois inexorable ; le souvenir d'un roi mort ne protége guère l'objet survivant de ses amours !

Allons ! et que le roi Henri II se dépêche de t'enrichir! Les hérétiques sont dépouillés et la gabelle a fourni un beau chiffre.

Nous voici en 1550. Il y a tout au plus un an que le roi vient de décréter une loi somptuaire, et, pour faire compensation à cette défense du luxe chez ses sujets, le voilà, lui, qui songe à métamorphoser le vieux manoir. Il va par là au-devant d'un des désirs à peine manifestés de sa belle maîtresse, dont les sombres et tristes murs d'Anet ne peuvent plus satisfaire la vaste et toujours croissante ambition.

Un jour, la belle veuve vint faire une visite nouvelle à l'antique manoir féodal ; mais ce n'était plus la châtelaine modestement suivie de quelques varlets : c'était la favorite escortée de toutes les splendeurs et de tous les hommages de la cour. Les plus grands seigneurs, la tête découverte, faisaient un cercle révérencieux autour d'elle ; il n'était pas jusqu'au roi lui-même qui ne se tînt respectueusement debout à ses côtés. Toutes les fois que Henri remettait le pied sur ces alentours du vieux château, il se rappelait ses chasses simulées et ses rencontres furtives avec la belle veuve de Louis de Brézé ; son amour devenait de jour en jour plus ardent, et toutes les marques qu'il en pouvait donner à Diane étaient saisies par lui avec volupté. Le culte qu'il rendait à sa maîtresse allait parfois jusqu'à l'adoration.

La foule se pressait devant le cortége, avide de voir et de saluer la toute-puissante sénéchale ; et les hommes d'armes qui précédaient la marche écartaient à grand'peine le groupe des curieux.

« Place ! criaient-ils, place pour madame la duchesse de Valentinois ! »

Et en effet, Diane de Poitiers, qui avait voulu être duchesse et qui savait que le duché de Valentinois (pour lequel son père s'était pourvu au parlement de Grenoble) devait revenir à sa famille, s'était fait rendre, — Dieu sait avec quel empressement de la part de Henri ! — ce joyau de ses ancêtres... Elle était bien vraiment duchesse du beau domaine que Louis XII avait cru pouvoir donner sans hésitation à César Borgia.

Avant de pénétrer dans la féodale enceinte, la reine resplendissante d'Anet fut saluée par trois hommes, à qui le roi fit signe de le suivre. Une fois à l'intérieur, ces trois hommes, toujours respectueusement inclinés, étalèrent sous les yeux de la belle châtelaine des plans et des dessins... C'étaient les plans et les dessins de la métamorphose du manoir. Ces personnages n'étaient autres que trois grands artistes : Philibert de Lorme, architecte ; Jean Goujon, sculpteur ; Jean Cousin, peintre. Croyez-vous que ce choix soit mal fait, et que Henri ait la main maladroite?... Aussi vous allez voir ce qui va sortir des mains de ces artistes.

Et maintenant, démolisseurs, à l'œuvre! Faites tomber sous vos coups les tours, les créneaux et les murs ; ne laissez pas pierre sur pierre dans l'antique manoir du vieux sénéchal ; faites disparaître toutes les traces, enlevez tous les souvenirs : que sous vos bras actifs tout s'ébranle, tout s'écroule!... Deux hôtes nouveaux, l'amour et le plaisir, viennent s'installer ici et ne doivent rencontrer aucune des anciennes ombres attristant les murs désertés de cette demeure...

Car les ombres anciennes ont, une fois, fait grand'peur à madame la duchesse de Valentinois. Voici comment :

Henri et Diane, dont les chiffres entrelacés devaient bientôt s'épanouir sur les blanches pierres du nouveau château, avaient voulu, pour dire adieu au manoir condamné, y passer une dernière nuit avant que le marteau frappât sur ses murailles et en éparpillât la poussière. Tous deux, après s'être rappelé les premiers temps de leurs amours, après avoir évoqué ces jeunes et riants souvenirs, après avoir formé des vœux pour la prolongation de ces douces heures ; tous deux, dis-je, à moitié encore dans les bras l'un de l'autre, dormaient, vaincus par quelques heures de sommeil impérieux, lorsque tout à coup la belle maîtresse du roi fait un bond dans le lit et se réveille en criant :

« Henri! Henri!... »

Et ses bras qui s'agitaient semblaient lutter contre la présence d'ennemis dont elle voulait se débarrasser

« Henri! » répète-t-elle avec effroi.

A ce second cri Henri se réveille à moitié :

« Qui m'appelle? répond le roi, surpris d'entendre son nom.

— Moi; c'est moi, mon Henri...

— Toi, ma Diane chérie?... Qu'as-tu?... que t'arrive-t-il?

— Henri, chasse-les!... renvoie-les!... qu'ils se retirent!...

— Mais qui, ma belle Diane?

— Eux tous, qui me poursuivent.

— Mais, ma douce amie...

— Henri, chasse-les!

— Mais, Diane, personne ne te poursuit.

— Ils sont là, te dis-je; ils se sont acharnés contre moi toute la nuit.

— Diane, tu as fait un mauvais rêve, et tu es encore sous sa pénible influence.

— Je n'ai pas rêvé, Henri... je ne rêve pas : je les ai vus; je les vois encore... ils sont là... Henri, ô mon Henri, chasse-les!... fais-les sortir!...

— Alors, ma belle peureuse, nomme-moi tes ennemis; montre-les-moi surtout...; il faut que je les voie pour les combattre.

— Tiens, regarde; vois-les!... C'est d'abord Jacques de Brézé, mon beau-père, qui passe devant moi : d'une main sanglante il tient encore son poignard; il me regarde avec des yeux terribles et menaçants...

— Fantôme que celui-là, ma belle!

— Tiens, cet autre, avec son front chauve et sa longue barbe...: c'est Clément Marot, le poëte railleur. Depuis qu'il a commencé à me lancer ses épigrammes, il ne cesse de ricaner devant moi... Je l'en punirai !

— Parbleu! tu lui as déjà fait goûter de la prison. Mais, cette fois, tu n'auras à châtier que son ombre.

I.   12

— Tiens, regarde cet autre encore... Ah!... Henri!... »

Et elle se précipita dans les bras de son amant, en cachant sa tête contre la poitrine du roi, toujours tranquille.

« Quel est donc celui-là, Diane?

— Louis de Brézé..., le sénéchal..., mon mari!... Tiens, vois-le : il pousse devant lui une femme ensanglantée...; il me la montre... Ah! c'est sa mère, madame Charlotte de France...; c'est le portrait de la chambre aux tentures noires... Il marche, il s'avance vers moi...; il veut me parler...; tous deux ouvrent la bouche...; leurs bras s'étendent vers moi... ils me maudissent!... Ah! Henri! mon Henri, défends-moi, je t'en conjure!... »

Henri était peiné de voir l'hallucination de sa belle maîtresse durer si longtemps.

« Diane, ma belle Diane, finis de t'éveiller; la nuit est calme; les morts sont dans leur tombe... Dans ton esprit seul se dressent ces fantômes...; c'est à toi de les chasser... Mon amour n'est donc pas assez fort pour détruire une fausse frayeur? Voyons, Diane, éveille-toi! Songe à notre rencontre dans la forêt d'Anet, au premier jour où tu m'as donné abri et hospitalité dans ce château; songe aux serments que nous nous sommes faits. Tu m'aimais alors; alors tu n'aurais pas laissé une peur puérile dominer ta pensée; alors mes paroles étaient quelque chose pour toi...

— Mais, Henri, regarde-les donc! Tu ne vois pas comme ils m'en veulent! comme... Mais attends... on dirait... oui, je crois bien qu'ils se dissipent... Ne serait-ce qu'un rêve?... oh! oui, il me semble!... ah! Henri, merci!... merci, ami!... Mon Dieu, quel affreux cauchemar! qu'ai-je donc fait pour souffrir ainsi, pour avoir des visions pareilles?...

— Vois-tu maintenant si tu dois être rassurée? Ce château n'est point habité par des esprits...

— C'est égal, Henri; ordonne qu'on le démolisse. A l'œuvre de suite!...

Il y a des pierres qui sont importunes... fais tout tomber : que le sol soit rasé ! qu'Anet se relève avec des pierres nouvelles !... A celles-là les morts n'auront rien dit, et je n'aurai pas la crainte, au milieu de la nuit, à côté de toi, de voir, comme tout à l'heure, de hideux fantômes sortir de terre et m'apparaître... »

Puis, l'instant d'après, petit à petit, remise de sa frayeur, elle causait tranquillement, formant de ses deux bras un collier au cou de son royal amant...; mais sa prière de faire démolir vite n'en fut pas moins un ordre donné sur-le-champ et exécuté de même... Les pics et les marteaux fonctionnèrent.

Le vieux manoir croula, et sous ses décombres s'ensevelirent tous ces visages de morts, toute cette sombre fantasmagorie, tous ces reproches d'adultère et toutes ces mains menaçantes et tachées de sang... Adieu, vieux murs ! la fée de l'amour et de la galanterie vous a touchés de sa baguette...; murs nouveaux, salut !... j'admire votre brillante et rapide métamorphose.

Maintenant que le château est élevé, on peut, sans crainte d'adulation, dire aux trois illustres artistes qui ont concouru à son élévation, qu'ils sont parvenus à faire sortir de leurs mains un chef-d'œuvre, une merveille.

Voici le moment venu de jeter un coup d'œil sur l'Anet moderne, de contempler ces murs blancs, frais, coquets et parés, qui viennent de surgir à la place des vieilles tourelles, des créneaux délabrés et des murailles noircies. Voici la métamorphose achevée, et en même temps que nous l'examinons, les poëtes, ces chers enfants de l'imagination, se mettent à la chanter ; ils célèbrent *Diane* et *Anet,* et, par une réunion galante de ces deux noms, ils baptisent le nouvel édifice du nom nouveau et gracieux de *Dianet*.

Admirons donc Dianet, puisque Dianet il y a...

Qui n'admirerait, en effet, ce portail magique sous lequel nous avons d'abord à passer? A lui seul, il est déjà quelque chose d'extraordinaire. Voyez, dans l'archivolte, cette Diane chasseresse, sa meute de lévriers et le cerf poursuivi : tout cela est de bronze ; mais, quand l'heure veut sonner, tout cela se meut : les chiens aboient, et le cerf marque les heures en les frappant avec son pied... L'amour est ingénieux et puissant.

Passez maintenant sous le portail, et pénétrez dans la cour d'honneur. Voyez comme elle est vaste et comme ce beau palais lui fait un splendide entourage ! Voyez un peu, devant tous ces arabesques, ces bas-reliefs et ces dentelles, avec quelle légèreté le ciseau de l'artiste a dû courir sur ces pierres. Avec quelle grâce et en même temps avec quelle abondance il a jeté à travers cela les chiffres entrelacés et les symboles d'amour ! Et le beau croissant d'or, qui, ainsi qu'une étoile brillante, jette son éclair du sommet de toutes les tourelles !... Henri aime vivement sa maîtresse ; car ce croissant, qui traduit si bien son nom, il voudrait le voir partout : *Donec totum impleat orbem,* dit la devise royale, et ce latin, qui signifie : *Jusqu'à ce qu'il remplisse le monde entier,* est aussi écrit partout en lettres d'azur... C'est l'heure de l'ivresse amoureuse du roi.

Voyez ensuite la chapelle, fondée pour douze chanoines, surmontée de sa grande croix de fer, et sur les vitraux de laquelle Jean Cousin a reproduit d'une façon merveilleuse des compositions de Raphaël. Le pavé en est d'un fini précieux ; l'azur et l'or s'étalent partout, et partout, encore et toujours, scintillent les lettres inséparables, le chiffre célèbre, l'H et le D couronnés, venant disputer la place à Dieu jusque sous l'abri sacré de son temple.

Parcourez aussi les appartements, la galerie, les jardins, l'orangerie : tout y est élevé au niveau ravissant des merveilles que vous venez de voir. Piganiol de La Force nous parle, entre autres choses, d'une fontaine où l'on voyait une statue de marbre blanc, laquelle statue représentait une femme vêtue simplement d'une chemise mouillée, dans les plis de la-

quelle le sculpteur avait deployé tant d'art et en même temps tant de vérité, que l'œil s'y trompait et hésitait un instant, ne sachant s'il voyait
l'œuvre d'un homme ou une baigneuse véritable.

Laissons à présent le couple amoureux jouir de son beau palais; qu'ils
y viennent à leur aise goûter ces doux instants pour lesquels Anet fut re-
construit... Jouissez, jouissez, jeune Henri et belle Diane; jouissez... les
heures sont si courtes, surtout quand elles coulent pour des rois, et bien
davantage encore pour des rois jeunes, se laissant vivre au cou de leur
belle maîtresse!

Peu lui importe, en effet, à Henri II, roi de France, si ses sujets sont
contents et s'il appauvrit le trésor en donnant tout à Diane. Il aime, et il
paye ses amours... que lui fait le reste!

Le mécontentement général s'était néanmoins manifesté par un quatrain :

> Sire, si vous laissez, comme Charles desire,
> Comme Diane faict, par trop vous gouverner,
> Fondre, pestrir, mollir, refondre, retourner;
> Sire, vous n'estes plus, vous n'estes plus que cire.

Brantôme, qui rapporte ce quatrain, a grand soin, en bon courtisan
qu'il est, de justifier les amours et les dépenses de Henri, disant, du
reste, que ces quatre vers sont faits par « des bavards qui veulent causer
et ne sçavent ce qu'ils disent. »

Les amants heureux sont dans leur habitation féerique. Qu'ils s'endor-
ment dans le charme de leur molle existence : nous allons, en explora-
teur rapide, arriver à une autre période de notre histoire.

Après diverses négociations, qui avaient amené la paix dans son
royaume, Henri se trouvait dans une joie extrême. Par goût, il aimait les
fêtes, et comme le mariage de sa sœur avec le duc de Savoie devait être
célébré dans ce même moment (le 29 juin 1559), il fit préparer des joutes
et des tournois magnifiques. Du palais des Tournelles aux écuries royales

une lice splendide avait été ouverte, et le fils de François Ier venait d'être le vainqueur de la journée; dans la lutte brillante, il avait déjà brisé les lances des ducs de Ferrare, de Guise et de Nemours. Deux adversaires restaient encore à vaincre. Piqué d'honneur, il veut que la victoire soit complète. Il fait signe, malgré les remontrances qu'on lui adresse de toutes parts, à Montgommery, capitaine de ses gardes écossaises. Sur l'ordre du roi, Montgommery s'avance, et tous deux, la lance en arrêt, s'élancent l'un sur l'autre...

Pauvre Diane de Poitiers, quel coup cette rencontre va porter à ta destinée! Te doutes-tu de ce qu'il y a au bout de la lance du capitaine des gardes? La chute de la favorite, la chute de celle qui est toute-puissante de par le roi...; car le roi est atteint mortellement!

Le fer de Montgommery s'est planté dans l'armure du prince; la lance s'est brisée; un tronçon de cette lance a frappé le roi à l'œil et lui a labouré le cerveau. Henri tombe privé de connaissance; la fête se change en deuil... On l'enlève au milieu de la consternation générale.

Onze jours après, le 10 juillet, Henri mourait des suites de sa blessure.

C'est l'heure de dire : Malheureuse favorite! — Hélas! oui, le voilà perdu pour elle son trône illégitime! Voilà tout cet avenir éblouissant de puissance, de fêtes et d'amour que le roi de France déroulait pour elle; le voilà d'un coup de lance à tout jamais renversé et détruit! — Triste et fatal hôtel des Tournelles! — Elle commence sa carrière, notre Diane infortunée, en déshonorant le noble seigneur Jean de Poitiers, son père, et voilà que, pour terribles représailles de cette faute, c'est devant les fenêtres de ce même hôtel que son amant est frappé à mort, et que par là sa carrière à elle se finit!... J'avais bien raison de dire tout à l'heure que les heures sont courtes...

Et maintenant, belle toute-puissante déchue, te rappelles-tu bien une autre chose : *Le souvenir d'un roi mort ne protége guère l'objet sur-vivant de ses amours.* En 1547, tu montais tout d'un coup à l'apogée de ta gloire, et tu renvoyais dans ses terres la disgraciée duchesse d'Étampes ; tu la renvoyais, belle Diane, parce qu'elle te portait ombrage, et que celui qui l'aimait n'existait plus. Songes-tu à toi, à cette heure? Celui qui t'aimait existe-t-il encore? œt n'est-il pas une femme à laquelle, toi, tu portes aussi ombrage?...

Je sais que tu es fière et digne ; car la veille du jour où Henri II expira, tu fis preuve d'un certain courage dans ta réponse à l'envoyé de Catherine de Médicis. — Pour le plaisir de mes lecteurs, je laisse raconter la chose à Brantôme :

« Il fust dict et commandé à madame la duchesse de Valentinois, sur l'approchement de la mort du roy Henry et le peu d'espoir de sa santé, de se retirer en son hostel de Paris et n'entrer plus en sa chambre, autant pour ne le perturber en ses cogitations à Dieu, que pour inimitié qu'aucuns luy portaient. Estant doncques retirée, on luy envoya demander quelques bagues et joyaux qui appartenoient à la couronne, et les eust à rendre. Elle demanda soudain à M. l'harangeur : « Comment ! le roy est-« il mort? — Non, madame, répondit l'autre, mais il ne peut guières tar-« der. — Tant qu'il luy restera un doigt de vie doncques, dit-elle, je veux « que mes ennemys sachent que je ne les crains point, et que je ne leur « obéiray tant qu'il sera vivant. Je suis encore invincible de courage. « Mais lorsqu'il sera mort, je ne veux plus vivre après luy ; et toutes les « amertumes qu'on me sauroit donner ne me seront que douceurs au prix « de ma perte. Et par ainsy, mon roy vif ou mort, je ne crains pas mes « ennemys ! »

C'est bien cela, Diane ! c'est digne ; et la dignité est toujours bien placée dans le cœur d'une femme.

Mais néanmoins le lendemain fatal arriva. Henri rendit le dernier soupir, et Diane fut obligée de se réfugier en larmes dans son palais fastueux d'Anet... où elle ne mourut pas de suite, comme elle avait dit vouloir le faire ; mais où sa vie fut bien différente de celle qu'elle avait menée jusqu'alors.

Qui nous dira les douleurs, les remords, le repentir, les visions, les fantômes dont elle fut assiégée quand elle se trouva seule au milieu des splendeurs désertées de sa royale demeure ? Plus d'une fois elle dut songer à ces immenses richesses dépensées sur un seul de ses désirs ; plus d'une fois, la gracieuse Diane, elle dut songer au scandale qu'elle avait causé parmi les hommes. Aussi, nous dit-on, des intentions pieuses vinrent, dans ses dernières années, pour racheter tout cela ; des dons sortirent de ses mains généreuses ; les pauvres eurent plusieurs fois à la bénir, et elle leur rendit en aumônes ce que l'amour lui avait donné en prodigalités... Laissons faire à la justice de Dieu ; je n'ai point entrepris ceci pour la juger.

Brantôme, qui, vous le savez, justifie les dépenses royales, parle ainsi des derniers temps de notre belle Diane ; je le laisse encore dire :

« Toutes les maistresses des roys ne sont pas pareilles... Bien heureux est celuy roy qui rencontre une maistresse bonne, parfaicte et bien accomplie... Un tel roy pouvoit faire un tel don à une telle dame... Encor de ces deniers ceste dame n'en abusa point, car elle fit bastir et construire ceste belle maison d'Anet, qui servira pour à jamais d'une belle décoration à la France, qu'on ne peut dire une pareille ; j'entends si par aucunes mains violantes elle n'est ruynée, ainsi qu'elle fut à la veille dernièrement, lorsque le procès de M. d'Aumalle fut faict, à qui elle appartient par succession de sa mère, que, tout ainsy que luy fut condamné à mourir, fut-elle aussy condamnée à estre rasée et démolye de fond en comble, dont ce fust été un très-grand dommage, car et qu'en pouvoient mais les marbres et les pierres, qui n'ont aucuns sentimens ? Aussy nostre brave roy et bening leur pardonna et n'en voulut permettre l'exécution de l'arrest : qu'est un grand cas, que ceste dame, qui avoit, du temps de sa faveur, obligé tant de personnes de plaisirs, qu'elle ne put trouver, toute morte qu'elle estoit, quelque ancien sénateur qui eust parlé pour elle et pour sa mémoire, en la modération de cette sentence (1)! Comme certes durant son vivant elle a faict plaisir à plusieurs personnes, et estoit fort débonnaire, charitable et grande aumosnière envers les pauvres, fort dévote et encline à Dieu. Aussy porta-t-elle pour devise un tumbeau duquel sortoit un traict tendant en l'air, accompaigné et entourné de certains syons verdoyans, avec ces mots : *Sola vivit in illo,* comme vivante seulement en Dieu. Il faut que le peuple de France prie que désormais ne vienne favorite de roy plus mauvaise que celle-là, n'y malfaisante. »

Morte le 22 avril 1566, la belle maîtresse de Henri II fut d'abord exposée à Paris, dans l'église des *Filles-Pénitentes,* pour être ensuite transportée dans son château d'Anet. Ce fut là la volonté dernière de la mourante, comme si, défunte, elle tenait encore à habiter ce palais bâti dans les plus beaux jours de sa haute fortune. — Son mausolée, d'une grande magnificence, la représente dans son costume, agenouillée, les mains jointes, et priant devant un livre ouvert; elle pose ainsi sur un sarcophage soutenu par quatre sphinx de marbre blanc. Depuis la révolution, ce splendide mausolée a été transporté d'Anet au palais des Beaux-Arts, ainsi que la façade qui décorait la porte principale du château.

Après Diane de Poitiers, le château d'Anet ne tarda pas à devenir la

---

(1) Charles d'Aumale, dont parle ici Brantôme, était petit-fils de Diane de Poitiers et du comte de Maulevrier. S'étant mis avec le duc de Mayenne à la tête des liguers, il fut battu par Henri IV aux combats d'Arques et d'Ivri. Lorsque les affaires de la ligue furent désespérées, il refusa de se soumettre et traita avec les Espagnols. Le roi, pour le punir de son obstination, ordonna que le parlement instruisît son procès. Ce tribunal déclara le duc criminel de lèse-majesté, et le condamna à être écartelé; il ordonna en outre que sa maison d'Anet serait démolie. Le roi permit que la sentence relative au duc fut exécutée en effigie; mais il fit grâce au palais de Diane, et en empêcha la démolition. D'Aumale finit ses jours à Bruxelles. Il fut bourrelé, pendant toute sa vie, des remords que lui causa sa désertion.

I.   13

propriété du duc de Mercœur, qui était en possession d'une fortune immense, et dont la fille unique devait être la plus riche héritière du royaume de France.

A cette époque régnait Henri IV, et sur les marches du trône se trouvait la charmante Gabrielle d'Estrées, dont les grâces de l'esprit, autant que la beauté et l'humeur agréable, avaient su captiver entièrement le cœur de Sa Majesté.

La reine Marguerite de Valois, par son caractère hautain et sa vie licencieuse, était loin de plaire à son auguste époux ; elle vivait presque toujours éloignée de la société du roi, et avait fini par lui inspirer, sinon une profonde antipathie, du moins un peu plus que de l'indifférence. Leur mariage, contracté quelques jours avant le massacre de la Saint-Barthélemy, ne répondit que trop à de si funestes auspices ; aussi l'affection que le vainqueur d'Ivry ressentait pour son aimable maîtresse était moins l'effet d'un tempérament fougueux et pétulant, que les résultats du besoin qu'éprouvent les âmes sensibles d'épancher leurs soucis et leurs plaisirs dans le sein d'une personne aimée. C'était du moins le sentiment que Henri IV exprimait à Sully, quand ce ministre lui reprochait amicalement sa faiblesse pour Gabrielle, créée depuis peu duchesse de Beaufort : « Je l'appelle auprès de moi, disait-il, comme une personne confidente, pour lui pouvoir communiquer mes secrets, et sur iceux recevoir une familière et douce consolation (1). »

Henri IV n'avait point eu d'enfants de la reine Marguerite ; Gabrielle lui en avait donné quatre, dont plusieurs du sexe masculin ; c'est pourquoi la jolie duchesse de Beaufort avait grand espoir que la couronne de France passerait un jour sur la tête de César, son fils aîné, qu'on désignait alors par le titre de *Monsieur*, et qui fut connu davantage, dans la suite, sous celui de *duc de Vendôme.* En attendant la réalisation de ses espérances, Gabrielle, qui était aussi bonne mère qu'amante affectueuse,

____

(1) *Mémoires de Sully.*

voulut d'abord assurer à son fils César le plus riche héritage qu'il fût possible de lui donner. Dans cette vue, elle procura un accommodement honorable au duc de Mercœur, qui avait combattu, contre le roi, sous les drapeaux des ligueurs, et imposa pour condition de cet accommodement les fiançailles de Monsieur, âgé de trois ans, avec mademoiselle de Mercœur, qui était encore moins âgée que le prince royal. C'était, comme on le voit, prendre ses précautions bien à l'avance. Aussitôt que les jeunes fiancés furent en âge de se marier, l'union projetée depuis longtemps se réalisa sans aucun obstacle; et c'est ainsi que le château de la belle Diane, maîtresse de Henri II, devint l'apanage des ducs de Vendôme, et fut possédé par les descendants de la charmante Gabrielle, maîtresse de Henri IV.

Après la mort de Gabrielle, lorsque le roi se fut divorcé d'avec son épouse stérile, pour contracter de nouveaux liens avec Marie de Médicis, fille du grand-duc de Florence; César Monsieur, qui avait été déclaré fils de France par la puissante entremise de sa mère, perdit beaucoup de la considération dont il était entouré, et aussi un peu de la vive affection que Henri IV lui avait montrée avant d'avoir des enfants de sa femme légitime. César, quoique jeune encore, ne fut pas sans s'apercevoir de cette différence dans sa position; et ce changement de soins et d'égards pour sa personne contribua peut-être à lui inspirer quelque jalousie envers l'héritier présomptif de la couronne.

Lorsque Louis XIII, son frère, fut monté sur le trône, le fils de Gabrielle fit de l'opposition au gouvernement de la reine régente, avec tous les grands du royaume. Parmi les mécontents figuraient le prince de Condé, les ducs de Bouillon, de Longueville, de Fronsac, de Luxembourg, de Nevers, de Metz, les comtes de Choisy, de Suze, de Saint-Pol, le vidame de Chartres, le marquis de Bonivet, etc. Tous ces hauts personnages, sous le prétexte de soutenir le trône contre les empiétements de la reine et le despotisme de l'étranger, aspiraient, chacun de son côté, à déposséder le jeune roi de l'autorité souveraine, et à se partager entre eux les pouvoirs avec les charges de l'État. Le duc de Vendôme, qui avait levé une armée dans son gouvernement de Bretagne, avait été le dernier à se soumettre, ce dont la cour conserva bon souvenir et dont le prince eut à se repentir plus d'une fois dans la suite. D'abord, il fut impliqué dans la conspiration de Chalais. Cette conspiration, fomentée encore par les mécontents, avait pour objet de se défaire du cardinal de Richelieu, ministre plein d'énergie, dont toute l'application fut d'abaisser et de punir tous les grands sans exception. Le duc de Vendôme ayant été invité par le roi à une partie de plaisir au château de Blois, y fut arrêté avec son frère le grand prieur, puis conduit à la prison d'Amboise et transféré de là au donjon de Vincennes, où il passa trois ans dans la captivité la plus cruelle et où il eut la douleur de voir périr son frère sous ses yeux. Richelieu ne consentit à délivrer de ses chaînes le fils de Henri le Grand que lorsque, revenu de ses erreurs et rabattant de sa fierté naturelle, le prince eut fait amende honorable au sujet de ses fautes passées, et courbé humblement la tête devant l'autorité puissante du ministre. Encore le duc de Vendôme ne sortit-il de Vincennes que pour aller se renfermer forcément dans son château d'Anet, car il avait reçu l'ordre de se confiner dans cette demeure et de se tenir éloigné de la cour et de ses plaisirs.

Cependant Richelieu, que la puissance et les menaces des grands importunaient, qui voulait se débarrasser à tout prix de tout ce qu'il y avait d'élevé dans la noblesse du royaume, qui avait fait condamner et exécuter sur un échafaud les Chalais, les Bouteville, les Chapelle, les Marilhac, les Montmorency et plusieurs autres seigneurs trop remuants, imagina un moyen de se défaire aussi du fils de Gabrielle d'Estrées. Deux malfaiteurs, que les écrits du temps nomment les *ermites* et qui étaient accusés du crime de fausse monnaie, furent les instruments que le cardinal employa dans cette circonstance pour servir ses projets de vengeance.

Ces malfaiteurs, que le ministre avait visités, dénoncèrent, du fond de leur prison, le duc de Vendôme pour avoir voulu les suborner et leur payer la mort de Richelieu. L'accusation était absurde ; le témoignage de deux criminels ne pouvait avoir aucune valeur devant la justice ; le duc de Vendôme, d'ailleurs, était incapable d'une action aussi lâche que celle qui lui était attribuée ; mais Richelieu, quand il voulait perdre quelqu'un, n'était pas très-scrupuleux sur les moyens à employer ; toute mesure lui paraissait bonne, pourvu qu'elle fût bien vigoureuse, bien expéditive.

Un soir d'hiver de l'année 1641, le fils de Henri IV se distrayait, au sein de sa famille et en société de quelques amis, de l'espèce de captivité où le retenait son exil. Madame la duchesse de Vendôme, assise auprès du foyer, était occupée, avec quelques femmes de sa maison, à broder de la tapisserie. Les dessins de ces tapisseries provenaient du crayon de Philippe de Champaigne, fameux peintre du temps, et représentaient les scènes les plus intéressantes de la vie de Henri le Grand. Sur l'un de ces dessins on voyait le Béarnais, guidé par l'amour, traverser l'armée ennemie sous un déguisement de paysan et se diriger vers le château de Cœuvres, où l'attendait son amante chérie, la gracieuse Gabrielle. Sur un autre dessin on apercevait le bon roi dirigeant le siége de Paris et faisant jeter, dans l'enceinte des murailles, du pain pour les malheureux assiégés. On apercevait aussi, d'un autre côté, le vainqueur d'Ivry recommander à ses soldats de se rallier, au fort de la bataille, autour de son panache blanc. Tout en travaillant, la duchesse donnait à ses femmes l'explication des dessins qu'elles reproduisaient sur la toile, et prenait ainsi occasion de raconter dans leurs détails les principaux événements du règne glorieux du roi son beau-père. Dans un coin du salon, les deux jeunes fils de la duchesse, Louis et François, s'amusaient à ranger en bataille les pièces d'un jeu d'échec qui leur avaient été abandonnées par les joueurs ; ou bien, armés de pied en cap comme des chevaliers du moyen âge, ils s'avançaient l'un contre l'autre, la lance en arrêt, la visière baissée, en éperonnant violemment leurs chevaux de carton. Le duc de Vendôme, assis, avec quelques seigneurs, devant une table de jeu, se plaisait à tenter les chances de la fortune, qui ce soir-là lui prodiguait libéralement ses faveurs : le duc avait battu, l'un après l'autre, tous les nobles adversaires qui s'étaient mesurés avec lui ; les bourses de ses hôtes étaient presque vides, tandis que des monceaux d'or reflétaient, à la place qu'il occupait, le feu étincelant du foyer et la lumière éclatante des bougies. Lorsque les joueurs furent fatigués d'agiter, dans les cornets, les dés qui les faisaient gagner ou perdre, ou de donner leur attention aux combinaisons plus compliquées du jeu de cartes, ils se rapprochèrent un peu de la duchesse pour se mêler à la conversation des dames.

« On voudrait, dit le comte de Saint-Pol, en s'adressant aux dames et en jetant un regard sur les tapisseries, être roi célèbre ou héros magnanime pour avoir l'honneur de devenir, après sa mort, l'objet de vos soins distingués.

— Les rois célèbres et les héros magnanimes, répliqua la duchesse, sont ordinairement des féaux et galants chevaliers ; il est bien juste que les dames, par reconnaissance, leur rendent un peu des soins et des hommages qu'elles ont reçus.

— Hélas ! s'écria le vieux duc de Nevers, l'époque brillante des rois et des preux est malheureusement passée pour nous ; vos filles, mesdames, n'auront plus rien à broder dans leurs longues soirées d'hiver.

— Les héros ne manquent pas dans notre siècle, reprit la duchesse en regardant son mari ; le sang généreux des pères coule dans les veines des fils : ce sont les occasions seules qui manquent maintenant au courage. »

Le duc de Vendôme accueillit par un sourire affectueux les paroles flatteuses de sa jeune épouse ; et les seigneurs, s'appliquant chacun en particulier la repartie de la duchesse, la remercièrent en la saluant avec respect.

« Comme la France était heureuse sous le règne de Henri le Grand !

dit le duc de Fronsac. Le peuple avait à supporter très-peu d'impôts, et la noblesse pouvait se couvrir de gloire.

— A présent les choses sont bien changées, ajouta le duc de Vendôme : un mécontentement général, des tailles pour les vilains, l'exil et l'avilissement pour les gentilshommes !...

— C'est cependant une seule tête qui est la cause de tout ce bouleversement, continua le duc de Nevers. Dire que le vainqueur d'Ivry fut assassiné et que Richelieu vit encore !

— Infortuné Chalais ! fit le comte de Saint-Pol.

— Que n'a-t-il réussi dans ses projets ! dit le duc de Nevers.

— Monsieur le duc, reprit le fils de Henri IV en s'adressant au dernier interlocuteur, je vous demande bien pardon de ne point partager toute l'étendue de vos regrets. Le cardinal de Richelieu est certainement un homme à pendre ; je suis une des victimes qui aient le plus souffert de son affreuse tyrannie ; mais un assassinat, quels qu'en soient le motif et le but, sera toujours à mes yeux une action déloyale qui déshonore la personne qui l'accomplit et celle qui en est l'instigatrice. »

Tous les seigneurs restèrent muets à cette observation du duc de Vendôme. Ils ne comprenaient pas que celui qui avait souffert la prison et l'exil pour avoir conspiré contre la vie du cardinal pût parler ainsi. Le duc s'en étant aperçu, reprit en ces termes :

« Je ne suis pas surpris, messieurs, de l'étonnement que vous causent mes paroles ; je sais qu'on me croit coupable d'avoir trempé dans la conspiration du comte de Chalais ; je proteste ici sur l'honneur que je fus accusé faussement en cette circonstance, et que le cardinal a saisi, pour me perdre, une occasion qu'il avait sous la main. »

Le duc de Vendôme finissait de parler, lorsque tout à coup on entendit un grand bruit à la porte du château. Chacun se demandait ce que ce pouvait être, lorsque deux hallebardiers de Son Altesse, qui faisaient sentinelle au pied de la muraille crénelée, vinrent avertir le prince qu'un courrier expédié de Paris demandait instamment à lui être présenté.

Le prince ayant donné l'ordre d'ouvrir la porte du château, le courrier fut introduit dans le salon, salua profondément le duc de Vendôme, lui remit un paquet portant le sceau du ministre-cardinal, et sortit. A la réception de cette dépêche, un rayon d'espoir brilla aussitôt sur la figure du prince ; il ne pouvait douter qu'elle ne renfermât une lettre de grâce ; ses espérances étaient partagées par sa jeune épouse, qui voyait dans ce message la récompense des nobles sentiments de son mari et la fin des malheurs qui n'avaient cessé depuis quelque temps de les accabler.

Le duc de Vendôme brisa le cachet de l'enveloppe et se mit à lire la la lettre qui y était renfermée. A cette lecture, son visage se rembrunit, une sueur froide coula sur son front et ses mains s'agitèrent convulsivement. Il laissa tomber la lettre et alla se jeter dans les bras de la duchesse, qui pâlissait de frayeur. « Il faut encore nous séparer ! » dit-il avec émotion. Il ne put en dire davantage, la douleur et la colère oppressaient sa poitrine et arrêtaient ses paroles. La duchesse s'évanouit, et ses deux jeunes enfants jetèrent des cris d'épouvante.

Voici ce que contenait la lettre :

« Monseigneur, vous êtes accusé d'avoir voulu suborner deux misé-
« rables pour attenter à la vie de Son Excellence le ministre le duc de
« Richelieu ; vous êtes sommé de par la loi de quitter immédiatement
« votre résidence d'Anet et de venir vous justifier à Paris de l'accusation qui
« pèse sur votre seigneurie. Que Dieu vous ait en sa sainte garde !

« *Signé :* LE SECRÉTAIRE DU MINISTRE. »

Le lendemain de cet événement, le duc de Vendôme, moins rassuré par son innocence qu'épouvanté de la vengeance de Richelieu, faisait ses adieux à sa famille, quittait le château d'Anet et allait chercher hors de sa patrie une terre plus hospitalière. C'était tout ce que demandait le rusé cardinal, qui trouvait que le duc de Vendôme, dans son exil d'Anet, était encore trop près de la capitale du royaume.

Le procès ayant été instruit avec activité, le prince fut jugé par contumace, par un tribunal extraordinaire composé tout exprès. Louis XIII, son frère, remplissait dans cette circonstance les fonctions de président. Une condamnation à mort allait être prononcée contre le fils de Henri le Grand, sans l'intervention calculée et la générosité de parade de Richelieu, qui conjura le roi de faire grâce. Le roi consentit seulement à suspendre la décision du procès. Mais le ministre étant venu à mourir, Vendôme rentra en France ; Louis XIII lui donna des lettres d'abolition, et ordonna aux parlements de faire le procès aux *ermites,* que le cardinal avait gardés en prison comme une menace permanente contre le duc fugitif. Les deux malfaiteurs, instruments des vengeances du ministre, furent condamnés à la peine capitale et pendus en place de Grève.

Louis de Vendôme, fils du précédent, épousa en 1634 Laure Mancini, nièce du cardinal de Mazarin. De cette union naquit bientôt le célèbre duc de Vendôme, qui devait ajouter une nouvelle consécration au château d'Anet.

Louis-Joseph de Vendôme est bien le prince le plus singulier qu'on ait jamais vu. Sa vie présente un composé étrange d'incapacité et de talent, d'activité et d'indolence, de grandeur et de bassesse, de traits admirables et de bizarreries les plus effrontées, les plus cyniques. Général assez distingué, il assista en cette qualité à presque toutes les guerres de Louis XIV, et passa la plus grande partie de sa vie au milieu des camps. Dans sa tente militaire, comme à son château d'Anet, Vendôme était toujours entouré de vils intrigants et de courtisannes de bas étage, qui, en entretenant ses goûts pour la débauche, l'infestaient de maladies honteuses, le volaient et le dépouillaient sans obstacle.

Une fois, ayant été sermoné par Louis XIV, qui l'aimait beaucoup vivement sollicité de quitter ses grossiers plaisirs et de pourvoir enfin à sa santé, le petit-fils de Henri IV forma le projet de se retirer quelques mois à Anet, pour s'y reposer de ses fatigues au milieu des fleurs de ses jardins, pour y respirer sentimentalement l'air pur et salutaire de la campagne. Avant de partir, il eut la fantaisie de faire une visite d'adieu à toute la cour, et de déclarer effrontément à tout le monde la cause extraordinaire, mais familière pour lui, de sa retraite momentanée. Chacun fut scandalisé d'un pareil cynisme, surtout à une époque où madame de Maintenon et les dévots dominaient exclusivement à la cour. Le roi, chose étonnante, ne prit pas mal la fantaisie de Vendôme; seulement, lorsque celui-ci allait pour l'embrasser, le roi le retint en disant : « qu'il faisait des vœux pour qu'il lui fut possible de l'embrasser en sûreté à son reretour (1). » Le prince partit comme en triomphe pour sa résidence d'Anet. Malheureusement les chants des oiseaux, le parfum des fleurs l'aspect des prairies, l'air suave des champs ne produisirent pas sur le malade les effets qu'il en attendait : « Il revint à Paris avec la moitié de son nez ordinaire, ses dents tombées, et une physionomie entièrement changée et qui tirait sur le niais ; le roi en fut si frappé, qu'il recommanda aux courtisans de n'en pas faire semblant de peur d'affliger le duc : c'était assurément y prendre grand intérêt. Comme il était parti pour cette expédition médicale en triomphe, il en revint aussi triomphant par la réception du roi, dont l'exemple gagna toute la cour (2). »

On cite encore de ce prince une singularité bizarre, qui vient contraster étonnamment avec les mœurs polies de son temps. Fier au plus haut degré de l'illustration de sa naissance, ayant hérité du courage mais non de la galanterie de Henri IV, son bisaïeul, de son talent militaire mais non de sa délicatesse de sentiment ; réunissant la fierté avec l'inconvenance, la grandeur d'âme avec les procédés les plus bas, il affectait de recevoir, dans son château d'Anet, la noblesse, l'orgueilleuse noblesse, si infatuée

____

(1) *Mémoires du duc de saint-Simon.*
(2)   *Idem.*

de ses titres et de ses parchemins, de quelle manière ? c'est inqualifiable;
on ne le croirait jamais, si le fait n'était attesté par un historien du temps,
noble lui-même, le duc de Saint-Simon, qui le connaissait parfaitement,
et qui raconta plusieurs autres traits de cette vie originale : le duc de
Vendôme, petit-fils d'un roi si populaire, si affable, arrière-cousin d'un roi
régnant si ami de l'étiquette et des bienséances, recevait la petite
noblesse du temps, au milieu de son salon, assis sur sa chaise percée.

Pauvre château d'Anet! ce n'était point pour servir de théâtre à un
pareil spectacle que tes murs avaient été décorés de festons magnifiques,
que tes lambris avaient été ornés de tout ce que les arts pouvaient produire de plus gracieux. De quel sentiment n'aurait point été agitée la
belle Diane, si du séjour des ombres elle avait pu être témoin de la destination infime qu'un descendant de Gabrielle donnait à son palais chéri,
à cette habitation faite pour y loger seulement les grâces et les amours !
Diane aurait bien fait de s'armer de colère et de troubler dans son cynisme dégoûtant celui qui se permettait de polluer ainsi des lieux qui
retentissaient encore des propos galants de Henri II et de ses soupirs
d'amour.

Un jour pourtant, il arriva à Vendôme d'ouvrir les portes de son château d'Anet à tout ce que la cour possédait de plus brillant dans la noblesse française. Le duc, prenant cette fois au sérieux son rôle de
prince, voulut donner à la petite cour de Choisy, dont il était l'un des
élus, une fête digne en tous points du duc et de la duchesse du Maine,
ainsi que des hauts personnages qui entouraient le Dauphin et la Dauphine. Pendant un instant les murs d'Anet furent étonnés de ne plus entendre les refrains orduriers du maître et des valets, et de retentir du bruit
des élégantes conversations et des divins accords de la musique de Lulli.
C'est à cette fête que le grand *maestro* du dix-septième siècle fit représenter pour la première fois *Acis et Galathée,* qui fut la dernière œuvre
et comme le chant du cygne de l'opéra français à cette époque.

Vendôme avait appelé à cette fête splendide les poëtes qui avaient l'habitude de se réunir au Temple, où les attirait le grand prieur, frère puîné du duc de Vendôme. Ces poëtes étaient Chapelle, Bachaumont, J.-B. Rousseau, Campistron, La Fare, et surtout l'abbé Chaulieu, qui se distinguait parmi tous les autres par les charmes de son esprit, par la gaieté de son caractère, et qui mérita, à cause de son genre de vie et de plusieurs de ses productions, le surnom d'*Anacréon du Temple*. Chaque poëte avait dû se munir, en venant à Anet, de quelques-unes de ses œuvres inédites, de sorte que pendant huit jours que dura la fête, on récita à chaque repas diverses pièces de circonstance et divers couplets nouveaux. La plupart de ces poésies étaient très-libres, comme leurs auteurs, et respiraient une philosophie tout épicurienne. Nous pensons que nos lecteurs ne verront pas avec déplaisir un échantillon de ces vers, qui fait connaître, mieux que toute autre chose, les principes et les mœurs des personnages qui composaient cette réunion.

La princesse de Conti ayant chanté quelques couplets de sa composition, mis en musique par Lulli, dont le refrain était : *On n'aime plus aujourd'hui comme on aimait autrefois,* La Fare, qui versifiait très-facilement, se chargea de répondre au repas suivant à la spirituelle princesse, et de lui prouver qu'au temps de Louis XIV on savait, au contraire, aimer plus et mieux qu'on ne faisait jadis :

ON AIME MIEUX QU'ON N'AIMAIT AUTREFOIS.

Au bon vieux temps, dieux ! quels supplices !
L'amour ne trouvait que rigueur ;
On payait la moindre faveur
D'une éternité de services.
Aujourd'hui nul en vain ne paraît enflammé.
On n'attend point la récompense
D'une triste persévérance ;
On est payé comptant, et souvent par avance :
On aime mieux qu'on n'a jamais aimé.

Sous l'antique et triste esclavage
D'un honneur sottement placé,
Un pauvre cœur, le temps passé,
Était, à la fleur de son âge,

> Impitoyablement forcé
> De s'en tenir au mariage.
> Nous sommes aujourd'hui sous de plus douces lois ;
> Nous suivons nos désirs, et, sans pudeur aucune,
> Chacun, comme il lui plaît, avecque sa chacune :
> On aime plus qu'on n'aimait autrefois.
>
> On aime à droite, on aime à gauche,
> Partout en liberté l'on conte les raisons.
> Rien chez nous aujourd'hui ne s'appelle débauche,
> Et l'amour est enfin de toutes les saisons.
> Chacun en prend sans se contraindre ;
> Et je ne vois que les maris
> Qui puissent justement se plaindre
> Qu'on aime plus que l'on n'aimait jadis.

Cette fête coûta au duc une somme bien forte pour lui, qui, malgré ses nombreux domaines, se trouvait toujours au-dessous de ses affaires. Elle avait été imaginée par l'abbé Chaulieu, La Fare et le grand prieur, et c'est à l'instigation de ces trois épicuriens que le prince avait consenti à sortir de la sphère ordinaire de ses plaisirs. La Fare en parle en ces termes dans ses *Mémoires* :

« La maladie du roi n'empêcha pas que pour divertir *Monseigneur* à Anet, M. de Vendôme, l'abbé de Chaulieu et moi, nous n'imaginassions de lui donner une fête avec un opéra, dont Campistron, poëte toulousain aux gages de M. de Vendôme, fit les paroles, et Lulli, notre ami à tous, fit la musique. Cette fête coûta cent mille livres à M. de Vendôme, qui n'en avait pas plus qu'il ne lui en fallait ; et comme M. le grand prieur, l'abbé Chaulieu et moi avions chacun notre maîtresse à l'Opéra, le public malin dit que nous avions fait dépenser cent mille livres à M. de Vendôme, pour nous divertir nous et nos demoiselles ; mais certainement nous avions de plus grandes vues que cela. »

La Fare, comme on le voit, cherche à se disculper du reproche qui lui avait été adressé, ainsi qu'à Chaulieu et au grand-prieur, d'avoir fait jouer au duc de Vendôme le rôle de dupe, de lui avoir fait payer une partie de plaisir qu'ils avaient, disait-on, imaginée de concert avec leurs maîtresses. Quoi qu'il en soit, La Fare et ses joyeux compagnons étaient bien capables d'avoir commis ce dont ils étaient accusés.

La vie de Louis de Vendôme ne fut pas sans gloire. Il déploya, dans toutes les affaires où il se trouva, sinon un génie profond, du moins un sang-froid et une bravoure admirables. Dans la guerre de la succession, ce fut lui qui replaça sur le trône d'Espagne le petit-fils de Louis XIV. Le 3 décembre de l'année 1710, le duc et le jeune roi faisaient leur entrée à Madrid au milieu de la joie des habitants, et des cris mille fois répétés de vive Philippe V! vive Vendôme! Trois jours après, les deux guerriers quittaient la capitale pour se mettre à la poursuite des Anglais, qu'ils battirent, et pour gagner sur Stahremberg la célèbre bataille de Villaviciosa, qui affermit la couronne d'Espagne sur la tête du jeune monarque.

Ce fut après cette bataille que Philippe, excédé de fatigue, témoignant le désir de dormir : « Sire, lui dit Vendôme, je vais vous faire préparer le plus beau lit où jamais roi ait couché, » et il fit étendre à l'ombre d'un arbre les drapeaux enlevés à l'ennemi. Ce trait est charmant; il rappelle la galantererie française, et était digne d'un descendant de Henri IV.

Après la mort du duc, le château d'Anet passa par héritage au duc du Maine, qui le transmit à ses descendants. La race des enfants légitimés de Louis XIV étant venue à s'éteindre, le roi Louis XV fit don de leur héritage au dernier survivant d'entre eux, le duc de Penthièvre.

Une particularité bien remarquable relativement au château d'Anet, c'est qu'il fut l'apanage presque exclusif des amours illégitimes de nos rois. Louis de Brézé, comte de Maulevrier, qui le tenait de sa famille, était petit-fils, par sa mère, de Charles VII et d'Agnès Sorel; Diane de Poitiers, qui le fit abattre et restaurer entièrement, fut la maîtresse de François Ier et de Henri II; les ducs de Vendôme, qui le possédèrent jusqu'en 1727, descendaient de Henri IV et de Gabrielle d'Estrées; enfin le duc du Maine qui en fut un des derniers châtelains, était le bâtard légitimé de Louis XIV et de Madame de Montespan.

AMBOISE.

Qui nescit dissimulare, nescit regnare.
Qui ne sait pas dissimuler, ne sait point régner.

MAXIME DE LOUIS XI.

LE CHATEAU D'AMBOISE.

(Mystères des Vieux Châteaux de France.)

AMBOISE.

A six lieues de Tours et au sommet d'un rocher qui domine la Loire, s'élève le château d'Amboise.

Entouré de jardins ombreux et flanqué de deux grosses tours du haut desquelles les regards planent non-seulement sur la ville qui s'étend au bord du fleuve, mais aussi sur la riante campagne qu'on appelait autrefois le verger de la France, cet antique manoir, dont quelques annalistes attribuent la première fondation à Jules-César, attire l'attention et réveille la curiosité du touriste le plus blasé.

En effet, quelle série de scènes variées se déroule devant l'imagination du voyageur qui s'arrête pour contempler la superbe demeure des anciens barons d'Amboise, dont Charles VII fit une résidence royale, où Louis XI séjourna pendant plusieurs années et que les successeurs de ce monarque se plurent à embellir jusqu'à cette époque de sanglante mémoire qui fut marquée par la régence de Catherine de Médicis !

Après la fameuse conjuration d'Amboise, que les horribles massacres ordonnés au nom de François II par son astucieuse et impitoyable mère parvinrent à comprimer, mais non à étouffer, ce château cessa d'être la maison de plaisance favorite des souverains de la France. Sous le gouvernement absolu du cardinal de Richelieu, Amboise devint une prison d'État dans laquelle Son Éminence faisait renfermer les princes aussi bien que les seigneurs convaincus ou simplement soupçonnés de censurer ses actes, de ridiculiser sa personne, ou, — et ceci était aux yeux du ministre-littérateur la plus impardonnable offense, — de critiquer ses vers.

Plus tard, cette belle seigneurie, située non loin du château de Chanteloup, fut érigée en duché-pairie et concédée par Louis XV, —moyennant un échange de terres, — à M. de Choiseul, protecteur et protégé de la maîtresse en titre du roi, madame de Pompadour.

Aujourd'hui, ce magnifique domaine appartient à Madame Adélaïde d'Orléans. Par les ordres de cette princesse, le château d'Amboise, si riche en souvenirs, a été réparé et décoré dans le genre *moyen âge*. Les étrangers admis à le visiter s'émerveillent à la vue de la chapelle, bâtie dans le style dit *gothique,* et située isolément au milieu du jardin. Ce chef-d'œuvre de l'art architectural que l'exiguïté de ses dimensions rend encore plus admirable, est généralement regardé comme un parfait modèle d'édifice religieux. La construction en est à la fois élégante et hardie, légère et solide; quant aux détails d'ornementation, ils sont d'un fini, d'une délicatesse, d'une originalité indescriptibles... En résumé, la chapelle d'Amboise mériterait qu'on fît exprès pour aller la voir un pèlerinage en Touraine.

Maintenant que nous avons succinctement relaté les principaux titres grâce auxquels le château d'Amboise est placé au premier rang parmi les monuments historiques de la France, rapportons quelques épisodes de la vie des princes et des princesses qui, à diverses époques, y ont résidé.

Et d'abord, commençons par esquisser une de ces scènes bizarres dont se trouve parsemée l'existence de Louis XI, ce roi tellement vulgaire dans ses inclinations et dans ses habitudes, qu'on serait tenté d'attribuer ses intrigues de bas étage, ses goûts bourgeois, ses amitiés si étrangement placées, au désir d'humilier une noblesse dont il avait secrètement résolu de ruiner la puissance formidable, et qu'il semblait haïr plutôt en *vilain,* envieux d'une supériorité à laquelle il ne saurait atteindre, qu'en souverain justement jaloux de l'exercice de ses droits.

C'était le 24 août de l'an 1472, la veille de la fête de saint Louis, le patron du roi alors régnant.

Ce dernier, depuis son avénement au trône, c'est-à-dire depuis dix années environ, passait à Amboise tout le temps qu'il n'employait pas en pérégrinations plus ou moins lointaines, car Louis XI était un infatigable voyageur. Bien qu'en ce siècle reculé, il s'en fallût que les moyens de communication de royaume à royaume, de province à province, de ville à ville, fussent prompts ni réguliers, le roi, dont l'activité de corps et d'esprit contrastait avec l'indolence apathique de son prédécesseur et père Charles VII, parcourait presque sans cesse la France, tantôt pour accomplir un vœu, tantôt pour châtier quelque cité rebelle, ou bien encore pour entamer une négociation difficile, pour conclure un traité important avec différents princes, notamment Édouard d'Angleterre et Charles de Bourgogne.

Ainsi en 1469, on avait vu Louis XI, à peine de retour de Liége, dont Charles le Téméraire l'avait contraint de faire le siége avec lui, se rendre précipitamment dans la ville de Saintes, à la rencontre de son frère Charles de France, qui, après s'être révolté, demandait à rentrer en grâce auprès de son royal parent. Une réconciliation en apparence sincère avait eu lieu entre eux, et le roi s'était même dessaisi du duché de

Guienne en faveur de Charles, après que celui-ci eut prononcé sur la croix de Saint-Laud d'Angers un nouveau serment de fidélité à son frère et souverain.

Cette croix, sur laquelle Louis XI se gardait de jamais jurer lui-même, possédait, — croyait-il, — la singulière *vertu* d'envoyer dans l'autre monde, avant une année révolue, quiconque osait manquer à des engagements contractés la main levée sur le précieux bois.

Le duc de Guienne avait pourtant failli à son serment, non pas ouvertement, il est vrai, mais sourdement : ce qui expliquait peut-être aux yeux du monarque, très-opiniâtre dans ses croyances superstitieuses, comment son frère avait encore vécu près de trois ans après son parjure, car le prince venait de mourir d'une *maladie de langueur*.

Donc, c'était la veille de la Saint-Louis. Midi sonnait lorsque Louis XI, qui avait dévotement entendu une grand'messe en l'honneur de son patron, dont il avait ordonné qu'on célébrât la fête au dehors comme au dedans du château, entra, accompagné de la reine sa femme et des deux jeunes princesses leurs filles, — quant au dauphin Charles, il était encore au berceau, — dans la salle où se trouvait servi le dîner royal, qu'on avait retardé ce jour-là d'une heure à cause de la longueur de l'office divin.

C'était la coutume de Louis d'admettre à sa table un assez grand nombre de convives, parmi lesquels on en comptait plusieurs qui ne faisaient même point partie de sa maison, et appartenaient à la classe bourgeoise. C'est du règne de ce prince que date l'influence du tiers état, influence dont ce profond politique attendait l'émancipation de la royauté, car jusque-là ce n'était pas seulement sur les *manants* que pesait la tyrannie féodale ; les rois de France, tout seigneurs suzerains qu'on les reconnaissait des ducs, comtes et hauts barons entre les mains desquels le royaume se trouvait morcelé, les rois de France étaient réellement tenus en tutelle par les grands vassaux de la couronne.

Aussi, malgré le sentiment de répulsion que nous inspire le caractère hypocrite, perfide et cruel de Louis XI, nous ne devons pas méconnaître l'immense service qu'il a rendu à la cause des peuples, en jetant, — probablement à son insu, — les premiers fondements d'une liberté protectrice des intérêts individuels et nationaux.

Nulle cour ne fut, à aucune époque, aussi mesquine que celle du fils de Charles VII et de Marie d'Anjou. Soit que le spectacle des folles prodigalités de son père et des splendeurs ruineuses du duc de Bourgogne, Philippe le Bon, auprès duquel il avait longtemps vécu, alors qu'il n'était que dauphin du Viennois, l'eût poussé vers un excès contraire, soit que sa nature, éminemment égoïste, lui fît considérer comme un énorme sacrifice toute dépense dont il ne pouvait résulter ni profit ni plaisir pour lui, toujours est-il que jamais prince, couronné ou non, ne se montra aussi parcimonieux que Louis XI.

Ainsi, on le voyait ordinairement habillé d'un pourpoint et d'un haut-de-chausse de futaine de couleur brune, par-dessus lesquels il revêtait une robe de camelot également brun, et il était presque toujours coiffé d'un mauvais chapeau ou plutôt d'une espèce de bonnet de laine velue, auquel il attachait de petites figures de plomb, représentant des saints, ses favoris, tels que saint Michel, saint Claude et saint Martin de Tours, et plusieurs madones parmi lesquelles on cite Notre-Dame d'Embrun et Notre-Dame de Cléry, comme celles à qui il rendait le plus constamment hommage.

La reine Charlotte de Savoie, seconde femme de Louis, et qui vivait dans une grande sujétion et une crainte perpétuelle de son époux, était aussi *bien petitement accompagnée et fort mal accoutrée*. Ses robes, loin d'être enrichies de pierreries ou de broderies d'or et d'argent, — comme celles des **autres princesses de ce temps**, — étaient pour la plupart d'étoffe assez grossière, et même il s'en fallait, assure-t-on, qu'elles fussent renouvelées chaque fois qu'il en était besoin.

Quant aux archers et aux hallebardiers dont se composait la garde particulière du roi, leur costume, en temps de paix, consistait en un haubert de cuir tanné avec le casque pareil, et une robe courte, de drap couleur de fer. Les autres serviteurs de Louis portaient un hoqueton de peau de blaireau. Les harnachements de ses chevaux n'étaient pas plus brillants que le reste, et ses repas consistaient en mets tellement simples que, n'eût été l'honneur de s'asseoir à la table royale, beaucoup de ceux qui jouissaient de cette faveur auraient préféré de manger chez eux.

Cependant Louis savait, comme la plupart des grands avares, se faire généreux et magnifique toutes les fois qu'il y trouvait son intérêt, aussi ne se montra-t-il jamais ménager de l'argent de ses coffres quand il s'agissait de rémunérer ceux de ses serviteurs dont il avait réellement besoin, ou de suborner les confidents des princes et seigneurs qui étaient en hostilité ouverte ou latente contre lui. Les plus bas domestiques se voyaient bien traités et comblés de présents par ce roi calculateur. Ses largesses incessantes envers Olivier le Daim, Doyac, Coictier, Tristan et trois ou quatre astrologues prouvent combien il se plaisait dans la compagnie des gens de *petit état* ou de *mauvais renom*, et surtout combien il faisait cas de leurs talents.

A l'époque dont nous nous occupons en ce moment, ces hommes, plus ou moins cruels, plus ou moins ignorants, mais tous également subtils et rapaces, n'étaient pas encore parvenus à l'apogée de leur faveur. A mesure que le monarque, dont ils devinrent les *âmes damnées*, reconnut l'utilité de leurs services, ils grandirent dans son estime de toute la profondeur de l'avilissement dans lequel ils tombèrent.

Toutefois, bien que le barbier le Daim n'eût pas encore rempli les fonctions d'ambassadeur et ne fût point par conséquent décoré du titre de comte de Meulan, que maître Coictier n'eût pas tout à fait supplanté, dans la confiance du roi, Adam Fumée, l'ancien médecin, ou, comme l'on disait alors, le *physicien* de Charles VII, et que le prévôt des maréchaux n'eût pas présidé à un assez grand nombre d'exécutions pour mériter la qualification de *bourreau du roi*, les uns et les autres se voyaient admis dans la société intime de leur souverain, et avaient également la prérogative de s'asseoir à sa table, dont ils occupaient le bas bout. Les places plus rapprochées de celles de la famille royale appartenaient de droit aux princes du sang, aux prélats, seigneurs et chevaliers qui venaient de loin en loin à Amboise, et qui, en cette circonstance, y avaient été attirés en assez grand nombre par la solennité du jour.

Louis avait, en outre, invité au banquet qu'il donnait à l'occasion de sa fête, deux moines, dont un bénédictin et l'autre cordelier, et un capitaine de *routiers :* tous arrivés la veille, dans la ville qu'ils se proposaient seulement de traverser, les deux premiers pour se rendre au mont Saint-Michel, lieu de pèlerinage fort renommé en ce temps-là, le troisième pour retourner en Picardie, son pays natal.

Cette fois, du moins, le repas fut, non pas splendide ni délicat, mais substantiel et plantureux. Le roi était en joyeuse humeur, et sa verve railleuse était encore excitée par les boutades de son *fou,* un nain difforme qui se tenait debout derrière lui.

Sûr de plaire à son maître, dont au reste il suivait l'exemple, en lançant des quolibets à tous ses hôtes, le fou du roi n'épargnait ni les trois princes de Bourbon, dont l'un était pourtant cardinal, ni le comte de Dunois, fils du célèbre Bâtard d'Orléans, ni le sire du Lude, premier chambellan de Louis, et auquel son caractère souple et rusé, son esprit fécond en subterfuges avaient valu de la part du monarque, juge compétent en cette matière, le surnom de *Maître Jean des Habiletés.*

Tous ces personnages portaient le collier de l'ordre de Saint-Michel, institué par Louis XI en ce même château d'Amboise, le 1ᵉʳ août de l'an de grâce 1469.

La gaieté du roi allait toujours croissant, non sans que quelques-uns de ses convives s'en préoccupassent. On savait que Louis n'était jamais si disposé à la plaisanterie que lorsqu'il méditait quelque acte de vengeance.

Or, il y avait là ce capitaine de routiers, qu'on soupçonnait fortement d'être un espion aux gages de la maison de Bourgogne, avec laquelle Louis XI s'était brouillé aussitôt après avoir hérité de la couronne de France. Aussi, le Picard avait-il éprouvé d'abord beaucoup d'étonnement, puis un peu d'inquiétude, en recevant, par l'intermédiaire d'Olivier le Daim, l'invitation, certes bien inattendue, de dîner au château d'Amboise. Toutefois, comme il n'y avait pas moyen de se soustraire à cet honneur, car le barbier l'emmena sur-le-champ avec lui, le routier ne vit rien de mieux à faire que de braver résolûment un danger qu'il ne pouvait éviter. Il gardait donc une contenance calme, et s'entretenait avec le bénédictin, auprès duquel il se trouvait placé.

Mais voilà que tout à coup, au milieu de l'hilarité générale que venait de porter au plus haut point une facétieuse repartie du roi à quelque maligne allusion de son fou, le capitaine saisit, pour ainsi dire au passage, un clignement d'œil adressé par le très-hospitalier monarque à son prévôt Tristan. Ce clignement d'œil fut suivi d'un mouvement presque imperceptible de tête, dirigé vers le côté de la table où se trouvait le Picard.

Celui-ci, qui avait probablement le sentiment de sa culpabilité, traduisit ces deux signes par ces paroles :

« Mon compère, débarrassez-moi de ce ribaud. »

Néanmoins, par un effort de courage surhumain, le capitaine réussit à s'empêcher de pâlir et se mit à dévorer avec l'apparence du plus vif appétit **une tranche** de pâté de venaison, tandis que son voisin le moine, qui ne s'était aperçu de rien, dégustait le vin de Malvoisie, dont, par distraction sans doute, il avait laissé emplir son gobelet jusqu'au bord.

Tandis que ces deux hommes faisaient ainsi honneur au festin du roi Louis XI, celui-ci dit à la reine :

« Entendez-vous ce bruit lointain d'instruments ? Ce sont sans doute nos

TRISTAN L'ERMITE, EXÉCUTEUR DES VENGEANCES DE LOUIS XI.

(Mystères des Vieux Châteaux de France).

bons et fidèles sujets de Touraine qui dansent la *bourrée* pour se réjouir, — ainsi que j'en ai donné l'ordre, — de ce que Dieu a permis, grâce à l'intervention de mes deux puissantes protectrices Notre-Dame d'Embrun et Notre-Dame de Cléry, que je voie aujourd'hui le quarante-neuvième anniversaire de la fête de mon royal patron, monseigneur saint Louis. — Ouvrez les fenêtres, ajouta le roi en s'adressant à un de ses serviteurs. Il nous sera agréable d'ouïr plus distinctement la musique de ces braves gens.

— M'est avis, remarqua le nain, qu'il serait encore plus récréatif de voir se trémousser les danseuses.

— L'enfant est, par ma foi, de bon conseil! s'écria Louis; et, quoiqu'il ait pris la licence d'émettre son opinion avant que je la lui aie demandée, je veux l'en récompenser sur l'heure. »

Cela disant, le monarque détacha de la ceinture de sa robe la bourse qui y était appendue et il la jeta à son fou.

Celui-ci la ramassa et, tout en se retirant un peu à l'écart pour compter les écus d'or qu'elle contenait, il murmura en se parlant à lui-même, comme font souvent les insensés :

« Je veux voir s'il y a là-dedans de quoi payer une douzaine de messes pour le repos de l'âme de monsieur le duc de Guienne, empoisonné à l'instigation de monseigneur le roi par ce méchant abbé de Saint-Jean-d'Angely ! »

Qui fut le plus étonné, du roi ou de ses convives, en entendant ces paroles révélatrices d'un grand crime? car bien que l'enfant les eût articulées à demi-voix, les courtisans ont l'oreille trop fine pour qu'on pût raisonnablement supposer que ceux même qui se trouvaient le plus éloignés du malheureux nain n'eussent point entendu son imprudent soliloque.

Cependant, quelle que fût la stupéfaction dont chacun se sentit frappé, aucun regard, aucun frémissement, aucun tressaillement ne trahit l'impression produite par cet incident. De tous les moteurs des mouvements

de l'homme, le plus puissant est, sans contredit, l'instinct de sa conservation. En ce moment critique, cet instinct si précieux commandait à tous
l'impassibilité... Il est des secrets dont la connaissance équivaut pour ceux
qui l'ont acquise, même involontairement, à une sentence de mort.

Le roi, lui non plus, ne sourcilla pas. Pourtant, il n'est pas douteux
qu'il se souvint d'être entré, peu de semaines auparavant, dans l'église
de Notre-Dame, en la ville de Cléry, où il s'était arrêté pour rendre
hommage à sa bonne patronne... Là, n'ayant personne auprès de lui,
sinon ce fou, lequel se tenait à une telle distance qu'il ne s'en méfia pas
et finit même par oublier sa présence dans le saint lieu, il se prosterna
devant le grand autel et se mit à prier la sainte Vierge tout haut, ainsi qu'il
avait coutume de le faire quand il était dans son oratoire.

« Ah ! ma bonne Dame, s'était-il écrié, après avoir récité ses oraisons,
ma petite maîtresse, ma grande amie, je te prie de supplier Dieu et d'être
mon avocate auprès de lui, afin qu'il me pardonne la mort de mon frère que
j'ai fait empoisonner par ce *méchant* abbé de Saint-Jean-d'Angely. Je
m'en confesse à toi comme à ma bonne patronne... Et en vérité, pouvais-
je faire autrement? Il mettait le trouble dans tout mon royaume. Fais-
moi donc pardonner, ma bonne Dame, et je te récompenserai par de
beaux présents. »

On voit par la fin de cette invocation que Louis XI, qui, comme tous
les orateurs, avait certainement gardé pour le dernier celui de ses arguments qui lui paraissait le plus persuasif, n'imaginait pas que personne,
dans le ciel non plus que sur la terre, fût capable de résister à la séduc-
tion des présents. Cette croyance qui, à l'égard des hommes, ne manque
peut-être pas de fondement et que bien d'autres que Louis XI ont adoptée
ne serait-elle pas la cause première du peu de cas que les gens en position d'acheter leurs semblables font du genre humain tout entier?

Le repas touchait à sa fin. Louis, pressé sans doute d'apporter une
prompte diversion aux pensées qu'avait pu faire naître dans l'esprit de

ceux qui l'entouraient l'indiscrétion de son nain, pria le cardinal de Bourbon de dire les *grâces;* après quoi, se levant de table, il dit à son chambellan :

« M. du Lude, mon ami, donnez des ordres, s'il vous plaît, pour que ces bonnes gens qui dansent là-bas soient introduits dans la grande cour du château, afin que madame la reine, qui a l'air bien souffreteux aujourd'hui, se divertisse à les voir s'ébattre et sauter. »

M. du Lude dut trouver plaisante cette idée de son maître, de prétexter, pour jouir du spectacle de ces danses rustiques, le désir de complaire à madame la reine dont, à l'instar du roi, nul ne se préoccupait à la cour d'Amboise. Néanmoins, le courtisan s'inclina en silence d'un air grave et sortit aussitôt de la salle.

Peu d'instants s'écoulèrent avant qu'on entendît ouvrir les portes de la grande cour, où se précipita, en criant : *Vive le roi!* une troupe de paysans et de paysannes accompagnés de leurs ménétriers. Et tout de suite ces bons Tourangeaux recommencèrent à danser leurs interminables bourrées, au son de la vielle et du tambourin, sans paraître intimidés par la présence de la royale compagnie réunie sur le balcon.

Il y avait parmi les danseuses une fille robuste et rougeaude qui s'en donnait à cœur joie, et que Louis ne manqua pas de remarquer, car les joues rebondies, les teints mordorés et les corsages richement développés avaient infiniment plus d'attrait pour lui que les tailles sveltes, les, traits fins et les visages rosés.

Nous ne savons si Charlotte de Savoie, à laquelle son mari n'avait jamais fait l'honneur de se gêner dans aucune de ses fantaisies, et qui par conséquent était fort au courant de ses goûts, s'aperçut de l'impression que produisit sur le roi cette beauté villageoise : toujours est-il que la reine ne tarda pas à quitter la fenêtre et à se retirer avec ses deux filles au fond de la salle, où les princes de Bourbon et le comte de Dunois les suivirent. Le roi demeura au balcon avec le sire du Lude.

Se voyant ainsi seul à seul avec son chambellan, Louis, que son admiration pour la grosse Tourangelle ne suffisait pas à distraire de pensées sérieuses, se retourna à demi. D'un rapide et furtif coup d'œil il parcourut la salle entière. A l'extrémité la plus reculée de cette vaste pièce, les deux bons religieux, assis côte à côte sur une banquette, disaient leur rosaire, et, dans l'angle opposé, le nain continuait de compter et recompter ses écus d'or avec un air de bonheur qui témoignait de son ignorance à l'endroit du danger où il s'était jeté tête baissée.

« Par la Pasque-Dieu! se dit mentalement le roi, l'enfant ne paraît pas le moins du monde soucieux... Hé! voilà mon routier qui s'esquive sans tambour ni trompette... Mais Tristan est déjà descendu; il attend certainement le capitaine à sa sortie. Mon brave Picard, si la crainte de vous brouiller la cervelle vous a empêché de vider aussi fréquemment votre coupe que le digne moine assis à table à votre côté, vous pourrez vous désaltérer tout à l'heure complétement avec l'eau de la Loire... »

Et sur ce, le roi Louis, très-satisfait de cette plaisanterie, bien qu'il l'eût faite *in petto* et que par conséquent nul ne pût l'applaudir, appela du geste Olivier le Daim, lequel se tenait debout à quelque distance dans l'attitude d'un homme qui s'attend que ses services seront requis d'un moment à l'autre.

« Le Daim, dit le monarque au barbier quand celui-ci se fut approché, connais-tu cette *folichonne* qui a une robe couleur de lin bordée d'un galon vert, et qui se trémousse plus vite et plus fort que toutes ses compagnes?

— Sire, répondit Olivier, c'est la sœur d'un des gardes de votre belle forêt d'Amboise; on l'appelle Marion, et elle doit épouser, cette semaine ou l'autre, le grand garçon qui lui fait en ce moment vis-à-vis.

— Puisqu'il en est ainsi, reprit Louis, je me fie à ton esprit inventif pour que ce gaillard-là soit empêché de reconduire ce soir Marion au logis de son frère. Il est dangereux pour les jolies filles de se trouver tête à tête avec leurs amoureux, dans les bois, quand la nuit devient noire... »

Le roi accompagna ces derniers mots d'un sourire qui parut assez significatif au barbier pour qu'il hasardât, d'un air narquois, l'observation suivante :

« Puisque monseigneur le roi daigne porter tant d'intérêt à cette jeune villageoise, je pourrai la retenir ce soir au château, où elle trouvera abri et protection.

— Oui-da ! fit le monarque. Sur ma foi, Olivier, ton intelligence se développe de plus en plus.

— Sire, répondit le Daim d'une voix pateline et en baissant humblement la tête, ce sont les maîtres qui forment les serviteurs.

— Si je n'avais déjà donné ma bourse à ce pauvre fou, dont une telle aubaine a achevé de bouleverser la raison, je te l'aurais octroyée sur-le-champ, le Daim, tant je trouve ta remarque judicieuse. Mais tu ne perdras rien à attendre, car j'ordonnerai à mon *argentier* de te compter demain une somme de deux cents marcs. »

A cette libérale promesse, Olivier s'inclina encore plus bas et quitta la salle.

Après son départ, et au grand étonnement de M. du Lude, qui avait été le seul auditeur de ce court dialogue, le roi demeura quelques minutes pensif et soucieux ; puis il se retira du balcon et prenant à part son chambellan :

« M. du Lude, mon ami, commença-t-il d'un ton de confidence, il me vient un scrupule...

— Cela ne m'étonne pas, repartit le sire du Lude, avec l'imperturbable aplomb du courtisan expérimenté ; cela ne m'étonne pas... La conscience de monseigneur le roi est si délicate !

— Et vraiment, continua Louis, en y réfléchissant, je crains que mon bienheureux prédécesseur et patron, qui, par une grâce spéciale de Dieu et de la Vierge Marie, a été exempt en cette vie de ces faiblesses humaines dont nous autres, indignes pécheurs que nous sommes, nous ne nous rendons que trop fréquemment coupables ; je crains, dis-je, qu'il ne se courrouce contre moi de ce qu'en ce saint jour, qui devrait être entièrement consacré à fêter sa glorieuse mémoire, je me préoccupe de plaisirs et de divertissements profanes.

— Mais, répliqua M. du Lude, il serait, ce me semble, possible de concilier les égards dus à monseigneur saint Louis avec votre propre satisfaction.

— Comment cela? demanda le roi.

— Vous avez eu aujourd'hui à votre table, expliqua le chambellan deux vénérables religieux...

— Le frère Eustache, de l'ordre des augustins, et le père Maillard, de celui des cordeliers, interrompit Louis. Mais de quelle utilité peuvent-ils m'être en cette affaire ?

— D'une très-grande, Sire, en s'installant dans votre chapelle pour y réciter toute la journée et toute la nuit les offices, psaumes et litanies composés en l'honneur du très-saint roi qui, après avoir si pieusement gouverné la France, a été récompensé là-haut de ses vertus chrétiennes par une couronne immortelle.

— O M. du Lude, mon ami, que vous êtes bien véritablement *Maître Jean des Habiletés !* s'écria le monarque, à qui cette façon d'arranger les choses plut merveilleusement. Certes, monseigneur saint Louis ne saurait se plaindre, puisque pendant que les filles *balleront* d'un côté, les moines psalmodieront de l'autre. Allez donc de ce pas, je vous prie, M. du Lude, engager en mon nom les deux bons *frères* à retarder de vingt-quatre heures leur pèlerinage... Ils ne se repentiront pas de cette complaisance, non plus que leurs couvents... Mais, si je ne me trompe, nous n'avons pas fait assez diligence : l'un des deux religieux s'est déjà esquivé, et l'autre me paraît tout prêt à le suivre. »

Effectivement, le frère augustin, qui était plus âgé et moins ingambe que le cordelier, et cheminait par conséquent moins vite que celui-ci, avait pris les devants depuis environ un quart d'heure, en priant son compagnon de route, lequel ne devait pas tarder à le rejoindre, de présenter au roi ses humbles remercîments pour l'hospitalité qu'il lui avait donnée.

Ce départ précipité contraria Louis, qui ne trouvait pas que ce fût assez des prières d'un seul moine pour détourner de dessus sa tête *l'ire* de l'austère patron que ses parrains lui avaient si malencontreusement choisi. Encore eut-on quelque peine à décider le père Maillard de demeurer jusqu'au lendemain à Amboise. Le prieur de son couvent ne lui ayant accordé pour son pèlerinage au mont Saint-Michel que le temps strictement nécessaire pour l'accomplir, il ne lui était pas possible, affirmait-il, de faire une si longue station au château d'Amboise.

Mais le roi réussit à vaincre la résistance du bon père en lui promettant pour son monastère une châsse d'argent, pareille à celle qu'il avait récemment envoyée en don à l'église de Sainte-Marthe, à Tarascon.

En vérité, la joyeuse Marion aurait eu sujet de s'enorgueillir si elle eût su à quelle dépense elle entraînait l'avare le plus sordide du royaume de France !

Cependant, l'heure des vêpres étant sonnée, la royale compagnie retourna dans la chapelle, où, les offices du soir achevés, le père Maillard demeura en prières.

La reine étant alors rentrée avec ses filles dans son appartement, le roi, accompagné des princes de Bourbon ainsi que des seigneurs et chevaliers de sa cour, se rendit dans son jeu de paume. Comme il y descendait, il rencontra dans l'escalier Tristan, et songeant aussitôt au capitaine de routiers qu'il avait recommandé au prévôt, il fit signe à ce dernier de le suivre.

« Eh bien, demanda le roi à son farouche compère, après l'avoir tiré à l'écart, avez-vous exécuté l'ordre que je vous ai donné par signe, pendant le dîner?

— Ah! je n'y ai pas manqué, Sire! A peine celui que vous me montrâtes a-t-il été descendu dans la basse cour, où je l'attendais, que je l'ai fait saisir et jeter à l'eau dans un sac.

— Et son cheval, qu'est-il devenu? Ces gens-là sont bien montés d'ordinaire.

— Son cheval? répéta Tristan tout ébahi. Mais le brave homme était venu ici à pied.

— Çà, entendons-nous, reprit Louis. De qui parlez-vous?

— Hé! du frère augustin que vous me désignâtes à table.

— Quoi! exclama le roi, c'est le *frère* que vous avez envoyé à la mer par le chemin de la Loire!... Pasques-Dieu! je vous avais montré le capitaine picard!... Quelle méprise avez-vous faite là! Cet augustin était le meilleur moine de mon royaume!... Par ainsi, il nous faudra lui commander une demi-douzaine de messes de *Requiem*. »

Le roi fit comme il venait de dire, et ni lui ni Tristan n'eurent davantage de souci ni de componction de cet événement.

Que si nos lecteurs éprouvent maintenant quelque curiosité à l'endroit du sort des autres personnages qui ont figuré dans cette *fête de famille*, nous ajouterons ici que le surlendemain du jour de la Saint-Louis, le roi partit pour la Normandie, où Charles le Téméraire venait de faire irruption. Il emmena avec lui son fou, dont depuis lors nul n'entendit plus parler On présuma qu'il était mort en route d'une maladie de langueur, semblable à celle qui avait enlevé à Louis XI son frère de Guienne...

Le capitaine de Picardie, qui avait si heureusement pour lui et si malheureusement pour le bon moine, réussi à s'échapper, s'était réfugié en Flandre, et il n'eut garde de jamais se hasarder de nouveau aux environs des résidences du roi de France.

Quant à Marion, ayant reçu de Louis une assez jolie dot, elle épousa, non pas le grand gaillard qui dansait la bourrée avec elle, mais un artisan de Tours, lequel eut assez de confiance en sa femme pour ne point lui demander compte du passé et ne point s'inquiéter de l'avenir. On prétend que Marion, qui avait pris, à ce qu'il paraît, au sérieux son rôle de maîtresse du roi, manifesta une jalousie fort comique lorsque arrivèrent dans la même ville où son mariage la fixait, deux Lyonnaises, que ce monarque, moins oublieux que volage dans ses amours, avait courtisées quelques années auparavant, et qu'il s'était fait céder par leurs époux.

Ce fut vers cette époque que Louis XI abandonna Amboise pour Montils-lez-Tours, château de plaisance situé à un quart d'heure de chemin de la capitale de la Touraine, et qu'il appela le Plessis-du-Parc (ses successeurs modifièrent ce dernier nom en celui de Plessis-lez-Tours); et plus tard, quand il eut marié ses deux filles, l'aînée, Anne, au sire de Beaujeu, cadet de la maison de Bourbon; la seconde, Jeanne, à Louis, duc d'Orléans, la première de ces princesses fut chargée, conjointement avec son époux, de l'éducation et de la garde du Dauphin.

Dans le même temps, la reine Charlotte se vit reléguée à Loches.

D'après les ordres formels du roi, le jeune Charles était élevé dans une retraite profonde. La faible santé de ce prince, chétif de corps, mais doux et bon de caractère, servait de prétexte à Louis pour le tenir ainsi éloigné du monde et ignorant des affaires : le fait est que se souvenant de sa conduite dénaturée envers son père, il redoutait de trouver à son tour un ennemi dans son fils. Ce qui le préoccupait surtout, c'était le choix d'une épouse pour le Dauphin : après avoir demandé pour lui la main de la princesse Marie, qui aurait eu douze ans de plus que son mari, puis celle de la fille du roi d'Angleterre, lequel souhaitait ardemment cette alliance, Louis XI obtint, non sans beaucoup de peine, le consentement de l'archiduc Maximilien d'Autriche au mariage de sa fille Marguerite avec Charles; et vers le milieu de juin de l'année 1483, M. et madame de Beaujeu quittèrent le château d'Amboise, où le sire du Lude les remplaça pour aller ·

1.   17

chercher la petite archiduchesse que l'on devait élever en France jusqu'à ce qu'elle fût en âge d'être mariée.

Cependant le jeune prince, tout ennuyé qu'il devait être de la vie inactive et monotone à laquelle on le condamnait, ne témoignait aucune impatience de voir paraître sa nouvelle fiancée, dont l'arrivée à Amboise ne pouvait manquer d'être solennisée par des fêtes et des réjouissances de toutes sortes.

La profonde indifférence avec laquelle le Dauphin voyait s'approcher le jour qui devait lier sa destinée à celle de Mademoiselle d'Autriche prenait-elle sa source dans le mécontentement secret que lui inspirait ce nouveau revirement d'idées du roi, ou seulement dans cette disposition à la mélancolie, naturelle aux constitutions débiles? Peut-être aussi, qui sait? cet adolescent de treize ans regrettait-il la belle princesse Élisabeth d'Angleterre, dont il avait vu et admiré le portrait, et à laquelle la versatilité systématique de Louis XI substituait maintenant une enfant qui entrait à peine dans sa quatrième année.

Quoi qu'il en fût, toujours est-il que *Maître Jean des Habiletés* ne voulut point faillir à sa réputation de parfait courtisan, en omettant de se préparer la faveur de l'héritier présomptif de la couronne. En conséquence, le gouverneur par intérim du jeune prince, désirant diversifier les plaisirs de son élève temporaire, lequel, très-adroit aux jeux de paume, de bague, de mail et de ballon, savait également manier la lance avec beaucoup de grâce et de dextérité, lui donna le divertissement d'une chasse au vol.

Charles parut prendre beaucoup de goût à ce passe-temps, dont la durée se prolongea plus que ne se l'était proposé M. du Lude. En sa qualité de confident intime du roi, il n'ignorait pas que ce dernier entretenait en tous lieux des espions chargés de se surveiller les uns les autres. Aussi fut-il moins surpris qu'inquiet quand, le lendemain même de ce jour, il reçut une dépêche du Plessis-du-Parc dans laquelle le roi après lui avoir donné quelques instructions au sujet des cérémonies des fiançailles auxquelles le triste état de sa santé ne lui permettait pas d'assister, ajoutait de ce ton à la fois rude et goguenard qu'il aimait fort à employer :

« M. du Lude, j'ai été averti que vous avez mené M. le Dauphin chas-
« ser au héron en pleine campagne, exercice que je trouve beaucoup
« trop fatigant pour lui. Par ma foi, vous ne vous êtes guère montré en
« cette occasion le Maître Jean des Habiletés que vous avez été jusqu'ici,
« en contrevenant ainsi à mes volontés qui sont, comme vous savez, que
« mon bien-aimé fils Charles ne sorte pas, sans ma permission, de l'en-
« ceinte du château d'Amboise. Faites attention qu'il peut se passer en-
« core un long temps avant que le trône de France soit occupé par le roi
« Charles huitième.

« Signé : Louis. »

Et le sire du Lude se le tint pour dit. Le Dauphin eut beau redemander une seconde chasse au vol, le chambellan resta sourd à ses instances. Il n'y avait pas loin d'Amboise à Loches, où il se trouvait toujours quelque cage de fer en disponibilité.

Heureusement, peu de jours après, arriva Mademoiselle d'Autriche, que madame d'Halluin avait remise à Hesdin, sous la garde et tutelle de madame de Beaujeu.

Ce fut le 23 juin que la fille de Maximilien d'Autriche et de Marie de Bourgogne fit son entrée dans le château d'Amboise, et le même jour eut lieu la cérémonie des fiançailles. Louis XI, qui, ainsi que nous l'avons dit précédemment, devenait, quand l'occasion l'exigeait, prodigue et fastueux, avait donné des ordres pour qu'on n'omît rien de ce qui pouvait contribuer à donner un éclat royal à cette solennité.

Comme en ce siècle les carrosses n'étaient pas encore en usage, la petite princesse avait accompli son voyage dans un chariot de bois doré recouvert de drap d'argent tendu sur des cerceaux, ainsi que madame de Beaujeu et les dames de leur suite. En avant, et aux deux côtés de ces chariots, chevauchaient les seigneurs français ainsi que les députés flamands qui accompagnaient Marguerite, et devaient s'en retourner à Gand immédiatement après la cérémonie. En arrière du cortége, venait une troupe de pages et d'écuyers : ceux-ci revêtus d'une cotte de mailles par-dessus laquelle ils portaient une *huque* de velours rouge ; ceux-là tout habillés de taffetas vert, gris ou bleu, selon les couleurs adoptées par leurs maîtres. Six mille hommes d'armes, tant archers que piquiers et arbalétriers, commandés par Dunois, escortaient la future épouse du Dauphin pour la réception de laquelle la reine Charlotte avait quitté Loches.

Seule, parmi les princes et princesses du sang, Jeanne de France, duchesse d'Orléans, se faisait remarquer par son absence. A peine relevée d'une maladie, causée peut-être par le chagrin de se voir dédaignée, presque haïe du duc son époux (on sait que Louis XI les avait unis alors qu'ils étaient enfants), cette malheureuse princesse était demeurée à Paris, où elle habitait l'hôtel des Tournelles.

La grande salle d'apparat où fut introduite Mademoiselle d'Autriche avait été toute tendue de tapisseries d'Arras rehaussées d'or. Les siéges, de bois sculpté, étaient recouverts en velours cramoisi, comme le trône, placé au fond de cette pièce et à la droite duquel se trouvaient deux fauteuils à estrade. L'un de ces fauteuils était occupé par le Dauphin. S'il eût été roi, les règles du cérémonial lui auraient imposé d'attendre assis l'approche de Marguerite, laquelle se fût agenouillée devant lui ou tout au moins en eût fait le mouvement, car il était également d'usage qu'en pareille occurrence, le fiancé saisît la main de la fiancée assez à temps pour que celle-ci n'achevât pas sa génuflexion.

N'étant qu'héritier présomptif de la couronne de France, Charles put donc, sans enfreindre les lois de l'étiquette, se lever dès l'apparition de la princesse à l'entrée de la salle, et aller à sa rencontre pour la conduire ensuite vers le fauteuil placé à côté du sien. Il lui adressa en même temps quelques paroles courtoises auxquelles l'enfant, qui était douée d'une intelligence remarquable et à laquelle, comme on pense bien, on avait fait plus d'une fois répéter sa leçon, répondit d'une manière toute révérencieuse et gentille. Puis chacun se rangea aux côtés du Dauphin et de la future Dauphine, les princes et princesses sur des siéges plus ou moins proches des leurs ; les seigneurs et les dames derrière eux et debout. Après quoi, le chancelier Guillaume de Rochefort commença la lecture du traité de paix et d'alliance conclu entre les deux maisons de France et d'Autriche, ainsi que du contrat de mariage du dauphin Charles et de la princesse Marguerite.

Les députés de la ville de Gand, quoique habitués aux splendeurs de leurs souverains les ducs de Bourgogne, dont Marguerite et son frère Philippe étaient maintenant les seuls rejetons, ne purent voir sans en être impressionnés, cette imposante assemblée au milieu de laquelle brillait au premier rang la belle et fière Anne de France.

Cette princesse, qui nonobstant la présence de la reine, remplissait le principal rôle dans cette réception, était vêtue d'une robe de drap d'argent brodée de perles et garnie d'une dentelle de Venise. Il y avait dans le maintien, le port de tête et les moindres mouvements de madame de Beaujeu une majesté qui contrastait avec la contenance singulièrement humble de Charlotte de Savoie. Malgré la somptuosité de ses habits d'étoffe d'or et de soie cramoisie et l'éclat des diamants de son bandeau royal, l'épouse de Louis XI avait un air d'infériorité qui l'eût fait prendre, au premier coup d'œil, plutôt pour une dame de la suite d'Anne de France, que pour la mère de cette illustre princesse.

Si cette dernière éclipsait par ses grâces et ses attraits toutes les femmes dont elle était entourée, Louis d'Orléans, de son côté, se faisait remarquer par sa noble mine et ses façons vraiment royales, parmi les autres princes et seigneurs, bien qu'il y eût là l'élite de la noblesse française ; et certes le comte de Dunois, le sire de La Trémouille, petit-fils du

favori de Charles VII, Philippe de Comines, seigneur d'Argenton, pouvaient être cités, chacun séparément, comme un modèle de grâce chevaleresque.

Sur le pourpoint de satin vert du duc brillait le collier de l'ordre de
Saint-Michel, tout en pierreries ainsi que l'agrafe qui attachait une
touffe de plumes d'autruche au côté gauche de son chaperon, qu'il tenait
à la main.

Le Dauphin seul avait la tête couverte d'une toque surmontée d'une
aigrette blanche, et sa robe, de velours écarlate, était serrée à la ceinture
par une écharpe brodée de marguerites d'or, par allusion au nom de
Mademoiselle d'Autriche. Par un sentiment analogue de courtoisie, on
avait parsemé de fleurs de lis d'argent la robe de la petite princesse.

Lorsque le chancelier eut achevé sa lecture, la royale assemblée se
rendit à la chapelle, où l'évêque de Tours fiança le Dauphin de France à
la princesse Marguerite; puis on passa dans la salle du banquet, qui fut
présidé par madame de Beaujeu. Les deux fiancés occupèrent le haut
bout de la table.

Pendant le repas, plus d'un malin courtisan remarqua les fréquentes
distractions de Madame Anne, laquelle se trouvait assise en face de sa
mère. Or, aux côtés de celle-ci étaient placés le sire de Beaujeu et le duc
d'Orléans; mais ce n'était point au premier de ces princes que s'adressaient les regards et les sourires de la fille aînée de Louis XI, dont le cardinal de Bourbon et M. de Chantereyne, un des envoyés de Maximilien,
occupaient, l'un la droite, l'autre la gauche.

Au sortir de table, les Flamands, ayant pris congé du Dauphin, de leur
jeune princesse ainsi que de la reine et de madame de Beaujeu, repar-
tirent pour Gand. Presque en même temps le sire de Beaujeu et le comte
de Dunois quittèrent Amboise, pour aller au Plessis-du-Parc avertir le roi
que la cérémonie des fiançailles était accomplie.

Le duc d'Orléans ne les accompagna pas; ce prince n'était pas en fa-

veur auprès de son royal beau-père, qui peut-être avait deviné son caractère ambitieux, et pressenti les divisions et les révoltes dont il troublerait
les débuts du règne suivant.

Quant à la petite Marguerite, elle monta dans une litière traînée par
des mules, avec la reine, qui l'emmena en sa résidence de Loches.

Après leur départ, madame de Beaujeu invita la noble compagnie demeurée au château d'Amboise à se promener avec elle dans les jardins, où
d'abord le Dauphin, la princesse et le duc d'Orléans marchèrent de front.

« Quelle charmante Dauphine sera Mademoiselle d'Autriche ! s'écria
madame de Beaujeu.

— Dauphine ! répéta Charles. Qui sait si elle le deviendra jamais !...
— J'avais à peine huit ans, continua-t-il après une courte pause, qu'on
parlait de *m'accorder* avec Madame Marie de Bourgogne, dont Mademoiselle Marguerite est la fille... Et tout récemment, n'était-il pas question de me donner pour épouse la princesse Élisabeth d'Angleterre ?
Donc, pourquoi regarderions-nous comme définitivement arrêté ce mariage, que monseigneur le roi rompra peut-être dans quelques années,
comme les précédents ?

A ces dernières paroles, une expression d'incrédulité se peignit sur la
physionomie pleine de franchise du duc d'Orléans. Quelques précautions
que prît Louis XI pour tenir sa famille, aussi bien que le peuple, dans
l'ignorance de ce qui se passait au Plessis, on savait qu'il était tombé dans
un accablement moral et physique qui présageait sa fin prochaine, ce
dont le duc induisait naturellement que, si le mariage du Dauphin ne se
réalisait pas plus que les autres, ce ne serait pas du moins sous le règne
ni par la volonté du roi actuel.

Madame de Beaujeu le présumait également ainsi ; mais, digne fille du
monarque le plus dissimulé qui ait occupé le trône de France, elle ne
laissait pas ses pensées intimes se refléter sur son visage. Aussi, en cette
circonstance, affecta-t-elle de se méprendre sur la signification du fu-

gitif sourire qui passa sur les traits de Louis d'Orléans en entendant le jeune Charles témoigner sa crainte, ou son espérance, de voir son père dénouer un jour les nœuds que par ses ordres on venait de former.

« Beau cousin, dit-elle au duc, qu'elle n'appelait jamais son frère, soit qu'elle trouvât dérisoire de lui donner un titre auquel il avait droit en apparence seulement, soit qu'il lui déplût particulièrement de rappeler à sa propre mémoire, comme à celle de l'homme qui, en obéissance aux ordres de Louis XI, avait donné sa foi à Jeanne de France, quel proche degré de parenté existait entre eux aux yeux du public ; beau cousin, vous vous raillez intérieurement de monsieur le Dauphin, qui ne songe pas que pour renoncer à la troisième princesse qu'il a plu au roi notre père de lui désigner pour épouse, il faudrait en trouver une quatrième, digne, par sa naissance, et aussi par son mérite personnel, de l'honneur de la remplacer.

— Hé ! madame, repartit le duc, s'il n'y avait pas d'autres difficultés que celle-là, il ne serait peut-être pas impossible de la lever… Mademoiselle Anne de Bretagne, quoique bien jeune encore…

— Oh ! interrompit la princesse avec un mécontentement visible, la fille du duc de Bretagne, ce vassal arrogant qui brave en toute occasion son seigneur suzerain, aspirerait-elle à s'asseoir sur le trône de France ? Mais je soupçonne, beau cousin, que vous êtes secrètement partisan du duc François et admirateur des charmes naissants de la jeune Anne ?

— Si cette supposition ou cette accusation se base sur ce que, l'an passé, j'ai fait à Vannes un séjour de deux ou trois semaines, d'après l'invitation pressante du duc, vous pourriez adresser, madame, le même reproche à M. de La Trémouille, répondit le gendre de Louis XI, qui ne se rendait peut-être pas encore bien compte des sentiments que lui inspirait la princesse de Bretagne.

— Par ma foi, M. de La Trémouille, s'écria le Dauphin, en s'arrêtant

dans sa marche, afin de se trouver à côté de ce **jeune et valeureux sei**-
gneur, qui lui rendit dans la suite d'éminents services, **puisque** vous venez
de cette cour de Bretagne, si brillante et si gaie, décrivez-moi donc, je
vous prie, quelques-unes des fêtes auxquelles vous avez assisté ; car on
assure que les carrousels, les représentations de mystères, les chasses à
courre et les mascarades s'y succèdent continuellement.

— Il est vrai, Monseigneur, que le vieux duc François aime singulièrement qu'on se divertisse autour de lui, »répondit La Trémouille, sur le bras
duquel le Dauphin s'appuya avec cette aimable familiarité et ce charmant
abandon qui lui gagnaient l'affection de tous ceux qui l'approchaient.

Et les deux jeunes hommes, à quelque distance desquels se tinrent respectueusement les autres seigneurs, restèrent eux-mêmes un peu en arrière de madame de Beaujeu et du duc d'Orléans, bien qu'ils continuassent
à marcher, tout en s'entretenant de tournois, de bals et autres plaisirs de
leur âge, dont le Dauphin était privé, à son grand regret.

Soit que la sœur de Charles ne s'aperçût pas de l'espèce d'isolement dans
lequel on la laissait, soit, au contraire, qu'elle fût aise d'avoir cette occasion de converser sans témoins avec le duc, dont il lui importait de connaître les dispositions plus ou moins bienveillantes à son égard, —
Louis XI avait déjà déclaré que c'était à elle que serait confiée la régence
du royaume, dans le cas où il mourrait avant que Charles eût atteint sa
majorité, — toujours est-il qu'elle ne tarda pas à se trouver à une assez
grande distance de sa suite pour qu'aucune de ses paroles ne pût être
recueillie.

Sans doute, l'entretien confidentiel qui commença dès ce moment entre
la sœur et l'époux de Jeanne de France fut d'abord alimenté par quelques-unes de ces hautes questions de politique qui préoccupent l'esprit des
gouvernants et même des gouvernés, lorsque le déclin d'un règne, leur
ouvrant un nouvel avenir, laisse le champ libre à leurs spéculations; mais
quelque importants que fussent les graves sujets traités d'abord par Anne

de France et Louis d'Orléans, il ne se pouvait guère que leur conservation durât longtemps sur un ton aussi sérieux.

Entre ce duc et cette princesse, tous deux jeunes, beaux, aimables, n'existait-il pas des affinités dont le tête-à-tête que leur avait ménagé la discrète réserve des courtisans devait doubler la puissance ? En s'avançant ainsi à côté l'un de l'autre, presque seul à seul, dans ces allées où le feuillage touffu des hêtres et des tilleuls ne laissait pénétrer qu'une clarté douce et mystérieuse, ne purent-ils pas oublier momentanément, elle, cette fidélité du cœur qui est la plus sûre sauvegarde de la foi conjugale ; lui, les entraves que cet amour apporterait indubitablement à l'accomplissement de ses ambitieux projets ?

Oui, elle et lui oublièrent la réalité de leurs positions, pour s'égarer dans des rêves de bonheur, et si, malgré l'enivrement où les jetait un échange de voluptueux soupirs et d'éloquents regards, leurs mains ne se cherchèrent pas pour sceller, par une tendre pression, l'aveu qu'ils venaient de se faire, c'est que leurs mouvements furent paralysés par la crainte qu'ils éprouvaient d'être censurés, ou, ce qui est pis encore, ridiculisés par ceux-là mêmes qui se tenaient le plus à l'écart, afin de mieux les épier.

Nous ne savons si madame de Beaujeu céda à l'impression de cette crainte, ou si elle voulut se soustraire à l'influence dangereuse d'une émotion devenue insurmontable, en interrompant brusquement une promenade qu'elle eût peut-être dû cesser plus tôt... Quoi qu'il en soit, du moins pouvons-nous supposer qu'elle obéit aux suggestions d'une prudence instinctive, sinon raisonnée, lorsque, se retournant tout à coup, elle arrêta une déclaration passionnée sur les lèvres de ce *beau cousin* qui avait vraisemblablement hérité de la nature inflammable de son aïeul Louis, premier duc d'Orléans et frère de l'infortuné Charles VI.

Néanmoins, quelque effort qu'ils fissent sur eux-mêmes, pour déguiser aux yeux des courtisans qu'ils rejoignirent, leur trouble et aussi leur inquiétude à l'endroit des malignes interprétations dont ils avaient sans doute été l'objet, Madame Anne ni le duc n'y réussirent pas complétement.

Pendant le reste de la journée, ils évitèrent comme d'un commun accord de se retrouver ensemble... La sagacité naturelle et acquise de la fille aînée de Louis XI aurait dû lui démontrer l'absurdité de cette précaution familière aux amants, qui croient dissiper les soupçons, auxquels ils donnent au contraire plus de force, par un excès de circonspection. La princesse s'était-elle donc éprise du duc à ce point que la perspicacité de son esprit s'en trouvât soudain obscurcie ?

Cela arrive parfois aux femmes qui, dans un but intéressé ou par une habitude de coquetterie, se font un jeu d'inspirer des sentiments qu'elles ne partagent point d'abord, mais qui s'emparent ensuite de leur cœur et y règnent despotiquement. Et, en vérité, n'est-ce pas là le sort de presque tous les grands comédiens, qui s'identifient tellement avec leur rôle, que bientôt ils ressentent les joies, les douleurs, les passions attribuées au personnage qu'ils représentent !

Le sire de Beaujeu et le comte de Dunois revinrent le soir même de ce jour à Amboise. Ils avaient reçu un froid accueil de Louis, qui s'attendait et aurait probablement préféré que sa fille lui eût dépêché un simple courrier.

Plus ce monarque voyait le terme de sa carrière approcher, plus il devenait outrageusement soupçonneux, plus il se montrait jaloux de l'exercice du pouvoir dont maintenant il ne faisait guère plus d'usage que pour ordonner des supplices.

En cette circonstance, peu s'en était fallu qu'il n'eût enjoint à Tristan l'Ermite d'arrêter les deux seigneurs dont l'arrivée inattendue au Plessis du-Parc lui paraissait devoir cacher quelque intention coupable. Le sire de Beaujeu, qui avait en mainte occasion donné des preuves irréfragables de dévouement à son beau-père, était profondément blessé de la manière dont ce dernier l'avait reçu, bien qu'il ne se doutât pas, non plus que Dunois, du danger qu'il avait couru.

La préoccupation du prince l'empêcha de remarquer la teinte d'embarras qui rembrunit le front d'Anne quand il s'approcha d'elle, et s'enquit de la manière dont la noble compagnie réunie à Amboise y avait dépensé le temps pendant sa courte absence.

C'est une tendance naturelle de l'esprit de quiconque redoute de voir découvrir des actions ou des pensées qu'on voudrait tenir secrètes, que de chercher et trouver des allusions à ces arcanes du cœur, dans les observations les plus insignifiantes, les questions les plus oiseuses. Aussi madame de Beaujeu, en examinant la physionomie sombre de son mari, se demanda-t-elle mentalement si le prince n'aurait pas eu la fatale idée de mettre à l'épreuve la science de quelqu'un des astrologues du Plessis en l'interrogeant sur ce qui se passait au château d'Amboise, tandis qu'il était dans la résidence royale. Bien qu'Anne ne partageât pas la ferme croyance de son père en l'infaillibilité des nécromanciens, cependant elle n'était pas tellement incrédule à leur égard, qu'elle osât se railler de leurs révélations.

M. de Beaujeu, qui avait fait douze lieues à cheval sans s'être reposé plus d'une demi-heure au Plessis, paraissait très-fatigué. Cela fut cause que chacun se retira dans son appartement plus tôt que de coutume. Le sire de Beaujeu alla se mettre immédiatement au lit. Sa femme entra dans son oratoire, où elle se renferma.

En ce temps, il n'y avait dans les châteaux, ni boudoir, ni parloir où les grandes dames pussent, en toute sécurité, s'abandonner à de douces rêveries, lire quelque tendre missive, échanger des confidences avec une amie, et quelquefois aussi, — nous sommes même tenté de croire que c'est à cet usage que les boudoirs ont été spécialement destinés, — recevoir les visites de leurs amants, les maris seuls n'ayant pas leurs libres entrées dans ces délicieux réduits.

Pourtant, ne plaignons pas inconsidérément les femmes du moyen âge... Si aucune n'avait de boudoir, toutes possédaient un oratoire, et celui-ci, plus encore que celui-là, était un lieu privilégié où nul ne pénétrait sans l'agrément de la châtelaine.

Ce fut donc dans cet asile demi-sacré, demi-profane, que madame de Beaujeu se réfugia. Le premier acte de la princesse, en entrant dans son oratoire, fut de se jeter à genoux sur son prie-Dieu... Que venait-elle demander au Seigneur?... — Sans doute d'éteindre dans son cœur l'amour illicite qui s'y était soudain allumé, car Anne de France était une femme d'une haute piété et d'une grande vertu, qui, jusqu'à cette époque, n'avait jamais failli, non pas même par la pensée... Espérons donc que Dieu exaucera la prière de cette âme si pure et lui donnera la force de combattre une passion coupable que, sans l'assistance céleste, la princesse ne parviendra probablement pas à vaincre...

En effet, la voix mâle et vibrante de Louis d'Orléans ayant retenti audessous de l'oratoire, Anne relève tout à coup sa tête, qu'elle tenait humblement baissée... Une rougeur instantanée se répand sur son visage... La princesse prête une oreille attentive... Cette voix si séduisante se tait ; une autre, qu'Anne reconnaît pour être celle de Dunois, a pris la parole, et madame de Beaujeu continue d'écouter, car c'est son nom qui vient d'être prononcé.

Mais avant de rapporter l'entretien qu'eurent ensemble ces deux hommes, expliquons à nos lecteurs comment il se faisait que la princesse pût l'entendre sans en perdre une syllabe.

Louis XI, ainsi que nous l'avons dit précédemment, avait longtemps résidé à Amboise. Ce monarque, auquel nous trouvons plus d'un trait de ressemblance avec le tyran de Syracuse, avait fait pratiquer dans ses appartements particuliers des conduits secrets, qui communiquaient avec diverses chambres situées aux étages supérieur ou inférieur.

On logeait de préférence dans ces chambres les personnes dont il importait à Louis de connaître les desseins secrets, ce à quoi il parvenait facilement, grâce aux conduits traîtreusement révélateurs, et à la coutume adoptée, même par les princes, de partager leur chambre et aussi leur lit, soit avec leurs hôtes, soit avec leurs amis. Le duc de Bourgogne, Charles le Téméraire, et Louis XI lui-même agissaient souvent ainsi avec Philippe de Comines et autres seigneurs auxquels ils voulaient donner un témoignage de leur estime et de leur confiance particulière.

Lorsque le roi avait quitté le château d'Amboise pour se fixer à celui du Plessis, il avait ordonné que ces nouvelles *Oreilles de Denys* fussent détruites... Elles l'avaient été, à l'exception de celle placée dans l'oratoire et qui se trouva alors oubliée. Cependant on présume que madame de Beaujeu n'en ignorait pas l'existence, et que dans certaines occasions elle s'en servait, elle aussi, volontiers.

« Monseigneur, disait Dunois, ne vous laissez pas imprudemment captiver par les charmes de Madame Anne... Elle est trop ambitieuse, trop adroite, trop prévoyante pour ne pas savoir tirer de grands avantages de l'empire qu'elle prendra sur vous.

— C'est justement ce que je pensais, répondit le duc, en écoutant sa voix insinuante, en rencontrant son regard caressant, en entendant ses paroles flatteuses dont l'influence est d'autant plus irrésistible, qu'on connaît la sévérité de mœurs et de caractère de la princesse, ce qui rend doublement précieuses ses plus légères faveurs... Ah! pourquoi est-elle venue ainsi inopinément dévoiler à mes yeux surpris un trésor de grâces et de séductions, dont sa sœur Jeanne se trouve si dépourvue, pour mon malheur !

— Dites plutôt pour le sien, monseigneur, car le délaissement où vit la pauvre duchesse est tout à la fois pour elle une humiliation et une douleur.

— Aussi, je vous assure, Dunois, que si cela ne dépendait que de ma volonté, elle serait bientôt libre de disposer à son gré de sa main. Vienne un autre règne et je me hâterai de solliciter du pape la cassation de notre mariage...

— A qui cela profitera-t-il, sinon à vous? remarqua Dunois avec une franchise un peu rude.

— A moi certainement…; mais à elle aussi.

— Oubliez-vous qu'elle vous aime? objecta encore le comte. Et d'ailleurs quel usage pensez-vous qu'elle puisse faire de la liberté que vous voulez lui rendre? Une fille de France, répudiée par son époux, doit-elle songer à contracter d'autres liens? Le couvent devient désormais son unique refuge.

— Surtout, ajouta le duc d'Orléans, lorsque cette fille de France est laide de visage, difforme de corps et disgracieuse d'humeur.

— Monseigneur, vous vous montrez bien un peu injuste envers Madame d'Orléans.

— Madame Jeanne de France! » s'écria Louis en interrompant son parent.

Ce dernier reprit

« Sans être belle, une femme ne mérite-t-elle point d'être aimée, surtout quand elle est sensible et douce comme Madame Jeanne?… Vous la trouvez disgracieuse d'humeur, parce qu'elle est triste… il ne dépendrait que de vous de la rendre gaie.

— Je ne puis commander à mes sentiments, répliqua le duc.

— Quant à être difforme de corps, poursuivit le comte, qui paraissait se complaire à analyser les défauts physiques comme les qualités morales de la duchesse, j'ignore jusqu'à quel point cette assertion est fondée… Je sais seulement, ajouta-t-il en riant, que Madame Jeanne boite un peu… Mais Mademoiselle de Bretagne a le même inconvénient; et pourtant elle est citée par tout le royaume comme un modèle de grâce.

— Certes, dit Louis, si vous voulez établir une comparaison entre la fille aînée du duc François et la sœur cadette du Dauphin, elle ne sera pas à l'avantage de la seconde de ces princesses.

— Par ma foi, dit gaiement Dunois, je crois qu'il me faudra abandon-

ner la cause de la duchesse... La pauvre dame a deux rivales trop redoutables : d'un côté, la plus riche héritière du royaume...; de l'autre, la future régente de France.

— Le roi Louis onzième n'est peut-être pas encore près de descendre
dans la tombe, dit le duc d'un ton légèrement interrogateur.

— Si vous eussiez accompagné aujourd'hui M. de Beaujeu et moi au
Plessis, vous n'auriez plus de doute à cet égard, monseigneur.

— Plus bas, mon cousin, plus bas ! fit Louis d'Orléans en abaissant lui-
même le diapason de sa voix.

— Les murs de ce château auraient-ils des oreilles ? demanda Dunois
avec un accent railleur.

— Qui sait? Amboise est une résidence royale où notre monarque actuel a longtemps demeuré.

— Et quand on nous entendrait, quel danger y aurait-il pour nous?
Le dépérissement du roi n'est plus un mystère. M. de Beaujeu s'en est
aperçu comme moi et en a sûrement déjà informé la princesse sa femme.
Et puis, doutez-vous que ce fût la prévision de cette fin prochaine qui ait
déterminé Madame Anne à avoir avec vous un entretien secret?

— Secret! répéta le duc. Nous nous promenions dans les jardins, en
vue de toute la cour.

— Mais hors de la portée de l'ouïe des courtisans.

— Non pas de tous, à ce qu'il semble, puisqu'un d'entre eux a pu si
bien vous informer...

— M. d'Argenton m'a simplement dit, interrompit Dunois, dont la déférence envers son cousin était parfois mélangée d'une certaine familiarité qui ne déplaisait point au duc; M. d'Argenton m'a simplement dit que
vous aviez conversé d'une façon tout amicale et toute confidentielle avec
madame de Beaujeu, et qu'au retour de la promenade pendant laquelle
cette conversation avait eu lieu, la princesse avait paru singulièrement
distraite et réservée...

— Et moi? demanda un peu impatiemment Louis, en voyant le comte s'arrêter.

— Et vous extrêmement heureux, acheva Dunois.

— Comines n'a-t-il rien ajouté de plus?

— Rien, monseigneur; vous savez qu'il est un de vos plus zélés serviteurs et amis, et qu'il n'oserait vous blâmer en quoi que ce soit.

— C'est une liberté que vous prenez volontiers en sa place, mon cousin. »

Après avoir prononcé ces derniers mots d'un ton bref, Louis d'Orléans se tut. Il se fit un silence de quelques minutes; puis le duc reprit:

« Par Notre-Dame, la patronne de la France! madame de Beaujeu se trompe fort si elle me tient déjà pour vaincu! Quoique je n'aie pas l'esprit si inventif que le sien, je n'aurai garde de tomber dans le piége qu'elle me tend.

— Par ainsi, monseigneur, vous ferez bien de partir au plus tôt.

— Dès demain, Dunois. »

A cette conclusion, Anne, qui depuis le commencement de la conversation avait tenu son oreille appuyée contre l'ouverture du conduit par lequel les paroles des deux interlocuteurs montaient jusqu'à elle, s'éloigna, pâle et agitée, non plus par les émotions d'un amour inquiet, mais par les sensations d'un orgueil froissé. Désormais les mouvements d'une violente haine devaient remplacer dans son cœur les tendres sentiments qui naguère s'y étaient furtivement glissés.

Six semaines environ après les fiançailles du Dauphin avec mademoiselle d'Autriche, on vit s'avancer sur la route qui conduit du Plessis à Amboise une litière portée par des hommes, qui se relayaient de distance en distance.

Une troupe considérable d'archers suisses et écossais escortait cette litière, fermée par d'épaisses courtines, et autour de laquelle chevauchaient lentement les sires du Lude, d'Argenton, de La Trémouille, maître

Coictier et Olivier le Daim, les trois premiers montés sur de beaux chevaux de Turquie, ainsi qu'il convenait à des personnes de leur rang ; les deux derniers sur des mules, comme c'était l'usage pour les gens de petit état ou de profession paisible.

A peine l'approche de cette litière eut-elle été signalée par les arquebusiers qui formaient la garde du château d'Amboise, que, d'après les ordres de M. de Beaujeu, tous les hommes d'armes que renfermait cette royale demeure se rangèrent dans la grande cour, pour faire honneur au monarque moribond qui venait inopinément visiter son fils et héritier.

A la nouvelle de l'arrivée du roi, le Dauphin, sa sœur et son beau-frère accoururent sur le perron qui descendait du château dans la cour, et reçurent Louis avec les témoignages d'un profond respect et d'une pieuse gratitude.

Aidé de ses serviteurs, le vieux roi sortit de sa litière, et marcha péniblement jusqu'à la grande salle du rez-de-chaussée du château... Là il s'arrêta et s'assit dans un fauteuil.

Louis XI, dans le vain espoir de dissimuler aux yeux de son entourage les progrès de sa maladie, s'habillait depuis quelque temps avec une somptuosité qui produisait un effet contraire à celui qu'il en attendait. Sa robe de pourpre doublée d'hermine et son chapeau de drap d'or découpé en forme de couronne ne servaient qu'à rendre plus frappants encore les ravages causés sur toute sa personne par la souffrance.

Ce fut un étrange spectacle que celui offert alors par ce souverain, qui, parvenu au terme d'une carrière pendant le cours de laquelle il s'était plu à tout terrifier autour de lui, venait s'humilier devant les mêmes hommes sur qui il avait fait peser, durant vingt-deux années, un joug de fer, en censurant sa propre conduite par ces mémorables paroles : « Si vous sou-« haitez partager la gloire de vos ancêtres, » dit-il au Dauphin en présence des nombreux spectateurs de cette scène ; car il avait voulu que toutes les portes de la salle restassent ouvertes, afin que chacun pût l'entendre ;

« si vous souhaitez partager la gloire de vos ancêtres, efforcez-vous,
« mon fils, de leur ressembler. Leur exemple suffira à vous apprendre ce
« que vous devez faire...; le mien, ce que vous devez éviter. »

Que doit penser la postérité de ce rigoureux jugement porté sur lui-
même par Louis XI, si ce n'est que Dieu, à qui il plaît de ranimer, aux
approches de la mort, l'intelligence égarée des malheureux atteints
d'aliénation mentale, réveille aussi, en ce moment suprême, la conscience
trop longtemps endormie des tyrans? Et n'est-ce pas d'ailleurs une sorte
de démence morale que cette fureur aveugle qui pousse les hommes à verser le sang de leurs semblables, sous le prétexte de servir la cause du
despotisme, de la religion ou de la liberté?

Louis XI donna ensuite à son fils de sages et louables conseils, et qui,
sortant de la bouche du même monarque dont l'axiome était : *Qui ne
sait pas dissimuler, ne sait pas régner*, durent singulièrement
étonner les assistants. Louis exigea aussi des princes du sang, témoins de
cette entrevue, la promesse de se soumettre sans réclamation aux règle-
ments qu'il ferait pour la régence. Puis il termina cette scène solennelle
en appelant sur le Dauphin la bénédiction du ciel.

Le roi retourna à son château du Plessis ; mais, depuis ce moment, sa
vie ne fut plus qu'une longue agonie. Vainement envoya-t-il de tous côtés des moines et même des religieuses accomplir les pèlerinages qu'il
était depuis longtemps hors d'état de faire en personne ; vainement se
couvrit-il tout le corps de reliques, après avoir été oint une seconde fois,
avec l'autorisation du pape, de l'huile de la sainte ampoule que des chanoines de Reims lui apportèrent ; vainement l'ermite François de Paule,
que l'Eglise a canonisé, vint-il, cédant à ses supplications renouvelées,
l'assister de ses prières : l'heure de la mort allait sonner pour ce monarque, rendu caduc avant l'âge — il avait à peine soixante ans — par des
infirmités précoces et sûrement aussi des remords rongeurs.

Le 30 août de cette année 1483 vit arriver à Amboise le chancelier de

Rochefort, accompagné des principaux officiers de la maison de Louis XI; lequel venait de rendre le dernier soupir, après avoir dit à ceux qui se pressaient autour de son lit :

« Allez trouver le *roi*, et servez-le fidèlement ! »

Peu de temps après l'avénement de Charles VIII au trône, madame de Beaujeu, à qui les volontés dernières de Louis XI avaient attribué la tutelle de son frère et le gouvernement du royaume jusqu'à la majorité du nouveau souverain, conduisit ce dernier au Plessis-du-Parc.

On sait que le feu roi avait transformé ce château de plaisance en une forteresse inexpugnable. Quoique la régente s'empressât de faire disparaître les chausse-trapes dont étaient semés les alentours de Plessis, aussi bien que les gibets qui restaient perpétuellement dressés dans les cours de sa résidence, Charles VIII devait certainement s'y trouver plus à l'abri d'un coup de main qu'en aucun autre lieu.

Or, le duc d'Orléans, qui avait cependant juré à Louis XI de respecter religieusement toutes ses dispositions testamentaires, était soupçonné de vouloir enlever à son profit la régence à madame de Beaujeu.

Bien que Louis d'Orléans ignorât qu'Anne eût entendu sa conversation avec Dunois le soir des fiançailles de Charles et de Marguerite, néanmoins il ne pouvait douter qu'il eût en elle une implacable ennemie. L'amour d'une femme et surtout d'une princesse ne saurait être impunément dédaigné.

Cinq ans plus tard, le duc d'Orléans, qui avait pris les armes pour soutenir les droits qu'il prétendait avoir à la régence en sa qualité de premier prince du sang, ayant été vaincu et fait prisonnier dans une bataille que lui livra, près de Saint-Aubin en Bretagne, le sire de la Trémouille, capitaine-général de l'armée royale, fut renfermé dans la tour de Bourges, où il se vit traité fort durement pendant les trois années que dura sa captivité.

Heureusement pour lui, le roi Charles, touché des supplications et des pleurs de sa sœur Jeanne, qui vint un jour se jeter à ses pieds pour lui demander la grâce du duc, voulut commencer par un acte de clémence l'exercice d'un pouvoir dont madame de Beaujeu, devenue duchesse de Bourbon par la mort du frère aîné de son mari, tardait singulièrement à se dessaisir.

Ce fut donc de son autorité privée que le jeune et généreux monarque fit ouvrir les portes de la prison de son parent ; mais lui-même connaissait si bien l'inflexibilité du courroux d'Anne contre le duc, qu'il jugea prudent de recourir à la ruse pour en venir plus sûrement à ses fins.

Il prétexta une partie de chasse, afin de se soustraire à la surveillance de madame de Bourbon, et se rendant aussitôt dans un château proche de la ville de Bourges, il envoya deux de ses chambellans délivrer Louis.

Anne parut vivement blessée de ce coup d'autorité de son frère et pupille, qu'elle laissa dès lors régner seul. Longtemps encore, elle garda une attitude hautaine vis-à-vis du duc d'Orléans, pour lequel, au contraire, le duc de Bourbon, qui, à la vérité, n'avait pas les mêmes griefs que sa femme contre le prince, se montra extrêmement prévenant et courtois.

Mais revenons à Amboise, dont cette courte digression nous a momentanément écartés.

La reine Charlotte, aussitôt après la mort de son mari, avait abandonné Loches, triste séjour où Louis XI envoyait les princes, cardinaux et autres, accusés ou soupçonnés de trahison envers lui, gémir dans des cages de fer.

Selon les annalistes du temps, ces cages, prisons plus convenables pour des bêtes fauves que pour des hommes, furent inventées par les célèbres évêques d'Angers et de Verdun, — La Balue et d'Haraucourt. Pourtant il est notoire que l'usage de ces sortes de cages était connu en Asie dès le commencement de ce siècle, puisque le farouche conquérant mogol, Timour-Lenk, ou Tamerlan, comme l'appellent les Européens, y

avait tenu renfermé le sultan de Constantinople, Bajazet Ier, fait prisonnier
par lui à la bataille d'Ancyre, en 1401.

Donc, la pauvre Charlotte, heureuse de pouvoir enfin quitter une demeure dont, sans égard pour elle, le feu roi avait fait une prison d'Etat,
s'était fixée à Amboise. Ce fut dans ce château qu'elle mourut peu de
mois après son mari, non sans avoir hasardé quelques infructueuses et
ridicules tentatives pour obtenir, au détriment de sa fille aînée, et à l'en-
contre des volontés dernières de Louis XI, une régence dont elle eût certainement été incapable de soutenir le fardeau.

Charles VIII, qui depuis son couronnement habitait tour à tour Paris,
Vincennes et le Plessis, établit de nouveau sa cour à Amboise, lorsqu'il
eut épousé cette belle héritière de Bretagne dont nous l'avons vu se
préoccuper à l'époque de ses fiançailles avec mademoiselle d'Autriche.

Cette dernière princesse, après avoir passé neuf années en France, fut
reconduite en Flandre avec de grands honneurs, ce qui n'empêcha pas
qu'elle fût très-mortifiée et très-chagrine de ce renvoi, dont Maximilien,
son père, se montra fort courroucé.

Mais les conséquences du ressentiment de Maximilien étaient trop peu
redoutables pour que le roi de France renonçât, par crainte d'une guerre
avec ce prince, au mariage avantageux dont la négociation avait été si
habilement conduite par le comte de Dunois.

Ce seigneur, qui, ainsi que Comines et les principaux conseillers de
Louis d'Orléans, était tombé dans la disgrâce de madame de Beaujeu,
voulut conquérir la faveur du jeune roi en lui ménageant une alliance
d'autant plus souhaitable, qu'Anne, dont le père et la sœur cadette n'existaient plus, se trouvait unique héritière du beau duché de Bretagne, lequel
allait ainsi être réuni à la couronne de France.

Ce n'avait pas été chose facile que de décider mademoiselle de Bretagne à devenir l'épouse du roi Charles. Cette princesse, dont les historiens ses contemporains vantent la haute raison, la solide piété et la

force de caractère, nous inspire cependant peu de sympathie. Suivant un dicton populaire, on a ordinairement les défauts de ses qualités. Or, Anne nous paraît avoir poussé si loin ces défauts, que les qualités mêmes qui en étaient la source s'en trouvent fort obscurcies. Malgré sa sagesse et sa dévotion, elle se montre à nos yeux, dans tout le cours de sa vie, intéressée, opiniâtre, vindicative, et aussi tyrannique avec ceux dont elle connaissait l'attachement dévoué, que soumise envers quiconque savait la dominer.

Ainsi nous la voyons d'abord persister à garder sa foi au père de Marguerite d'Autriche, l'archiduc Maximilien, qu'elle n'avait jamais vu, don. l'âge, les goûts, ni l'humeur, n'étaient pas en rapport avec les siens, et qui, après l'avoir épousée par procuration, ne fit aucun effort pour surmonter les obstacles qui s'opposaient à leur réunion. Puis, lorsque, cédant aux instances de ses conseillers, de ses amis les plus zélés, elle consent à demander au pape l'annulation de cet étrange mariage, et à donner sa main, redevenue libre, au souverain de la France, à peine accorde-t-elle un regret à cet aimable et séduisant Louis d'Orléans qui s'était *enamouré* d'elle pendant un séjour qu'il avait fait à la cour du duc François; ajoutons que de son côté elle avait conçu une passion que les engagements de Louis avec la triste Jeanne n'avaient point suffi à éteindre, mais que les propositions d'un prince couronné réussirent à étouffer.

Peu après son mariage avec Charles VIII, qui eut lieu sans pompe à Langeais, et son couronnement, lequel se fit à Saint-Denis avec une grande splendeur, la jeune reine fut conduite par son époux au château d'Amboise, où ce prince était né, et qu'il se proposait d'embellir.

Son départ pour l'Italie, qu'il se flattait présomptueusement de conquérir, retarda l'exécution de ce projet, dont il s'occupa de nouveau à son retour. Il fit dresser divers plans et commencer la construction d'un nouveau bâtiment qui devait être superbement décoré.

Un accident funeste interrompit ces travaux, que le roi était venu surveiller.

Un jour, comme Charles conduisait la reine dans le jeu de paume, où l'on ne parvenait de l'intérieur du château qu'en traversant une galerie basse et sombre, il se heurta la tête, bien qu'il fût de petite stature, à la voûte que formait l'ouverture d'une porte cintrée. Il ne parut pas s'en préoccuper, et continua sa marche vers le jeu de paume, où il assista même à plusieurs parties. Mais en repassant par cette galerie pour gagner ses appartements, il eut un éblouissement et tomba sans connaissance.

Le roi resta neuf heures dans cet état et dans ce lieu, *le plus vilain et le plus mal accommodé* de sa demeure, et d'où personne ne songea à le retirer, soit que le trouble et la consternation causés par cet événément ôtassent à chacun toute présence d'esprit, soit qu'on craignît de précipiter sa dernière heure par le plus léger mouvement.

Charles ne recouvra pas l'usage de ses sens. Il expira étendu sur un mauvais matelas, vers onze heures du soir, le 7 avril 1498. Il était âgé seulement de vingt-huit ans. Certes, ce fut une triste fin que celle de ce *vaillant et gentil* monarque, comme le qualifient les chroniqueurs de son siècle.

La reine manifesta une grande douleur de la perte de son époux, dont elle n'ignorait cependant pas les fréquentes infidélités. Elle lui avait donné quatre enfants qui tous étaient morts en bas âge. Mais, pour se consoler de ne pouvoir continuer son rôle de souveraine par celui de régente, Anne avait la perspective de remonter bientôt sur le trône de France, où le constant amour du duc d'Orléans, qui allait l'occuper sous le nom de Louis XII, ne pouvait tarder longtemps à la replacer.

Un service funèbre d'une magnificence extraordinaire fut célébré dans la chapelle du château d'Amboise, pour le repos de l'âme du défunt roi, par les ordres et, assure-t-on aussi, aux frais de son successeur. Celui-ci se montra pourtant dans la suite non moins ménager de ses propres deniers que de ceux de ses sujets, qui eussent dû lui savoir gré de cet esprit d'épargne, à l'aide duquel Louis XII put diminuer les impôts que chacun de ses prédécesseurs, depuis Charles V, avait au contraire augmentés. Mais les peuples, comme les rois, sont quelquefois ingrats.

Les Parisiens ridiculisèrent cette tendance du monarque à une économie peut-être excessive (dont au reste les courtisans auraient seuls eu lieu de se plaindre), dans des farces où, sous un costume auquel il était impossible de ne pas reconnaître Louis, des histrions le représentaient malade et entouré de médecins. Ceux-ci, après s'être mutuellement consultés, faisaient avaler une certaine dose d'or potable à leur patient, qui se trouvait incontinent soulagé et n'éprouvait bientôt plus qu'une soif inextinguible du susdit breuvage.

On instruisit Louis de cette hardiesse, ainsi que du prodigieux succès qu'elle avait ; et comme on le pressait de châtier les insolents qui osaient bafouer sur les tréteaux la personne royale, il répondit :

« J'aime mieux voir les courtisans rire de mon avarice que le peuple pleurer de mes prodigalités. Laissons-les donc tous se divertir, pourvu qu'ils n'attentent point au respect dû aux dames. »

Nous ne pensons pas qu'aucun prince constitutionnel de notre époque pousserait plus loin la tolérance et la mansuétude.

« Obtenez la cassation de votre mariage avec Jeanne de France, et je vous abandonne ma main, » avait répondu, le visage encore humide de larmes et assombri plus peut-être par le reflet de ses habits de deuil que par celui du chagrin dont son cœur était rempli, la veuve de Charles VIII, lorsque le nouveau roi avait timidement mêlé à des paroles de sympathie pour sa douleur quelques allusions à leur ancien attachement.

Il est à remarquer que ce fut Anne de Bretagne qui, vraisemblablement afin de rendre plus ostensible la profondeur de ses regrets, se vêtit la première tout de noir, à la mort de son mari, au lieu de s'habiller de blanc, comme l'avaient fait jusqu'alors les veuves des rois de France.

Neuf mois après, César Borgia, neveu du pape Alexandre VI, ayant apporté à Louis XII la bulle par laquelle le souverain pontife déclarait nulle l'union contractée entre Louis d'Orléans et Jeanne de France, la dissolution de ce mariage fut publiquement annoncée dans l'église de Saint-Denis d'Amboise.

Cette malheureuse fille de Louise XI, dont les vertus et l'affection dévouée avaient été impuissantes à gagner le cœur de l'homme à la destinée duquel on l'avait liée dès sa plus tendre enfance, se retira alors à Bourges, où elle fonda le couvent des Annonciades, et mourut en 1504.

Anne de Bretagne, dont le mariage avec Louis suivit immédiatement la sentence de divorce qui séparait ce prince de sa première épouse, ne revint à Amboise qu'en 1500. Le roi, qui par un raffinement de délicatesse avait voulu la laisser rentrer seule dans ce château, encore rempli des souvenirs de Charles VIII, ne tarda pas cependant à l'y rejoindre.

Ce monarque fit dessiner et planter le jardin dit *royal;* c'est également à lui qu'on doit la grande galerie qui borde le château du côté de la rivière, et le beau balcon d'où l'on a en vue l'ancien couvent des Minimes. Néanmoins, le roi et la reine ne fixèrent pas leur résidence à Amboise; ils habitèrent successivement Blois, Loches, Chinon et Paris.

L'ancienne demeure de Charles VIII devint, vers 1504, le séjour habituel de Louise de Savoie, alors veuve du comte Charles d'Angoulème, cousin de Louis XII, et réputé le *plus homme de bien parmi les princes du sang.*

Cette princesse avait passé les premières années de son veuvage à Romorantin, où elle s'occupait de l'éducation de son fils et de sa fille, François et Marguerite. Comme le premier de ces enfants devait succéder à Louis XII, dans le cas où celui-ci n'aurait point d'héritier mâle direct, le roi lui avait donné un gouverneur bien capable à tous égards de remplir la tâche difficile d'élever un futur souverain : c'était Pierre de Rohan, maréchal de Gié.

Le maréchal de Gié, issu d'une des premières maisons de Bretagne, très-riche, fort estimé du roi qui appréciait la loyauté et la franchise de son caractère, se laissa captiver par les attraits de la jeune veuve.

Celle-ci ne mit peut-être pas, dans ses rapports journaliers avec le gouverneur de son fils, une réserve suffisante à décourager ses espérances un peu présomptueuses. Toujours est-il que Pierre de Rohan, de plus en plus épris de madame d'Angoulême, se hasarda, une après-dînée qu'il se trouvait avec elle sur le balcon de la nouvelle galerie construite par le monarque régnant, à lui adresser quelques phrases de galanterie dont la princesse ne parut nullement offensée.

Le seigneur breton, qui ne manquait pas de confiance en son mérite et en ses agréments physiques, présuma qu'une déclaration plus précise serait favorablement accueillie; il osa prendre la main de Louise, qui feignit de croire que M. de Gié voulait la conduire dans le cabinet de travail du jeune comte d'Angoulême, où, à la vérité, elle et lui avaient coutume de s'entretenir chaque jour des études, des progrès du prince, et aussi quelquefois du brillant avenir qui lui était réservé, si Louis XII, qu'Anne de Bretagne avait rendu père de deux filles, venait à mourir sans postérité masculine.

Quoique M. de Gié ne fût aucunement disposé, en cet instant, à s'occuper de son élève, il céda à la volonté de madame d'Angoulême, qui se dirigea vers le cabinet situé à l'une des extrémités de la galerie. D'ailleurs, Pierre de Rohan imaginait, — et en ceci son imagination, bien qu'un peu exaltée par l'amour, ne s'illusionnait pas, — que la princesse ne serait pas fâchée de lui voir reprendre le sujet de conversation qu'il avait un peu hardiment abordé, mais qu'elle désirait ne pas courir le risque de voir leur entretien interrompu par l'arrivée de quelque importun.

Sous l'impression de cette idée, le maréchal, après être entré dans le cabinet et avoir conduit madame d'Angoulême au fauteuil qu'elle occupait ordinairement auprès de la fenêtre qui éclairait cette pièce, alla s'adosser à quelques pas d'elle, contre une armoire à grillage doublé de taffetas de Florence, et qui servait, comme on disait alors, de *librairie*.

Ainsi placé, Pierre de Rohan avait en vue directe la galerie dans toute sa longueur, de sorte que nul ne pouvait venir le surprendre dans le cabinet, dont, pour éviter de donner à son tête-à-tête avec la princesse un air de mystère, il laissa relevée la portière de tapisserie.

Cependant Louise de Savoie, qui, comme la plupart des femmes devenues veuves dans leur jeune âge, était fort savante dans l'art de la coquetterie, gardait une attitude nonchalante et jouait avec un de ces petits miroirs entourés de plumes de paon et soutenus par un manche d'ivoire, que les grandes dames de ce temps portaient attachés à leur ceinture, et qui leur servaient d'éventail.

Toutefois, malgré l'indifférence qu'affectait la princesse, il était facile de juger au mouvement incessant et inégal de son pied, qu'une secrète impatience l'agitait... C'est que le maréchal, toujours debout près d'elle, ne se lassait pas de la contempler, et l'admiration extatique dans laquelle il demeurait plongé lui ôtait la faculté de traduire sa pensée autrement que par ses regards. Mais ce langage muet ne suffisant pas apparemment à satisfaire la curiosité de madame d'Angoulême, elle rompit la première le silence :

« M. le maréchal, n'y a-t-il pas dans cette librairie une copie de ce *Traité des Chasses*, enrichi de peintures, dont le comte Jean de Foix fit cadeau au duc Philippe le Bon de Bourgogne?

— Vraiment, je le crois ainsi, répondit Rohan de l'air étonné d'un homme qu'on réveille en sursaut.— Auriez-vous désir de le lire ? ajouta-t-il après une courte pause.

— Mais oui, dit la princesse. Notre sage et docte souveraine, continua-t-elle avec une intonation de voix légèrement sardonique, est si experte dans la science de la fauconnerie et de la vénerie, que j'ai honte de me trouver si ignorante, lorsqu'on traite devant moi et en sa royale présence cet intéressant sujet. »

Effectivement, Anne de Bretagne avait un splendide équipage de chasse, dont elle se servait souvent. Cette reine, dont le caractère naturellement dominateur avait ployé sous la volonté de son premier époux, qui, quoique aimable et bon, ne s'était jamais montré complaisant et soumis envers elle, comme le fut son successeur ; cette reine, disons-nous, ne vivait pas en parfaite intelligence avec les princesses du sang.

Loin de suivre l'exemple de Louis XII, — qui avait bien prouvé, par sa conduite envers la duchesse de Bourbon et le sire de La Trémouille, contre lesquels il avait cependant eu de violents griefs, que ces paroles prononcées par lui lors de son avénement au trône : *Ce n'est pas au roi de France à venger les injures faites au duc d'Orléans,* n'étaient pas mensongères, — Anne de Bretagne avait toujours témoigné de l'éloignement non-seulement pour madame de Bourbon, à qui elle ne pardonnait pas d'avoir exercé, en sa place, la régence, pendant l'expédition en Italie de Charles VIII, mais encore pour la comtesse d'Angoulême.

Cette dernière était douée, elle aussi, d'un esprit ferme qui la rendait très-propre à gouverner ; et la reine qui, ainsi que nous l'avons précédemment dit, n'avait que des filles, présumant que Louis (plus âgé que sa femme, de seize ans) mourrait avant elle, prévoyait le moment où l'autorité de la mère de François d'Angoulême prévaudrait sur la sienne.

Mais les prévisions humaines ne se vérifient pas toujours... Ainsi en fut-il à l'égard de celles d'Anne, car elle précéda dans la tombe son second époux, et ne vit pas, par conséquent, — spectacle pénible pour les femmes qui ont été reines, — une autre princesse tenir la première place à la cour.

De ces rivalités, dont l'une n'était pourtant plus qu'un souvenir, et l'autre une appréhension, était née entre la reine, la duchesse de Bourbon et la comtesse d'Angoulême, une inimitié sourde qui se décelait dans des circonstances quelquefois importantes, souvent puériles.

« Madame la reine a effectivement un goût très-vif pour le noble plaisir de la chasse, avait répondu d'un air distrait le maréchal de Gié à la remarque de madame d'Angoulême.

— Ce goût me semble si excessif, que je l'appellerais volontiers une passion, reprit la princesse.

— Heureux, murmura Pierre de Rohan avec un soupir, ceux qui n'en ressentent point d'autre que celle-là !

— Mais, objecta Louise, sans les passions, à peine nous sentirions-nous vivre !

— Hé ! madame, s'il est des passions qui font vivre, il en est aussi qui font mourir !

— Vraiment, M. de Gié, vous êtes aujourd'hui tout à fait lamentable.

— Comment en pourrait-il être autrement, pour celui qui languit d'amour depuis un si long temps !

— Par ainsi, mon pauvre maréchal, vous vous êtes enamouré d'une cruelle ? » demanda madame d'Angoulême d'un ton demi-sérieux, demi-badin qui dut fort encourager le maréchal. Aussi fut-ce avec une inflexion de voix singulièrement tendre qu'il repartit :

« Las ! oui, madame.

— Et..., demanda la princesse en hésitant un peu, depuis quand souffrez-vous ce *doux martyre ?*

— Depuis le jour où les beaux yeux de celle que j'adore se sont rencontrés pour la première fois avec les miens.

— Une flamme aussi constante mériterait cependant d'être payée d'un peu de retour, » remarqua Louise qui, par cette observation irréfléchie ou peut-être au contraire méditée, donnait à entendre à son soupirant que

besoin n'était qu'il lui nommât l'objet de son culte, car la réponse du
maréchal n'indiquait aucunement si l'époque à laquelle il faisait allusion
était proche ou éloignée, et madame d'Angoulême venait de lui prouver
qu'elle en connaissait maintenant la date...

Cette date remontait à la célébration des noces de Louise de Savoie et
de Charles d'Angoulême, le seigneur breton ayant rempli un rôle dans
une belle mascarade qui avait eu lieu à l'hôtel de Bourbon en cette occasion. La princesse était nièce, par sa mère, de MM. de Bourbon.

M. de Rohan-Gié éprouva une sensation de joie en voyant combien la mémoire de madame d'Angoulême était fidèle. Un sourire de
triomphe glissa sur ses lèvres ; quelque furtif que fut ce sourire, il eût
peut-être compromis le succès de la cause du maréchal, si Louise l'avait
pu saisir. Mais la tête de Pierre de Rohan se trouvait trop dans l'ombre
pour que les mouvements de sa physionomie fussent perceptibles pour
la princesse.

« On ne peut guère espérer de retour pour les sentiments tellement
cachés, qu'ils restent inconnus même à celle qui les inspire, dit le maréchal.

— Certes, fit gaiement Louise, vous auriez mauvaise grâce à vous
plaindre des rigueurs de la dame de vos pensées, si vous n'avez rien tenté
pour la fléchir !

— Comment l'oserais-je? C'est une si grande et si noble dame...

— Auriez-vous présumé qu'elle vous ferait les premières avances?

— Par Saint-Yves ! s'écria le Breton, quelque belle opinion qu'un
homme puisse avoir de lui-même, il ne saurait être si outrecuidant.

— Lors, qu'attendez-vous?

— Qu'une âme compatissante daigne prendre en pitié ma souffrance.

— Cette âme compatissante, serait-ce la mienne, par aventure? demanda doucement la princesse.

— O madame ! si vous étiez assez bonne pour devenir mon avocate, je vous en garderais une éternelle reconnaissance! » répondit Rohan en fléchissant le genou devant la comtesse d'Angoulême.

Celle-ci lui enjoignit du geste de se lever.

« Si quelqu'un vous surprenait dans cette posture, on imaginerait que vous m'adressez à moi-même des paroles d'amour, dit-elle.

— Qui serait assez irrévérencieux pour pénétrer jusqu'en ce lieu, sans votre assentiment? repartit le maréchal en se relevant.

— Mon fils pourrait venir... Ce cabinet est le sien. Que penserait-il en voyant son gouverneur aux genoux de sa mère? Tout enfant qu'il est encore, il comprendrait qu'on parle d'amour, et ces idées-là s'éveillent toujours assez tôt chez les princes... Si vous avez des confidences à me faire, mieux vaudrait venir me trouver... demain... dans mon oratoire...

— Oh! je vous prie, madame..., » insista Pierre de Rohan, qui ne poussa pas la présomption jusqu'à imaginer que la princesse lui accordait déjà un rendez-vous et qui craignit qu'elle ne se repentît de sa condescendance s'il lui laissait le loisir de la réflexion. — La réflexion est souvent fatale aux amoureux.

« Vous êtes bien pressant et bien pressé, M. de Rohan! Mais, puisque je me suis presque engagée à vous servir dans cette affaire, je ne me rétracterai pas. Voyons quels seraient les arguments que vous emploieriez pour convaincre de votre amour la dame à qui vous avez donné votre cœur, et dont je vous loue d'avoir discrètement tu le nom...

— Que vous avez dû deviner, madame? » ajouta timidement le maréchal.

Mais sa question demeura sans réponse, ce dont il se réjouit fort; car, en cette occurrence, les paroles de la princesse eussent certainement été beaucoup moins explicites que son silence.

En conséquence, le Breton, de plus en plus content et enhardi, commença ainsi :

« Je lui dirais, madame, que jamais princesse ni reine d'Orient ou d'Occident n'eut d'esclave aussi soumis, aussi dévoué, aussi fidèle, que le serait l'amant, jusqu'à présent infortuné, qui soupire et brûle d'amour pour elle, s'il lui était permis — honneur auquel il n'aspire qu'en tremblant — de consacrer le reste de sa vie à l'adoration de son idole. »

Cet exorde, que Pierre de Rohan avait peut-être emprunté à quelque histoire de chevalerie, de même que les amants d'aujourd'hui s'inspirent volontiers, dans des circonstances analogues à celles-ci, des œuvres de nos plus célèbres romanciers ; cet exorde parut être fort au goût de madame d'Angoulême, laquelle fixait son plus doux regard sur le maréchal.

Celui-ci, heureux de voir l'expression de ses vœux si favorablement accueillie, continua de cet air mélangé de modestie et de fierté qui sied si bien aux hommes d'un mérite reconnu et les sert souvent mieux auprès des femmes qu'une fausse humilité :

« Le nom que je porte est — on me pardonnera cette vanterie, puisqu'elle se rapporte plus à mes aïeux qu'à moi-même — un des plus illustres parmi ceux dont la Bretagne et aussi la France entière s'honorent... Ma fortune est assez considérable pour que je puisse rivaliser en magnificence même avec les princes du sang... Ma renommée est, sinon aussi glorieuse que je souhaiterais qu'elle le fût, pour en faire hommage à la noble et puissante dame à laquelle j'ose adresser mes vœux, du moins inattaquable, car tout seigneur ou chevalier qui a combattu avec ou contre moi, sait si je suis *haut à la main* en champ clos comme sur celui de bataille. Et ayant ainsi énuméré les avantages dont il est permis à un homme de se vanter sans encourir l'accusation de forfanterie, il ne me reste plus qu'à déposer aux pieds de la dame aimée et révérée, pour qui je voudrais pouvoir conquérir une couronne, tout ce que je possède, mon nom, ma fortune, ma renommée, y joignant l'offre de mon cœur et de ma main. »

Si la chaleur avec laquelle Pierre de Rohan exprimait ses sentiments ne l'eût exalté au point que son attention, se détachant peu à peu de la princesse, finit par se concentrer entièrement sur lui-même, il n'eût cer-

tainement pas poursuivi ainsi résolûment jusqu'au bout le précédent discours

Mais si sa préoccupation l'empêcha de lire sur la physionomie de madame d'Angoulême les progrès de l'étonnement qui se peignait sur tous les traits de cette dernière à mesure que M. de Gié approchait de sa péroraison, sa stupéfaction n'en fut que plus grande lorsque ayant cessé de parler, et s'étant respectueusement incliné devant la princesse, il leva la tête et lut dans les yeux de cette femme naguère si encourageante, un sentiment de courroux que rendit plus expressif la courbure dédaigneuse de ses lèvres, d'où tombèrent avec une lenteur calculée, pour les rendre plus incisives, ces paroles qui semblèrent inexplicables au maréchal, tant il les trouva en contradiction avec le début de leur entretien :

« M. le maréchal, il paraît que nous ne nous étions pas compris... J'avais cru que mon office d'avocate se bornerait à exciter quelque mouvement de tendre sympathie pour les souffrances de votre cœur dans celui de la haute et puissante dame dont, quoi que vous imaginiez, je ne sais ni ne veux savoir le nom. Je ne pensais pas que vous fussiez si... exigeant que de me charger de transmettre une proposition de mariage... »

En achevant ces mots, Louise de Savoie se leva, et sortit du cabinet, où elle laissa le seigneur breton tout étourdi de cette brusque péripétie.

« Par le jour-Dieu ! s'écria Pierre de Rohan, qui, ayant vécu dans l'intimité du roi Charles VIII, avait contracté l'habitude de certaines locutions et de certains jurements familiers à ce prince; par le jour-Dieu ! le cœur des femmes est une énigme plus difficile à deviner que celles que proposait le sphinx de la Fable. Qui ne se serait mépris sur les sentiments et les intentions de cette altière veuve? N'aurait-elle eu, par aventure, d'autre idée en m'encourageant à lui faire l'aveu de mon amour et l'offre de ma main, que celle de se rire des folles prétentions du maréchal de Gié avec tous ces damoiseaux qu'elle attire ici, sous le prétexte de tenir compagnie à son fils, mais en réalité, je crois, pour se former un cercle de jouvenceaux?... Par ainsi, voilà l'énigme devinée! Madame d'Angoulème, se trouvant trop belle et trop jeune pour renoncer aux bénéfices de sa liberté, m'aurait accepté plus volontiers pour galant que pour époux... Sur ma foi, il se pourrait bien que plus tard, quand d'aucuns ne se soucieront pas de porter ses chaînes, elle vienne à son tour à s'énamourer de quelque beau et vaillant seigneur qui lui rendra l'affront qu'elle me fait aujourd'hui! »

Et à cette pensée, le maréchal, qui d'ailleurs soutint bravement, dans la suite, des épreuves autrement rudes que celles-ci, se prit à rire du désappointement de la princesse et de sa propre déconvenue.

Cet accès de franche hilarité, témoignage irréfragable de l'humeur philosophique de Pierre de Rohan, fut interrompu par l'approche du jeune comte d'Angoulême, lequel était alors âgé seulement de dix ans.

M. de Gié, au bruit des pas de son élève, quitta à son tour le cabinet et s'avança dans la galerie.

« Mon cher gouverneur, se hâta de lui dire François dès qu'il l'aperçut, n'irons-nous pas promener aujourd'hui au dehors de l'enceinte des jardins de ce château? J'ai promis à ma sœur de lui laisser monter la haquenée dont vous m'avez fait présent.

— Vous savez, répondit M. de Gié, que je ne me mêle en rien de ce qui concerne mademoiselle d'Angoulême. Si vous souhaitez qu'elle essaye votre haquenée et qu'elle vous accompagne dans notre promenade, il faut en obtenir la permission de la comtesse votre mère.

— Je préférerais cependant, repartit le jeune prince, que vous vous chargeassiez vous-même de lui présenter ma requête... Je serais plus sûr de ne point être refusé.

— Vraiment, s'écria le seigneur breton, vous vous trompez étrangement encore, mon cher François... Et quand bien même il en serait ainsi que vous le prétendez, je ne pourrais me charger, à cette heure, de votre message, car j'attends l'arrivée d'un courrier de Chinon, où la cour habite présentement.

— En ce cas, je retourne vers Marguerite,» dit François, un peu mécontent et fort étonné de l'assertion, à son avis très-erronée, dont le maréchal corroborait son refus de lui servir d'interprète auprès de madame d'Angoulême.

Le courrier attendu par M. de Gié ne tarda pas à arriver. Il était porteur d'une lettre de Louis XII, qui informait son fidèle serviteur et ami Pierre de Rohan, lequel commandait dans le château d'Amboise en même temps qu'il dirigeait l'éducation de François d'Angoulême, que la cour, qui quittait Chinon pour se rendre à Blois, s'arrêterait à Amboise et y passerait quelques jours.

En conséquence, le maréchal donna ses ordres pour la réception royale et s'empressa, avec sa déférence accoutumée, d'en faire prévenir immédiatement la comtesse d'Angoulême.

Au reste, la mère et le gouverneur du jeune prince qui devait un jour régner sur la France ne se trouvèrent vis-à-vis l'un de l'autre qu'en présence de Louis XII, qui, ainsi qu'il l'avait annoncé, arriva le lendemain à Amboise avec la reine.

Madame de Bourbon les accompagnait. Cette princesse, alors veuve, était traitée avec beaucoup d'égards à la cour de Louis, bien qu'Anne de Bretagne, ainsi que nous l'avons déjà remarqué, n'eût pour elle aucune sympathie.

On sait que cette reine fut la première qui appela auprès d'elle des demoiselles de maisons nobles, dont elle se plaisait à surveiller l'éducation et la conduite.

Assurément, Anne était loin de prévoir les désordres qu'amènerait à la cour, sous d'autres règnes, cette innovation, laquelle lui semblait avoir l'inappréciable avantage d'inculquer à de jeunes têtes, faciles à égarer, les principes de piété et de sagesse dont elle-même ne s'écarta jamais. Nul n'ignore quel parti le machiavélisme de Catherine de Médicis sut tirer des charmes de ses filles d'honneur, et comme elle utilisa, au profit de sa détestable politique, les conquêtes que faisait, par ses ordres, son *escadron volant.*

Parmi les nobles demoiselles qui composaient le gracieux cortége de la reine Anne, lorsqu'elle arriva au château d'Amboise, on distinguait deux charmantes princesses. L'une était Germaine de Foix, nièce de Louis XII et sœur de Gaston, cet aimable et vaillant héros qui périt au printemps de sa vie à la bataille de Ravenne. L'autre était Suzanne de Bourbon, seul enfant né de l'union d'Anne de France et du sire de Beaujeu.

L'entourage du roi et de la reine n'était pas alors aussi brillant en braves chevaliers qu'en belles demoiselles, la plupart des seigneurs en âge de faire la guerre ayant brigué l'honneur d'être envoyés en Italie, où Louis entretenait une armée considérable et s'efforçait de continuer la lutte désastreuse entamée par son prédécesseur Charles VIII.

Pourtant, il y avait encore à la cour plus d'un rejeton d'illustre famille. Nous citerons, entre autres, le duc d'Alençon, qui devait épouser mademoiselle de Bourbon et qui eut pour femme mademoiselle d'Angoulême ; le comte Charles de Montpensier, alors âgé de quinze à seize ans et qui, plus tard, devenu duc de Bourbon et connétable de France, acquit une si déplorable célébrité en combattant contre sa patrie ; M. de Vandenesse, frère puîné du marquis de La Palisse, qui commandait un corps d'armée en Italie ; et Guillaume Gouffier, plus connu sous le nom de Bonnivet.

M. de Gié avait ordonné toutes sortes de divertissements pour égayer le séjour du roi à Amboise ; mais Louis n'était aucunement en disposition d'assister à des fêtes. Sa santé se ressentait de l'inquiétude où le jetaient les tristes nouvelles qui lui arrivaient chaque jour d'Italie et les contrariétés que lui causait l'opiniâtre opposition d'Anne à l'accomplissement de diverses résolutions, inspirées à ce monarque par une sage politique.

Ainsi en était-il de l'union de François d'Angoulême et de Claude de France, fille aînée de Louis et d'Anne, union projetée par le roi et contre laquelle se prononçait fortement la reine, qui, même lorsqu'il s'agissait des affaires de l'État, n'écoutait que ses préventions personnelles. Ainsi en fut-il également plus tard, lors des démêlés qu'eut Louis XII avec Jules II.

Anne, oubliant sans doute que ce pontife guerrier était l'ennemi de son mari et de la France, plaidait avec tant de chaleur et d'obstination la cause du saint-siége, que le roi, impatienté, s'écria un jour :

« Le diable m'emporte ! — c'était son jurement favori, — le diable m'emporte ! ma Bretonne, si, à vous entendre blâmer avec tant d'âpreté ce que de célèbres universités ont approuvé, on n'imaginerait pas que vous vous croyez plus savante qu'elles ! Vos confesseurs ne vous ont-ils pas dit que les femmes n'ont point de voix dans l'Eglise ? »

Nonobstant cette remontrance de son époux, la reine, usant du droit de souveraineté que son contrat de mariage lui avait laissé sur la Bretagne, en profita pour défendre aux évêques de cette province de se rendre au concile assemblé à Pise dans des intentions évidemment hostiles à Jules II.

Le roi, en partant, avait laissé auprès du comte d'Angoulême, à la demande de Louise de Savoie, Charles de Montpensier, Guillaume Gouffier et M. de Vandenesse.

Ce dernier avait attiré par sa jolie figure et sa parfaite courtoisie l'attention de madame d'Angoulême, et il est vraisemblable que ce fut afin de pouvoir garder ce brillant chevalier pendant quelque temps au château, sans s'exposer à servir de texte aux malicieuses remarques de son entourage, que la princesse pressa les deux autres jeunes seigneurs de demeurer, eux aussi, à Amboise pour y tenir compagnie à son fils.

Montpensier et Gouffier étaient l'un et l'autre plus âgés de cinq à six

ans que François... L'humeur sérieuse et réservée du premier contrastait avec l'esprit enjoué et adulateur du second... Naturellement celui-ci
devait l'emporter sur celui-là dans l'opinion du prince.

La seule personne devant laquelle le caractère orgueilleux de Charles
ployât quelquefois, était mademoiselle d'Angoulême. Quoiqu'elle eût à
peine treize ans, ses grâces, son intelligence et son instruction la rendaient très-supérieure à beaucoup de dames de la cour. Le comte de
Montpensier admira cette aimable et séduisante enfant. L'admiration conduit parfois à l'amour...

Quelque soin que prît le comte pour dérober à des yeux indiscrets les
sentiments qui s'infiltraient pour ainsi dire dans son cœur, Gouffier les
pénétra. Dès lors, ces deux jeunes seigneurs devinrent ennemis... peut-
être parce qu'ils étaient déjà rivaux. Marguerite remarqua, sans toutefois les bien comprendre, ces premiers indices de la passion qu'elle inspira
à Montpensier et qu'elle finit par partager plus tard.

Probablement aussi les malveillantes dispositions de Guillaume Gouffier envers le comte influèrent sur celles de François. Toujours est-il que
ces deux derniers se prirent un jour de querelle, on ne sait à quel propos, pendant une partie de ballon dont ils étaient seulement spectateurs.
On assure que François, dont l'humeur guerroyante se manifestait en
toute occasion, voulait appeler Charles en combat singulier... M. de Gié
parvint, non sans peine, à le calmer ; mais il échoua dans ses tentatives
pour apaiser Montpensier, dont l'irritation, en apparence moins violente
que celle du comte d'Angoulême, était cependant beaucoup plus profonde.

Il partit le même jour, non pas pour Blois : le roi, en arrivant dans cette
résidence, était tombé malade ; mais pour Paris, où il alla rejoindre madame de Bourbon, sa parente et sa marraine, qui s'était séparée de la
cour en quittant Amboise.

Le départ précipité de Montpensier fut à peine remarqué de madame d'Angoulême, dont le goût pour M. de Vandenesse devenait de plus en plus vif. Ce seigneur, flatté de se voir l'objet de la préférence d'une si grande et noble dame, eut l'imprudence d'adopter ses couleurs. Il s'habilla tout de bleu et argent, au lieu de vert et gris, comme c'était autrefois sa coutume. Ce changement n'échappa pas aux regards de Pierre de Rohan.

Le prétendant éconduit de Louise de Savoie saisit cette occasion de se venger des dédains de la princesse. Il épia les démarches de ce galant favorisé, et un soir, il le surprit se glissant furtivement dans un corridor étroit et obscur, lequel aboutissait à l'appartement de madame d'Angoulême.

« Monsieur, lui dit le maréchal d'un ton sardonique, je sais que les chambres occupées par les femmes de la princesse donnent dans ce corridor... je ne vous demanderai donc pas, comme j'aurais le droit de le faire, en ma qualité de gouverneur de ce château, où vous allez à cette heure, assez indue pour rendre des visites... Je me bornerai à vous prier de rétrograder immédiatement et à vous enjoindre de quitter dès demain matin cette royale demeure, dont je ne permets le séjour qu'à ceux dont les exemples ne peuvent pas être pernicieux à mon élève. »

M. de Vandenesse, craignant de compromettre madame d'Angoulême par une résistance d'ailleurs inutile, car le maréchal de Gié commandait en maître à Amboise, M. de Vandenesse ne répliqua pas, et le lendemain il quitta le château sans avoir même pu présenter ses devoirs à la princesse.

Celle-ci, en apprenant ce départ soudain, l'attribua naturellement à M. de Gié. Elle regarda ce trait d'absolutisme du gouverneur de son fils comme un acte de représailles dont elle dévora silencieusement l'affront, en se promettant toutefois de l'en faire repentir un jour. Au reste elle ne revit plus M. de Vandenesse, qui se couvrit de gloire dans la guerre d'Italie et perdit la vie dans cette même bataille de Rebec où périt Bayard.

Ce coup d'autorité du maréchal fut bientôt suivi d'un autre non moins audacieux.

La maladie du roi avait pris un caractère de gravité fort inquiétant. Anne de Bretagne, tout en l'entourant des soins les plus affectueux, ne négligeait pas ses propres affaires. L'état désespéré dans lequel elle voyait son mari lui suggéra, sur sa propre situation, de judicieuses réflexions.

Déterminée à se retirer, aussitôt veuve, dans son duché de Bretagne, où du moins elle pourrait vivre encore en souveraine, Anne fit emballer ses meubles les plus précieux, ses bijoux, et autres objets qu'elle regardait, à tort ou à raison, comme sa propriété particulière, et elle les envoya à Nantes, par la Loire.

« Par saint Yves ! s'écria Pierre de Rohan, lorsqu'il apprit les mesures au moins prématurées que prenait Anne, *la Bretonne* (c'était ainsi que Louis XII appelait quelquefois Anne, lorsque cette princesse l'obsédait par des remontrances inopportunes), la Bretonne ne perd jamais la tête quand il s'agit de faire triompher ses idées et surtout ses intérêts ! Mais, vrai Dieu, je lui prouverai que je suis de son pays, et que je sais soutenir les droits dont la défense m'a été confiée. Par ma foi, c'est s'y prendre un peu trop tôt pour déménager, et je ne pense pas qu'une bourgeoise agirait avec une précipitation aussi peu séante. Outre que notre bon et bienaimé roi Louis XII n'est pas à une telle extrémité qu'on doive le tenir pour trépassé, Madame la reine ne saurait déplacer ainsi de son autorité privée des effets que le successeur de son époux pourrait bien réclamer comme appartenant à la couronne. »

Ce fut en présence de plusieurs personnes, parmi lesquelles se trouvaient madame d'Angoulême et M. de Pontbriant, chambellan du jeune prince, que M. de Gié tint ces propos, d'autant plus offensants pour Anne de Bretagne qu'on ne pouvait nier la justesse du blâme qu'ils exprimaient.

D'ailleurs le maréchal, toujours très-prompt à mettre à exécution ses

I.   22

idées, donna immédiatement des ordres pour qu'on arrêtât au passage les bateaux expédiés en Bretagne par la reine. Mais, quelque diligence qu'il fît, comme il n'avait pas été prévenu de suite, les bateaux avaient dépassé Amboise quand M. de Gié prit cette précaution, ce que voyant, il envoya ses gendarmes à cheval saisir à Saumur les coffres et les caisses de la reine.

Ce trait d'audace jeta le seigneur breton dans un péril imminent.

Selon les prévisions du maréchal, Louis XII se rétablit. La reine, exaspérée contre Gié, dépeignit à son époux convalescent, sous les plus noires couleurs, la conduite du gouverneur d'Amboise. A force d'obsessions, elle obtint du roi l'ordre de faire arrêter Pierre de Rohan comme coupable du crime de lèse-majesté.

Les faits principaux sur lesquels on basa cette inique accusation furent d'insultantes railleries sur le caractère du roi aussi bien que sur celui de la reine, et une désapprobation méprisante de plusieurs actes du gouvernement de Louis. On glissa légèrement sur le véritable motif de la mise en jugement du maréchal.

Plusieurs témoins furent entendus dans cette affaire. Madame d'Angoulême, qui eût dû savoir gré au gouverneur de son fils d'avoir si chaleureusement pris ses intérêts, le chargea au contraire, ainsi que Pontbriant, lequel avait pourtant de grandes obligations au maréchal, d'où de méchants esprits pourraient être induits à supposer qu'il en avait de plus grandes encore à Louise de Savoie, puisque, pour lui complaire, il manquait tout ensemble au devoir de la reconnaissance et au respect dû à la vérité.

Néanmoins, grâce à la lenteur et à l'habileté avec lesquelles le chancelier Guy de Rochefort, magistrat intègre et loyal, conduisit le procès, il ne se termina pas par une sentence de mort, ainsi que le souhaitaient ces deux rancunières princesses, dont l'esprit acrimonieux, étroit et mesquin ne comprenait pas qu'il y a plus de plaisir et de gloire à pardonner qu'à se venger.

Le parlement de Toulouse, devant lequel cette affaire fut portée, écarta, en dépit des sollicitations dont on l'assaillit, la question du crime de lèse-majesté; mais comme il fallait satisfaire, d'autre part, des exigences souveraines, il prononça que, *pour certains excès et défauts*, le maréchal de Gié perdrait le titre et la place de gouverneur du comte d'Angoulême, son commandement des châteaux d'Amboise et d'Angers; qu'il s'abstiendrait, pendant cinq ans, d'exercer les fonctions de maréchal de France, et serait exilé pendant ce temps-là des lieux où résiderait la cour.

Pierre de Rohan s'estima très-heureux, vu la puissance de ses ennemics, d'en être quitte à si bon marché.

Louis XII, qu'Anne de Bretagne précéda dans la tombe, étant mort en 1515, quelques semaines après qu'il eut épousé en troisièmes noces la princesse Marie d'Angleterre, le comte d'Angoulême, qui avait le titre de duc de Valois depuis son mariage avec Claude de France et qui succéda à son beau-père sous le nom de François Ier, ne tarda pas à revenir dans la résidence d'Amboise pour y célébrer l'union de mademoiselle de Montpensier et du duc de Lorraine.

On rapporte qu'en cette circonstance, le jeune souverain, désirant varier un peu les divertissements dont, en raison du deuil encore récent du feu roi, on devait bannir les danses et les mascarades, fit mettre dans la cour du château un sanglier pris vivant dans la forêt d'Amboise. Toutes les issues par lesquelles on pensait que ce farouche habitant des bois aurait pu s'échapper ayant été soigneusement fermées, la noble compagnie réunie à Amboise s'installa aux fenêtres du premier étage, d'où chacun s'amusa à lui lancer des projectiles.

Tout à coup, un cri d'alarme retentit dans la royale demeure... D'un violent coup de boutoir, le sanglier venait d'enfoncer la porte du grand escalier, déjà il gravissait les degrés, et il allait pénétrer dans les appartements dont l'entrée n'était fermée que par une portière de velours, lorsque le roi, se précipitant hors de la salle où les dames épouvantées se pressaient autour de la reine, et écartant de son passage ceux de ses officiers qui cherchaient à l'arrêter, courut au-devant de l'animal furieux, dont il évita adroitement le premier choc et qu'il perça de son épée.

Il y avait au plus un an que François Ier portait la couronne, lorsqu'à une représentation de mystère, — nous ne savons si ce fut le *Trépassement de Notre-Dame,* ou la *Vie de monseigneur Saint-Denis,* — donnée à grands frais par la ville d'Amboise, le roi fut frappé des séduisants attraits d'une bourgeoise qu'entouraient trois jeunes filles, dont l'aînée avait à peine quinze ans, mais qui toutes promettaient d'égaler, sinon de surpasser en beauté, leur mère.

Le lendemain de cette rencontre fortuite, Philibert Babou, époux de Marie Gaudin, la susdite bourgeoise, obtenait, sans l'avoir sollicité, une place peu importante dans le château, où il ne tarda pas à en occuper une autre beaucoup plus lucrative..., celle de mari d'une maîtresse de roi. Philibert Babou s'en accommoda de si bonne grâce, que, en 1522, le licencieux monarque, voulant le récompenser de son dévouement, créa en sa faveur et lui accorda *gratuitement,* à ce que prétend l'histoire, la charge de trésorier de l'Épargne. Vers la même époque, il lui donna le manoir et la terre de la Bourdaisière, situés à peu de distance d'Amboise.

S'il faut en croire la chronique du temps, les trois filles de Philibert Babou et de Marie Gaudin héritèrent successivement de la faveur royale, qu'elles achetèrent, comme leur mère, au prix de leur honneur. Tous les membres de cette famille, de scandaleuse mémoire, eurent leur sépulture dans l'église de Saint-Florentin. Dans une des chapelles de cette église, existe encore le monument funéraire où l'on voit groupées aux pieds du Christ, étendu mort, sept figures debout, en costume oriental, et dont quatre représentent, à ce qu'on assure, les quatre femmes Gaudin.

C'est François Ier qui a fait construire, au château d'Amboise, l'appartement dit du roi et de la reine. Cependant, malgré le soin qu'il mit à embellir cette résidence, dont Louise de Savoie, qui avait le titre de duchesse depuis l'avénement de son fils au trône, eut le gouvernement et la jouissance jusqu'à sa mort, François lui préféra Chambord. A la vérité, cette dernière demeure était sa création.

Cette duchesse d'Angoulême vivait en souveraine dans le château d'Amboise, qu'elle ne quittait que rarement pour aller passer quelques mois à Paris. Mais ce n'est pas dans la capitale que nous allons la suivre ; sans sortir de la royale demeure dont nous décrivons l'histoire, nous pouvons esquisser plus d'une scène assez caractéristique pour compléter le portrait de cette princesse.

C'était en cette année 1515 avec laquelle avait commencé le règne du jeune monarque, dont l'humeur belliqueuse et l'esprit aventureux attirèrent sur la France de si grandes calamités.

François Ier, qui se proposait de prendre en personne le commandement de l'armée d'Italie, avait voulu, avant de partir, répandre autour de lui ces grâces et ces faveurs par lesquelles tout nouveau souverain marque les débuts de son règne

Parmi ceux qui, en cette circonstance, virent leur mérite distingué et récompensé, il faut citer Charles de Montpensier, devenu duc de Bourbon depuis son mariage avec sa cousine Suzanne, mariage où, malgré les agréments et les qualités que possédait chacun des deux époux, l'inclination du cœur n'était entrée pour rien.

Le désir d'éviter de fâcheuses discussions d'intérêt auxquelles pouvaient donner lieu certaines clauses du testament d'un aïeul, commun aux deux parties contractantes, avait seul décidé Charles, dont le cœur n'était déjà plus libre, à s'unir à la fille unique d'Anne de France.

On n'a sûrement pas oublié la querelle par laquelle s'était manifestée dix ans auparavant, dans ce même château d'Amboise, l'antipathie qui devait toujours, en dépit des rapprochements amenés par d'impérieuses circonstances, tenir éloignés l'un de l'autre ce souverain et ce sujet également braves, fiers, jaloux de l'exercice de leurs droits et du maintien de leurs prérogatives, mais du reste tellement dissemblables sous le rapport des goûts, des idées et des mœurs, que le peu d'analogie qui, sur quelques points, existait entre eux ne pouvait servir qu'à rendre leurs dissensions plus violentes.

En revêtant le duc de la dignité de connétable, François Ier avait donné à celui-ci une marque d'autant plus grande d'estime et de confiance, que depuis la trahison de Saint-Pol, sous Louis XI, cette charge, la première du royaume, n'avait été accordée que longtemps après la mort de ce seigneur, par Anne de France, alors dame de Beaujeu, au duc Jean de Bourbon, frère aîné de son mari. Depuis lors, nul n'avait rempli cette place. On croyait même que, sans l'abolir ouvertement, les rois Charles VIII et Louis XII eussent voulu l'annuler en la laissant toujours vacante.

Tel avait été peut-être aussi le désir de François Ier. Mais les sollicitations de sa sœur Marguerite, maintenant mariée au duc d'Alençon, et à laquelle il porta toute sa vie une vive affection, le décidèrent, à ce qu'il paraît, à confier cette charge à Charles de Bourbon.

Avant de partir pour l'Italie, où, en sa qualité de connétable, et en l'absence du roi, il allait exercer le commandement en chef, le duc devait venir à Amboise, où se trouvait la cour, pour prendre congé du roi.

Il y avait cercle chez la reine, le jour où le prince arriva au château. Il y était attendu, et il se trouva, par hasard ou autrement, qu'au moment où il entra à cheval dans la grande cour, suivi d'un cortége de gentils-hommes, tous richement vêtus, la duchesse d'Alençon (qui fut, comme on sait, un des *beaux esprits* de son siècle) conversait dans l'embrasure d'une fenêtre de l'appartement de Claude, avec plusieurs seigneurs, au nombre desquels était l'amiral Bonnivet.

Ainsi que Charles de Bourbon, Guillaume Goûffier était redevable de sa haute dignité à François Ier.

Mais l'influence de Marguerite n'avait été pour rien dans l'élévation de

Bonnivet, que la conformité de son caractère avec celui du roi, et surtout son esprit insinuant, même au besoin obséquieux, rendaient plus capable qu'aucun autre de conserver longtemps la faveur royale. D'ailleurs, si M. de Bonnivet éprouvait pour la sœur de son maître un amour qu'il avait, dit-on, osé lui déclarer, la princesse ne répondait à ce sentiment que par une sorte d'aversion.

Au bruit que fit l'entrée du duc de Bourbon et de sa suite dans la cour du château d'Amboise, les regards de tous ceux qui composaient le groupe formé autour de Marguerite se dirigèrent vers le connétable.

Il était habillé en guerre et portait par-dessus son armure une *saie* de toile d'argent; un panache de plumes rouges et blanches ombrageait son casque, et à sa ceinture on voyait briller à côté du pommeau d'or de son épée le manche incrusté de diamants de sa dague. Charles de Bourbon était un homme de belle mine à qui ce riche costume seyait parfaitement. Les yeux de Marguerite s'étaient aussi arrêtés sur le connétable; mais, soit qu'elle redoutât l'espionnage des courtisans placés de façon à lire sur sa physionomie mobile les mouvements de son âme, soit que cédant à une impulsion machinale, elle voulût établir une comparaison entre le noble guerrier à qui elle avait donné secrètement son cœur, et le prince insignifiant dont, par obéissance aux volontés maternelle et fraternelle, elle avait accepté le nom et la main, à peine le connétable fut-il descendu de cheval, qu'elle détourna la tête et lança à son mari, M. d'Alençon, un coup d'œil dont l'expression, peu flatteuse pour le duc, fut apparemment comprise par Bonnivet, car un sourire sardonique se joua sur ses lèvres lorsqu'il dit à demi-voix :

« M. le connétable, dont la hauteur de ton et de manières est connue de tous, se montrerait bien autrement orgueilleux aujourd'hui, s'il avait pu être témoin de la sensation produite par son arrivée. »

A ces paroles, une rougeur instantanée couvrit le front de la jeune duchesse. Madame d'Angoulème, qui était assise en face d'elle et dont les regards étaient également dirigés vers la fenêtre, bien qu'à la distance où elle s'en trouvait il lui fût impossible de rien voir de ce qui se passait dans la cour, madame d'Angoulême remarqua sur le visage de sa fille ce fugitif indice d'un trouble intérieur; mais elle en attribua la cause à quelque galant propos de l'amiral dont elle connaissait le penchant pour Marguerite, tandis qu'elle n'avait pas le plus léger soupçon de la passion qu'éprouvaient l'un pour l'autre la princesse et le connétable.

Cependant, le duc de Bourbon avait monté le grand escalier, et l'huissier de service l'ayant annoncé, le prince entra dans l'appartement avec son cortége de gentilshommes, tous splendidement habillés de velours brodé d'or.

François Ier qui, en cet instant, adressait à la jeune et séduisante comtesse de Chateaubriand quelqu'une de ces phrases de galanterie banale par lesquelles les princes préludent ordinairement à d'autres propos plus explicites, François Ier fronça légèrement le sourcil à l'apparition du connétable. Ce roi n'aimait pas à voir les seigneurs de sa cour rivaliser de faste avec lui... Néanmoins, il lui fit bon accueil.

La duchesse d'Angoulême fut singulièrement gracieuse pour ce prince, dont elle avait depuis longtemps remarqué l'incontestable supériorité. Elle trouva que la duchesse d'Alençon le recevait avec une froideur si excessive qu'on aurait pu la qualifier de hautaine, et elle profita même d'un moment où sa fille s'était rapprochée d'elle pour lui adresser à voix basse sur ce sujet un reproche dont la princesse parut fort confuse... Elle s'imaginait qu'il y avait de l'ironie dans les paroles de sa mère. En cela elle se trompait; Louise de Savoie était trop absorbée par ses propres sentiments pour pénétrer ceux des autres.

La réserve de Charles à l'égard de Marguerite fut égale à celle que lui montrait cette princesse, et dont il avait trop de perspicacité pour ne pas deviner la cause; aussi ne s'en offensa-t-il pas.

« Ne remarquez-vous pas, demanda d'un ton de confidence mystérieuse, l'amiral Bonnivet au comte de Saint-Valier, capitaine des archers du roi, lorsque le connétable se fut retiré ; ne remarquez-vous pas l'attitude de madame d'Angoulême et de madame d'Alençon?

— Mais non, répondit le comte.

— Quoi! vous ne voyez pas combien la première est agitée, et la seconde pensive?

— Eh bien?

— La mère et la fille ont dans le cœur le même amour. »

Six ans plus tard, nous retrouvons la duchesse d'Angoulême, seule dans le château d'Amboise... La reine est à Paris, et le roi à Chambord où, par ses ordres, commençait à se réédifier le vieux manoir.

C'était au retour de l'expédition de Flandre, dans laquelle Charles de Bourbon, rappelé en France par François Ier, qui était envieux du rôle souverain qu'il jouait dans le Milanais, avait suivi son roi. Outre le juste mécontentement que lui avait causé ce rappel, le connétable avait encore d'autres griefs contre François. Tout récemment, lorsqu'on avait eu décidé de livrer, près de Valenciennes, aux troupes de Charles-Quint une bataille qui pouvait être décisive, mais que François, par un étrange caprice, ne voulut pas ensuite donner, le duc de Bourbon s'était vu enlever par le duc d'Alençon l'honneur de commander l'avant-garde, honneur périlleux qui était une des prérogatives de sa charge.

Depuis son retour à Paris, Charles, devenu veuf, se tenait renfermé dans son hôtel, où il paraissait fort occupé de ses affaires particulières, notamment d'un procès que menaçait de lui intenter l'administrateur des biens de Louise de Savoie, laquelle était aussi, par sa mère, de la maison de Bourbon, et prétendait avoir hérité des droits de Suzanne à une grande partie de la fortune dont jouissait le connétable.

Peut-être à cette époque, l'ardeur avec laquelle madame d'Angoulême pressait elle-même la poursuite de ce procès, n'était-elle qu'une feinte pour amener plus aisément son antagoniste à des arrangements à l'amiable.

On peut du moins le présumer, puisque la duchesse écrivit dans ce sens à Charles une lettre dont le résultat fut d'amener très-promptement le duc à Amboise.

La princesse reçut le connétable avec beaucoup de déférence, et après quelques discussions sur la validité de leurs droits respectifs, elle dit :

« A une autre époque, mais dans des circonstances absolument semblables, la question qui nous préoccupe tous deux aujourd'hui fut touchée par vous et madame Anne de France d'une manière qu'il serait peut-être sage à nous d'imiter.

— Il est vrai, répondit Charles avec un soupir. La main de Suzanne de Bourbon était disponible... Il n'en est pas ainsi de celle de votre fille.

— Mais..., reprit avec un peu d'embarras la princesse, je suis veuve, moi ! »

L'étonnement qui, à cette ouverture étrange, se peignit sur les traits du duc, produisit sur l'esprit de Louise de Savoie, qui, en dépit de ses quarante ans révolus, conservait une haute opinion de la puissance de ses charmes, une impression pénible.

« Madame, répondit le duc de Bourbon, en se levant, mon intention n'est pas de m'engager de nouveau dans les liens du mariage... S'il faut plaider, je plaiderai.

— Soit ! » dit la duchesse, avec une colère contenue.

A peine le connétable eut-il quitté la duchesse, qu'un homme à la physionomie basse, à l'air effaré, fut introduit auprès d'elle.

« Gentil, lui demanda vivement madame d'Angoulême, avez-vous réussi ? »

Pour toute réponse, celui auquel s'adressait la princesse, et qui paraissait craindre de faire entendre le son de sa voix, tendit à Louise un papier qu'en pénétrant dans le cabinet il avait tiré de son sein.

« C'est bien ! » fit la duchesse, après avoir parcouru du regard ce papier, en échange duquel elle remit à Gentil une bourse pleine d'or.

L'homme s'inclina en manière de remercîment, et se retira aussi silencieusement qu'il était entré.

Ce Gentil était le commis de confiance du surintendant des finances, Jacques de Semblançay, duquel madame d'Angoulême avait tiré, lors de la régence qu'elle avait exercée pendant que le roi était en Italie, de fortes sommes d'argent, destinées aux besoins de l'État. Ce papier était la quittance qu'elle en avait alors donnée au surintendant, et qu'elle venait de faire voler dans ses cartons, lui ôtant ainsi tout moyen de lui redemander cette somme et de se défendre contre l'accusation de détournement des deniers du Trésor public.

Plus tard, Gentil fut pendu pour des méfaits dont on ne put cependant pas le convaincre parfaitement. Semblançay subit le même supplice, à la suite d'un procès criminel qui dura plusieurs années. Quant au connétable de Bourbon, exaspéré par les dégoûts dont on l'accabla à la cour, et effrayé de l'idée qu'il allait peut-être devenir, à l'issue d'un procès inique, le plus pauvre seigneur de la France, dont il était naguère regardé comme le plus opulent, il abandonna le service de François Ier pour celui de Charles-Quint.

Maintenant retournons à la cour de ce monarque imprudent, qui perdait ainsi, en grande partie par sa faute, un de ses plus utiles serviteurs.

Ce fut à Amboise que naquirent la plupart des enfants que Claude de France donna à son volage époux. Des trois fils qu'eut cette reine, qui, par parenthèse, n'exerça jamais, en dépit ou peut-être au contraire à cause de son extrême douceur et de son angélique bonté, aucun ascendant sur François Ier, un seul, le second, nommé Henri, survécut à son père.

L'aîné, qui s'appelait François, et qui était doué des plus précieuses qualités, mourut en 1536, après avoir bu, en sortant d'un jeu de paume, un verre d'eau fraîche empoisonnée, suivant l'opinion du public, par les ordres de Catherine de Médicis, mariée depuis trois ans au fils puîné de

François et de Claude, et, suivant les déclarations de Sébastien Monte-cuculli, Ferrarais au service du Dauphin, par les suggestions de Charles-Quint.

La postérité a adopté plus généralement la première de ces opinions que la seconde, non pas que le caractère de l'empereur prêtât moins à d'aussi odieuses inculpations que celui de l'Italienne, mais cette dernière avait indubitablement plus d'intérêt que le monarque espagnol à hâter le terme de la vie d'un prince dont la mort la plaçait sur les degrés du trône de France. Et si l'on essaye de nier la probabilité de cette hypothèse par les déclarations de Montecuculli, nous répondrons que les aveux arrachés par la crainte, ou, ce qui est pis encore, par les tourments de la *question,* ne peuvent avoir aucune valeur à l'égard de la culpabilité de celui auquel on inflige des tortures dont la continuation lui paraît plus effroyable que la mort même.

Le prince Henri étant donc devenu dauphin, Charles, le plus jeune des trois frères, prit à son tour le titre de duc d'Orléans. Il mourut, lui aussi, au printemps de sa vie, en 1545, d'une maladie pestilentielle qui régnait en Picardie, théâtre permanent de la guerre soutenue par la France contre l'Espagne, sous la domination de laquelle se trouvaient maintenant les Pays-Bas.

Charles ne fut pas aussi universellement regretté que son frère. Son ambition démesurée, sa folle témérité, la désunion, ou pour mieux dire l'antipathie qui existait entre lui et le nouveau Dauphin, alarmaient les peuples en leur faisant présager un avenir orageux.

L'événement suivant que les chroniqueurs du temps nous ont transmis, et qui eut lieu après le retour en France de l'illustre prisonnier de Charles-Quint, est une preuve vraiment déplorable du caractère à la fois fougueux et léger de ce prince.

La cour se trouvait en ce moment-là à Amboise, où la sœur de François Ier, Marguerite (qui, après avoir perdu son premier mari le duc d'Alençon, avait épousé le roi de Navarre), était venue passer quelque temps. Son séjour en ce château avait été une occasion de fêtes, au grand contentement d'Anne de Pisseleu, duchesse d'Étampes, qui jouissait d'un pouvoir souverain contre lequel la vertueuse et triste Éléonore, sœur de Charles-Quint et seconde femme de François, n'avait pas même eu un instant l'inutile courage de lutter.

Il y avait eu ce jour-là un tournois dans la grande cour du château, momentanément transformée en une lice où tous les seigneurs et chevaliers alors à Amboise avaient été admis à jouter. Les princes et le roi lui-même s'étaient mêlés aux joutes, dans lesquelles le duc d'Orléans avait particulièrement brillé. Ceci doit d'autant moins étonner, que Charles, qui tenait d'ailleurs de son père une grande dextérité dans le maniement des armes, avait pour témoin de ses prouesses une dame de haut lignage, dont nous sommes forcé de taire le nom par cette raison que le trop discret chroniqueur n'a pas jugé à propos de nous le révéler. Il s'est borné à nous apprendre que la susdite dame ayant plus tard perdu presque en même temps son amant et son époux, fondit si habilement ses deux douleurs en une seule, que beaucoup de gens s'efforcèrent en vain de deviner lequel des deux défunts elle pleurait.

Après le carrousel, il y avait eu un banquet, et après le banquet, un grand cercle qui s'était graduellement réduit à une vingtaine de seigneurs et de dames, lesquels se rangèrent autour de la reine de Navarre, et la supplièrent de leur narrer quelqu'un de ces contes érotiques dont elle favorisait sa petite cour lorsqu'elle résidait dans son château d'Odos en Bigorre.

Marguerite acquiesça avec sa grâce accoutumée à une demande qui flattait sa double vanité de conteuse et d'auteur. Elle commença donc, sans se laisser prier, le récit d'une de ces cent Nouvelles que la charmante sœur de François Ier a composées dans ses loisirs, et qu'elle savait maintenant par cœur, tant on les lui faisait répéter souvent.

Ceci prouve deux choses : la première, que les histoires scandaleuses ont toujours eu un prodigieux succès ; la seconde, qu'on aurait tort de juger de la moralité d'un auteur par celle de ces écrits. En effet, la reine de Navarre fut toujours, assure-t-on, aussi sage que spirituelle..., et certes on ne saurait en dire autant de sa plume, du moins sous le premier de ces rapports. De même, on ne voit guère d'écrivains moraux se soucier de régler leur conduite d'après les vertueux principes dont ils parsèment leurs livres.

Au temps de la reine Marguerite, le talent était rare, et par conséquent fort apprécié. Aussi, lorsque la princesse eut achevé sa narration, se vit-elle accablée d'éloges et de remercîments non moins sincères qu'unanimes.

On servit ensuite, en manière de rafraîchissements, — on était alors en été, — du *négus,* ou vin chaud fortement épicé. Ce breuvage agit d'autant plus activement sur le cerveau du prince Charles, que selon son habitude de ne se modérer en rien, il en avala d'un seul trait une coupe pleine jusqu'au bord. Peut-être désirait-il noyer dans cette libation un peu copieuse le mécontentement qu'il éprouvait de l'arrivée inattendue à Amboise du mari de la dame que nous avons précédemment citée. Ces retours soudains sont presque toujours intempestifs, et celui-ci dérangeait probablement un rendez-vous.

Quoi qu'il en soit à ce sujet, toujours est-il que la noble compagnie, ayant pris congé du roi, et ce dernier étant allé se mettre au lit, le jeune prince, ne se sentant nulle envie de suivre l'exemple de son père, dit à quelques jeunes seigneurs aussi fous et aussi bizarres que lui-même :

« Allons nous promener un peu sur le pont ; nous nous amuserons à battre ces ribauds de laquais qui passent la nuit à se soûler et à quereller les gens paisibles. »

Ils sortirent donc du château, et allèrent droit à ces laquais, qui effectivement tenaient le pont en sujétion, insultant et même attaquant tous ceux qui y passaient. Et voilà que M. d'Orléans, avec sa petite troupe, se met à les charger, sans leur laisser le loisir de le reconnaître. Ces laquais, dont plusieurs étaient attachés au service du roi, portaient tous des armes ; ils firent donc une vigoureuse défense, et M. d'Orléans eût été tué dans cette bagarre, si un des seigneurs de sa suite, nommé Castelnau, ne se fût bravement jeté devant son maître... Il reçut le coup destiné au prince, et tomba raide mort. M. d'Orléans ressentit une vive douleur de ce funeste accident, dont sa folle équipée était la cause. Le roi, en l'apprenant, se montra fort courroucé contre son fils ; toutefois, au bout de deux ou trois jours, il s'apaisa et oublia tout.

Sous le règne de Henri II, Amboise cessa d'être une des résidences favorites de la cour. Chambord et surtout Anet lui furent préférés par l'amant de la duchesse de Valentinois.

François II, étant monté sur le trône de France, à l'âge de quinze ans et demi, le 10 juillet 1559, fit son entrée solennelle au château d'Amboise, le 16 avril de la même année, avec la charmante Marie Stuart, son épouse. Il y eut dans le château, à cette occasion, toutes sortes de divertissements.

On cite, entre autres, un *courement* de bagues qui réjouit fort les souverains adolescents. Les princes Lorrains, comme on appelait habituellement les Guise, lesquels étaient six frères et exerçaient à la cour une influence d'autant plus grande, qu'ils avaient pour nièce la jeune reine ; les princes Lorrains, disons-nous, prirent part à cet exercice.

L'un de ces six frères, qu'on appelait M. le grand prieur, parce qu'il était officier de l'ordre de Malte, s'était déguisé en Bohémienne. Quand il parut à cheval, dans l'allée du milieu du jardin d'Amboise, vêtu d'une cotte très-bouffante de taffetas et de velours, coiffé d'une capeline ou grand chapeau rond de feutre noir, et tenant dans ses bras une guenon emmaillottée comme un petit enfant, toute l'assistance éclata de rire.

M. de Nemours, qui était de la maison de Savoie, fit à son tour son entrée, monté sur un beau genet bai-obscur. Il avait revêtu le costume des bourgeoises de Paris, lequel consistait en une robe de drap noir et un chaperon pareil. Une bourse d'une longueur démesurée et une longue chaîne d'argent à laquelle pendaient une centaine de clefs, étaient passées dans sa ceinture. Il était masqué, ainsi que le grand prieur. Mais ni l'un ni l'autre ne purent courir longtemps ainsi embarrassés, le premier de sa guenon, le second de son énorme clavier, non pas que leurs mouvements en fussent trop gênés, mais parce que les cabrioles de la guenon et le tintement des clefs effarouchaient par trop leurs chevaux. Ils jetèrent donc bientôt à terre le prétendu marmouset et le trousseau de clefs, puis continuèrent leurs courses avec d'autres seigneurs.

Tout le temps qué passèrent alors le roi et la reine à Amboise fut consacré à des fêtes et réjouissances de divers genres. Il ne devait pas en être ainsi du second séjour qu'ils y firent.

Un soir du commencement de mars de l'année suivante, la cour, qui habitait alors Blois, arriva inopinément au château d'Amboise. La reine mère, Catherine de Médicis, paraissait très-irritée, les jeunes époux fort alarmés et leurs oncles, le duc François de Guise et le cardinal de Lorraine, extrêmement soucieux. Ces derniers venaient d'apprendre qu'un complot s'ourdissait contre eux ; mais comme ils n'avaient pu obtenir à ce sujet que de vagues indications, ils ne pouvaient prendre que des demi-mesures.

Au reste, cet état d'incertitude dura peu. Le surlendemain de l'installation de la cour à Amboise, un avocat de Paris, nommé Avenelles, se présenta au château, et demanda à être introduit en la présence des oncles de la jeune reine. Il était porteur d'une lettre du secrétaire du duc de Guise, lequel étant demeuré dans la capitale, avait reçu les premières dépositions d'Avenelles. Celui-ci découvrit au duc tout ce qu'il savait.

Les conjurés, dont La Renaudie, gentilhomme du Périgord, était le chef avoué, devaient attaquer Blois le 15 de ce même mois de mars, afin de s'emparer des Guise et délivrer la France du joug que faisaient peser sur elle ces princes ambitieux et arrogants. Il avait d'ailleurs été décidé qu'aucune atteinte ne serait portée au pouvoir ni à la dignité royale.

« Est-ce là tout ce que vous savez du complot? demanda François de Guise au dénonciateur, lequel était un ami de La Renaudie et n'avait acquis ces renseignements qu'en abusant de l'imprudente confiance de ce gentilhomme.

— Oui, monseigneur, » répondit Avenelles.

François de Guise fixa pendant quelques secondes sur l'avocat son regard scrutateur. On se méfie des traîtres alors même qu'on profite de leur trahison.

En sortant de l'appartement du duc, Avenelles est arrêté et gardé à vue dans le château. Aussitôt les Guise se rendent dans le cabinet de la reine mère, qui seule avec eux dirigeait les affaires du gouvernement. D'accord avec elle, ils mandent immédiatement à Amboise l'amiral de Coligny et ses deux frères, d'Andelot, commandant de l'infanterie française, et le cardinal de Châtillon, évêque de Beauvais. Les deux premiers étaient fort soupçonnés d'attachement à la religion réformée : cela suffisait pour qu'on les regardât comme les complices ou plutôt comme les instigateurs de la conjuration.

Sous prétexte du besoin qu'on avait de leurs lumières en cet imminent péril, on retint ces seigneurs à Amboise.

Le conseil s'assembla. Coligny y tint un langage ferme et hardi. Il n'hésita pas à attribuer à des vices d'administration, à de blâmables abus de pouvoir et au mécontentement qu'en ressentaient les peuples, cette conspiration dont on s'attachait à représenter les calvinistes comme les seuls fauteurs. Le chancelier Olivier parla dans le même sens que l'amiral.

Catherine de Médicis, dont la vie est un cours complet de dissimulation et de perfidie, feignit de partager l'opinion de ces deux indulgents conseillers. Elle fut même la première à proposer de rédiger un édit de pacification en faveur des huguenots. Les Guise connaissaient trop bien le caractère de la reine mère pour ne pas s’étonner de son apparente longanimité, à laquelle ils applaudirent. L’édit conciliateur fut rédigé séance tenante et présenté aussitôt à la signature de François.

Le jeune et inexpérimenté monarque ne put s’empêcher de témoigner quelque surprise de la protection qu’on lui faisait ainsi bénévolement accorder à ceux-là mêmes qui lui avaient été naguère signalés comme ses ennemis mortels.

« Mon fils, répondit Catherine en tendant la plume au roi, vous n’êtes pas en âge de pouvoir juger de la haute portée de cet acte de clémence. Vous la comprendrez plus tard. »

La promulgation de cet édit attira à Amboise une multitude de religionnaires, qui, ne soupçonnant pas le piége qu’on leur tendait, ne virent dans ces concessions inattendues qu’un moyen de plus d’assurer la réussite de leur dessein. Le prince de Condé, qu’on regardait généralement comme le véritable chef de la conjuration, osa, tant était grande la sécurité de son parti, se présenter à la cour.

Pendant ce temps, les Guise s’occupaient et parvenaient à pénétrer plus avant dans les mystères d’un complot dont Avenelles n’avait pu leur donner qu’une connaissance très-superficielle. Les diverses mesures qu’on prenait dans l’intérieur du château pour déjouer les projets des conspirateurs n’échappèrent pas entièrement à François.

« Que se passe-t-il donc ? » demandait-il quelquefois avec l’accent d’une curiosité inquiète, à ses beaux-oncles.

Et comme ceux-ci ne lui répondaient que par des explications mensongères, il ajouta un jour :

« Je ne sais, mais j’imagine que c’est à vous, et non à moi qu’en veulent mes sujets... Je désirerais que vous vous tinssiez quelque temps hors d’ici, afin de savoir au juste ce qui en est. »

Les princes Lorrains n’eurent garde de tenter cette épreuve. Tout au contraire, François de Guise profita de cette circonstance pour se faire nommer lieutenant général du royaume. Cependant, les conjurés n'avaient rien changé à leur plan, sinon l'endroit et le jour où l'attaque devait avoir lieu.

Instruit de leur plan, Guise avait dressé le sien de façon à pouvoir prendre l'initiative dans cette sanglante lutte. Tout à coup, les huguenots se voient assaillis, enveloppés et massacrés. Ceux qui se rendirent prisonniers n'échappèrent pas pour cela à la mort; on les pendit immédiatement aux créneaux et aux fenêtres du château. Le cadavre de La Renaudie, qui avait été tué d'un coup d'arquebuse dès le commencement de cette boucherie, fut attaché à une potence au haut de laquelle on mit cette inscription : *Chef des rebelles.*

La reine mère, ses enfants et toute la cour allèrent repaître leurs regards de ce spectacle hideux.

Quinze cents religionnaires périrent, qui par le fer, qui par la corde. Mais, comme il arrive toujours en de semblables circonstances, les têtes illustres se virent épargnées.

M. de Condé, bien que fortement soupçonné et même accusé par les révélateurs du complot, d'avoir pris part à cette conspiration, demanda à se justifier. Ce prince était puissant et l'on ne demandait pas mieux que de ne point être forcé de le déclarer coupable.

Aussi, lorsque après avoir protesté de son innocence, il ajouta : « Si quelqu'un est assez audacieux pour soutenir que je suis un des auteurs de cette conspiration, qu'il parle...; je suis prêt à le démentir par un combat singulier », le duc de Guise, à qui ce défi paraissait s'adresser, se hâta de répondre : « Je ne souffrirai pas que la belle renommée d'un aussi grand prince soit noircie par une telle inculpation, et je vous prie, monseigneur, de m'accepter pour votre second. »

C'était la farce après le drame.

Depuis cette époque, un souvenir de deuil s'est attaché au château d'Amboise, où les successeurs de François II ne firent que de rares et courtes apparitions.

Le cardinal de Richelieu voulut *utiliser* cette résidence en la transformant en prison d'État. Le surintendant La Vieuville, à qui Son Éminence avait pourtant juré sur l'hostie, amitié et fidélité, fut le premier personnage important que le ministre sans foi y fit renfermer.

Après treize mois de détention, La Vieuville parvint à s'évader. Mais, peu après sa fuite, deux princes, César, duc de Vendôme, et son frère Alexandre, grand prieur de France, l'un et l'autre fils naturels de Henri IV et de Gabrielle d'Estrées, la digne descendante de la dame de la Bourdaisière, furent incarcérés au château d'Amboise.

Ils étaient coupables d'avoir tenu quelques propos malins sur le cardinal, qui pardonnait encore moins de semblables offenses que le crime de trahison envers l'État.

Bientôt, César, l'aîné des Vendôme, vit l'horreur de sa prison doublée par celle de l'isolement dans lequel le laissa la translation de son frère au donjon de Vincennes, où il mourut en 1629, trois ans après leur arrestation à tous deux. Le duc de Vendôme, lui, resta à Amboise jusqu'au 30 décembre 1630, qu'il recouvra enfin sa liberté.

A une autre époque, sous le règne de la Convention, cette ancienne et splendide demeure des rois de France fut confisquée par la République. On l'appela *la Citadelle ;* elle servit de lieu de reclusion pour les *suspects,* et l'on sait si le nombre en était grand !

Les héritiers du duc de Penthièvre, lequel avait acheté le duché-pairie d'Amboise avant la révolution de 93, sont rentrés, lors de la *Restauration,* en possession de ce beau domaine, qui toutefois reste inhabité.

C. L.

LOCHES.

Jamais l'amour ne forma rien de tel :
Imaginez de Flore la jeunesse,
La taille et l'air de la nymphe des bois,
Et de Vénus la grâce enchanteresse,
Et de l'amour le séduisant minois ;
L'art d'Arachné, le doux chant des sirènes :
Elle (Agnès Sorel) avait tout ; elle aurait dans ses chaînes
Mis les héros, les sages et les rois.

VOLTAIRE.

LE CHATEAU DE LOCHES.

(Mystères des Vieux Châteaux de France.)

LOCHES.

C'est à l'entrée de cette belle et gracieuse Touraine, nommée depuis longtemps le *Jardin de la France,* que l'on rencontre le château de Loches, auquel se rattachent de grands souvenirs historiques. La fondation de ce château remonte au premier temps de la monarchie française. Il est bâti sur le sommet d'une colline assez élevée, d'où la vue s'étend sur toute la ville de Loches et d'où l'on aperçoit de vastes prairies, formant un magnifique tapis de verdure traversé par la rivière de l'Indre et borné au loin par un luxuriant amphithéâtre de forêts. Les rochers qui bordent ces prairies des deux côtés sont comme des ombres placées dans le tableau pour en faire ressortir toute la beauté.

Le château de Loches était entouré de deux murs d'enceinte crénelés, ayant environ deux mètres d'épaisseur. Ces murs étaient défendus par des remparts et des fossés, et dominés par des chemins de ronde garnis d'arbalétrières.

La principale entrée était protégée par quatre tourelles extérieures et défendue par un pont-levis à bascule; on pénétrait alors sous une voûte, assez spacieuse, fermée par une seconde porte garnie d'une herse. Sur la plate-forme de la voûte, on avait établi un corps de garde et des guérites; l'approche de cette entrée du château était encore protégée par des mâchecoulis qui régnaient autour de la plate-forme. Un chemin couvert s'étendait depuis l'entrée principale jusqu'au fort Saint-Ours.

La partie la plus remarquable du château était le donjon qui s'élevait majestueusement au-dessus de tout l'édifice. « Il est très-difficile de fixer l'époque à laquelle peut remonter le beau donjon qu'on admire encore dans cet endroit. Cependant, quelques savants antiquaires ont attribué cette construction remarquable à Foulques Nerra, comte d'Anjou, dans la première moitié du onzième siècle, bien que, par son caractère plein d'élégance et avec ses contre-forts, ornés de demi-colonnes cylindriques, elle semble appartenir plutôt au douzième siècle, époque à laquelle l'architecture militaire était déjà assez avancée.

« Le donjon s'élève encore à cent vingt pieds au-dessus du sol. On peut le diviser en deux parties, savoir: 1° une tour principale en forme de carré long, ayant environ vingt-cinq mètres de l'est à l'ouest, et quatorze mètres environ du nord au sud; 2° une autre tour de même forme, mais beaucoup plus petite, qui s'applique contre la première et lui sert de corps avancé.

« Cette tour en application, ou, si l'on veut, cette addition au corps principal du donjon, avait primitivement la même hauteur que lui. Elle est à présent un peu moins élevée; ses dimensions répondent à la moitié de la tour principale, car elle a treize mètres de hauteur sur sept d'épaisseur. On peut la considérer comme le vestibule du donjon.

« On remarque en entrant dans cette seconde tour les vestiges d'un escalier dont les marches, qui ont été arrachées, reposáient sur un double mur dans lequel on avait pratiqué des arcades voûtées ; cet escalier, qui recevait le jour par de très-petites fenêtres, se terminait en spirale près d'une porte correspondant au premier étage du grand donjon ; il servait en même temps à l'accès d'une chambre assez spacieuse, dont le pavé reposait sur une voûte de pierre ; cette chambre était munie d'une grande cheminée, placée **entre deux** fenêtres, dont on voit les ouvertures à l'extérieur.

« Au second étage se trouvait une chapelle dont l'autel était placé à l'est, dans une niche. Une troisième pièce, qui n'existe plus, surmontait cet oratoire.

« Le corps principal du donjon n'avait que la porte ouverte au haut de l'escalier, dans le mur septentrional. Un corridor, percé dans l'épaisseur du même mur, se prolongeait dans le mur oriental et venait aboutir au-dessous du plancher du premier étage ; c'était par une étroite issue, au haut de l'escalier, qu'on pénétrait dans la grande salle du rez-de-chaussée, tant on s'était attaché, on ne sait trop pourquoi, à rendre l'abord de cette salle difficile.

« La hauteur totale du donjon était divisée en quatre parties par trois planchers. Les divers étages qui résultaient de cette division s'accédaient au moyen de petits escaliers tournants très-rapides, pratiqués dans l'épaisseur des murs.

« Les fenêtres, assez nombreuses, étaient toutes sensiblement évasées à l'intérieur, et n'offraient qu'une ouverture extrêmement étroite à l'extérieur. Pourtant on remarque à chaque étage une fenêtre plus large que les autres, qui, selon toute apparence, était destinée à recevoir les munitions, les vivres et tout ce qui était nécessaire **pour le service de la forteresse**, et qu'on hissait au moyen de poulies.

« A la partie supérieure, des pièces de bois en saillie supportaient une espèce de balcon ou de trottoir en bois. Cette construction accessoire devait être fort utile en cas d'attaque, pour jeter des pierres ou d'autres projectiles sur les assaillants (1). »

Grâce à ses remparts élevés, à ses fossés profonds, à ses hautes murailles, à ses tours crénelées, à ses ponts-levis, à ses herses de fer, à ses mâchecoulis, à ses chemins couverts, à sa double enceinte de fortifications, et surtout à son donjon gigantesque, le château de Loches était, sans contredit, un des plus formidables du royaume. Il offrait aux personnes qui l'habitaient, sinon une résidence agréable, du moins une retraite fort sûre. De pareilles forteresses avaient leur importance et leur utilité, à une époque où les rois, comme les grands ou petits feudataires, étaient sans cesse occupés, soit à se défendre contre les invasions d'outre-mer, soit contre les attaques des seigneurs voisins qui ne jugeaient rien de mieux à faire, en l'absence des Anglais, que de se combattre mutuellement afin d'assouvir leur haine de rivalité, ou bien seulement de s'entretenir la main.

Ayant appartenu successivement aux rois de la première race, aux ducs d'Aquitaine et aux comtes d'Anjou, cette forteresse fut, sous chacun de ses possesseurs, le théâtre de ces événements de guerre que le désordre féodal multipliait en France. Comprise dans les confiscations exercées par Philippe-Auguste sur le roi d'Angleterre, Jean sans Terre, au commencement du treizième siècle, elle fut rattachée à la couronne de France; mais il fallut la soumettre par les armes pour y arborer les lis. Un serf, fils de serfs français, du nom de Girard, devenu capitaine de par sa bonne épée, et qui tenait le château au nom de la veuve du roi Richard Cœur de Lion (à laquelle ce château avait été donné), refusa de se rendre, et se défendit longtemps avec un courage opiniâtre contre les troupes du roi de France (2).

Guillaume le Breton, auteur contemporain, a, dans son poëme latin de

____

(1) De Caumont, *rchitecture militaire et civile.*
(2) *Histoire des anciens châteaux*, par de Thibiage.

la Philippide, décrit divers incidents du siégé du château de Loches, ainsi que de celui de Chinon, qui fut fait à la même époque par Philippe-Auguste. Ce poëme fut traduit, quatre siècles plus tard, par l'abbé de Marolles. Il offre un échantillon assez curieux d'une poésie presque élégante entée sur des vers latins semi-barbares du commencement du treizième siècle :

> Dans ces deux châteaux forts, gigantesques abris,
> Le farouche Girard s'est imposé pour maître ;
> Né de parents obscurs, à la glèbe asservis,
> Son cœur ne dément pas le sang qui l'a fait naître :
> Dans la Touraine en vain ses yeux se sont ouverts,
> L'ingrat n'en a pas moins armé son bras contre elle ;
> Amboise et Tours, par lui de débris sont couverts,
> Et le pays entier maudit un fils rebelle :
> Tant, hélas ! il est vrai que les plus grands revers
> Sortent souvent pour nous du foyer domestique,
> Et qu'il n'est pas au monde un bras plus despotique
> Que celui de l'esclave ayant brisé ses fers...
> Bientôt, le roi paraît suivi d'un ost immense.
> De Loche et de Chinon le siége alors commence ;
> Mais il fallut un an pour dompter ces créneaux !...
> Girard fut enfermé dans ces sombres cachots,
> Lui qui pensait braver la royale bannière,
> Et dévaster encor la Touraine sa mère.
> Chevaliers bannerets, grand nombre d'écuyers
> Se rendirent au roi ; puis gardés prisonniers.

Ce siége dura un an. Le capitaine Girard fut fait prisonnier par le roi, avec cent vingt chevaliers et écuyers anglais.

Chinon ayant été pris la même année, la Touraine fut ainsi annexée à la couronne de France, après en avoir été distraite pendant deux cent soixante ans.

Le château de Loches fixa longtemps l'attention de nos rois. Ils y étaient attirés sans doute autant par la beauté du pays que par la forêt de Loches, qui était une des forêts les plus giboyeuses du royaume. Saint Louis, Philippe le Bel, et surtout Jean II, ont, durant les treizième et quatorzième siècles, laissé plus d'un souvenir dans cette résidence.

Le 7 septembre 1356, Jean II, qui faisait la guerre aux Anglais, arrivait à Loches avec son armée, pour y établir son quartier général pendant quelques jours. Le 17 du même mois il joignait le prince de Galles dans la plaine de Maupertuis, où sa trop grande précipitation lui fit perdre une bataille célèbre dans les annales malheureuses de notre histoire. Le roi y fut fait prisonnier, puis fut emmené en Angleterre, avec un grand nombre de chevaliers français.

Jean, ayant enfin conclu un traité avec son vainqueur, fut relaxé sur sa parole d'honneur de venir reprendre ses fers dans le cas d'une mésintelligence; il se rendit donc à Paris, soumit le traité aux états généraux, qui ne voulurent pas le ratifier. Le roi de France, donnant aux souverains un très-bel exemple de bonne foi et de loyauté chevaleresque, quitta de nouveau sa patrie pour regagner sa prison d'outre-mer. C'est alors qu'Édouard, roi d'Angleterre, furieux de voir ses desseins contrariés, repassa le détroit avec cent mille hommes, et parcourut les diverses provinces du royaume en mettant tout au pillage. Plusieurs monastères et châteaux forts de la Touraine furent brûlés et détruits de fond en comble. Ce fut en vain que les Anglais, arrivés devant Loches, tentèrent d'emporter cette place d'assaut : la forteresse, qui avait cédé autrefois à Philippe-Auguste et à Richard Cœur de Lion, tint bon cette fois contre les assiégeants, qui furent obligés d'aller exercer ailleurs leurs ravages et leur barbarie.

Le château de Loches n'est pas seulement célèbre comme forteresse. A la gloire militaire, il devait en joindre une autre bien plus éclatante, bien plus merveilleuse, bien plus charmante surtout, celle de recevoir dans ses murs, pendant sa vie et après sa mort, la belle Agnès Sorel, la maîtresse bien-aimée du roi Charles VII.

Pour elle, le vieux manoir se transforma en maison de plaisance; non pas qu'il perdît quelque chose de ses remparts et de ses fortifications; mais il put montrer alors à ses admirateurs la force réunie à l'agrément, des places d'armes et des jardins magnifiques, des tours épaisses et de somptueux appartements, des cachots obscurs et une église superbe aux clochetons élégants et à la belle architecture.

Agnès Sorel, cette femme qui devait influer si puissamment sur les destinées de la France, naquit le 13 juillet 1409, au village de Fromenteau, en Touraine. Elle était fille de Jean Seurel ou Sorel, seigneur de Saint-Géron et de Coudun, et de Catherine de Maignelais, dame de Verneuil. Cette famille portait pour armoiries un écusson *d'or au sureau de sinople;* armoiries figuratives désignant presque par son nom le seigneur qui les portait, car sureau ou soreau se disaient également pour désigner la plante.

Agnès avait eu le malheur de perdre ses parents dans son jeune âge, aussi fut-elle élevée par sa tante de Maignelais, qui lui porta toujours la plus vive affection. Dès que la jeune fille fut en âge de paraître dans le monde, sa tante chercha à la produire à la cour de Lorraine. Elle la conduisit donc à Nancy, où Isabeau de Lorraine, femme du duc d'Anjou, lui fit le plus bel accueil. La princesse conçut insensiblement pour la jeune personne une vive et tendre amitié, de sorte qu'elle voulut l'avoir sous sa protection et se l'attacha bientôt comme fille d'honneur de sa maison.

Agnes Sorel, à l'âge de quinze ans, était déjà au nombre des femmes les plus distinguées de son époque.

Le portrait que l'on pourrait tracer de cette charmante personne ne saurait jamais être trop flatteur, car les historiens de son temps, de même que tous ceux qui ont parlé d'elle, se sont accordés à la douer de toutes les qualités possibles. « C'était, dit l'un d'eux, la plus ravissante créature que l'on puisse imaginer, avec un teint de lis et de roses, des yeux où la vivacité était tempérée par tout ce que l'air de douceur a de plus séduisant, une bouche que les Grâces avaient formée; tout cela était accompagné d'une taille libre et dégagée, et relevé d'un esprit aisé, amusant et d'un entretien dont la gaieté et le tour agréable n'excluaient ni la justesse ni la solidité. » Voltaire, dans son poëme de *la Pucelle d'Orléans,* en a tracé un portrait non moins gracieux : « Elle possédait, dit-il, tout ce qui était capable d'enchanter et de plaire ;

> Elle avait tout : elle aurait dans ses chaînes
> Mis les héros, les sages et les rois.

Si les traits que nous venons de reproduire peignent bien exactement la personne d'Agnès Sorel, comment Charles VII, qui avait le cœur très-sensible ainsi que la plupart des rois de sa race, aurait-il pu se défendre contre le charme que tant de beauté devait exercer sur lui ? comment aurait-il pu refuser d'accorder son hommage à celle qui, sous tant de rapports, le méritait si bien ? Aussi, la voir, l'aimer, brûler pour elle d'une vive flamme, fut l'affaire d'un jour. Voici dans quelle occasion.

René d'Anjou, duc de Bar, époux d'Isabeau, avait été fait prisonnier à la journée de Bullégneville. Aussitôt que cet événement parvint aux oreilles de la duchesse, elle résolut de se rendre à la cour de Charles VII, son beau-frère, pour le conjurer d'interposer sa médiation dans le but d'obtenir la liberté de son mari. Elle partit donc, accompagnée de ses chevaliers et de ses dames d'honneur, et arriva à Loches vers le mois d'octobre 1429. La belle Agnès, qui était l'amie et la confidente de la princesse, faisait partie de ce brillant cortége.

Le roi ne tarda pas à distinguer la jolie fille d'honneur, au milieu du groupe de dames qui accompagnaient sa parente. Son aspect produisit sur lui, de prime abord, une si grande impression, qu'il ne pouvait se lasser de la contempler et de l'admirer. Il n'avait jamais vu tant de grâces, tant de perfections réunies dans une seule personne. *Il demoura,* dit la chronique, *si attéré de sa moult grande beaulté, que plus ne pouvoit parler aucunement.* Bientôt son admiration se changea en un violent amour.

L'amour de Charles était sincère : aussi le prince se trouvait-il embarrassé lorsqu'il était en présence d'Agnès. Celle-ci ne se doutait pas du sentiment qu'elle inspirait ; entretenue constamment dans les principes de la plus austère vertu, elle ne pensait pas le moins du monde à faire de la coquetterie. Ses discours, quand le roi lui faisait l'honneur de lui parler, étaient simples, mais pleins de jugement ; ses manières étaient nobles, mais sans afféterie ; sa mise était élégante, mais sans prétention. Cette simplicité, cette candeur qu'elle montrait en toutes choses, inspirait au roi, pour elle, une estime méritée, et ne faisait qu'augmenter la vive affection qu'il lui portait.

Plusieurs fois le roi avait été sur le point de lui déclarer l'amour qu'il ressentait ; mais l'innocence de celle qu'il adorait, jointe à la timidité qu'il éprouvait auprès d'elle, l'avait toujours arrêté dans sa résolution. Un jour, pourtant, qu'il était à la chasse avec toute la cour, dans la belle forêt que dominait le château, il saisit le moment où Agnès s'était un peu écartée des autres dames, pour aller à sa rencontre et lui faire enfin cet aveu qui lui pesait tant. Déjà Charles VII avait commencé sa déclaration, déjà la jeune personne avait commencé à rougir, lorsque tout à coup un énorme sanglier, poursuivi par les chasseurs, vint à passer tout près de l'endroit où le roi se trouvait. Charles, aussitôt s'armant de son couteau de chasse, se met sur la défensive, tandis qu'Agnès, toute tremblante, se dirige vers sa monture. A peine s'était-elle élancée sur son palefroi, que le sanglier, blessé par les chasseurs, revient du même côté, se jette entre les jambes des chevaux, qu'il laboure du tranchant de ses défenses, renverse le coursier d'Agnès, qui tombe elle-même auprès de l'horrible bête. A cet instant, mille cris d'épouvante font retentir la forêt. A ce spectacle, toutes les dames prennent la fuite, tandis que les chevaliers s'empressent d'accourir sur le théâtre du danger. Mais avant que personne soit encore arrivé, le roi, ne songeant plus qu'à sauver celle qu'il aime, et oubliant le péril qui le menace, se jette sur la bête, et lui plonge à plusieurs reprises son couteau dans la poitrine. Le sanglier, déjà blessé à mort, expire aussitôt sous les coups du roi, qui reçoit bientôt les actions de grâces d'Agnès et les félicitations de toute la cour.

Le roi, dans cette partie de chasse, avait beaucoup fait pour son amour. D'abord, il avait laissé deviner son sentiment à la jolie fille d'honneur, et ensuite, ce qui était mieux encore, il avait conquis, par son courage et son dévouement, des titres à la reconnaissance de celle dont il voulait être aimé.

Agnès, de son côté, n'était pas ingrate. Son âme grande et généreuse la portait malgré elle vers tout ce qui était noble et élevé. Elle ne put, dans cette circonstance, s'empêcher d'admirer le sang-froid et le courage du roi ; elle se sentit éprise d'enthousiasme pour un prince qui s'était si spontanément dévoué pour lui sauver la vie ; et dès cette époque, elle partagea, sans s'en rendre bien compte, un peu de l'amour que l'on ressentait pour elle.

Isabeau de Lorraine, après avoir exposé à Charles VII le but de son voyage, le pressait vivement de satisfaire à ses désirs, ou du moins de lui donner une promesse positive à ce sujet. Le roi, qui voulait différer le plus possible le départ de sa belle-sœur, ne lui faisait que des réponses évasives ; il cherchait à la retenir en improvisant des fêtes magnifiques, et en inventant, pour elle et sa suite, de nouveaux plaisirs. Il eut bien désiré, en retour de la promesse que l'on sollicitait de lui, demander à sa parente le don d'Agnès ; mais sous quel prétexte ? Charles savait aimer ; dans la noblesse de son cœur, il pensait indigne de lui d'afficher une femme aux yeux de sa cour ; aussi flottait-il indécis au milieu des idées les plus diverses : tantôt animé de l'espérance de voir enfin son amour couronné de retour, et tantôt péniblement affecté par le regret de voir s'éloigner le charmant objet de son affection. Le prince se trouvait dans cette situation difficile, lorsque, involontairement, la reine Marie d'Anjou, son épouse, vint à son secours.

Cette princesse, touchée des qualités de notre belle héroïne, s'était insensiblement attachée à elle. Elle se plaisait, comme tout le monde, dans la société d'Agnès, qui, par la vivacité de son esprit, la solidité de son jugement, l'enjouement de sa conversation, la délicatesse de ses procédés et la grâce de ses manières, exerçait sur tous ceux qui l'approchaient un ascendant irrésistible. C'est pourquoi Marie attendait que sa belle-sœur songeât aux préparatifs de son départ, pour lui demander de vouloir bien lui laisser celle qu'elle considérait déjà comme une amie.

Cependant l'hiver approchait ; le froid commençait à se faire sentir, et les neiges allaient bientôt rendre les chemins impraticables. Isabeau parla de partir : les prières du roi, les instances de la reine, rien ne put l'arrêter dans son dessein. Marie alors fit promettre au roi d'intervenir en faveur du prisonnier, son frère, et demanda à Isabeau, en échange de cette intervention, la faveur de lui laisser la jeune personne qu'elle affectionnait. La duchesse, malgré la peine qu'elle ressentait de se séparer de sa fille d'honneur, ne put s'empêcher d'acquiescer à une pareille demande : c'était, d'ailleurs, une occasion d'être utile à Agnès, dont la position allait devenir bien plus belle, bien plus brillante à la cour de France, appuyée qu'elle était par la protection de la reine. Isabeau mit, du reste, pour condition à cet arrangement qu'on n'agirait pas contre le gré d'Agnès, et qu'on obtiendrait son assentiment.

On instruisit Agnès des bonnes intentions de la reine à son égard, et on lui accorda quelques jours pour réfléchir au sujet de la proposition qui lui était faite, de quitter la cour de Lorraine pour la cour de France.

A cette nouvelle, que de pensées ne traversèrent point l'esprit de notre héroïne ! comme son cœur battit ! combien elle se sentit émue ! Était-il bien à elle d'abandonner sa protectrice, celle qui l'avait comblée de bienfaits, qui l'avait accueillie avec tant de bonté, qui avait dirigé ses premiers pas dans le monde, qui l'avait aidée de ses conseils et de son expérience, et qui toujours s'était montrée envers elle plutôt une amie qu'une souveraine ? Non, ce n'était pas bien, pensait-elle ; c'était au contraire faire prouve d'une noire ingratitude. Mais la reine Marie était si bonne aussi à son égard ! elle lui avait manifesté, depuis le jour de son arrivée, tant d'amitié ! elle l'avait entourée de tant de prévenance, et d'attentions ! Aujourd'hui la princesse lui révélait encore d'une manière si sensible son attachement, en lui faisant l'honneur de vouloir la garder dans sa maison ! S'il y avait de l'ingratitude, pensait-elle encore, à délaisser Isabeau de Lorraine, il y avait bien de la dureté à se refuser de satisfaire aux désirs de la reine Marie.

Et puis un autre motif venait augmenter les perplexités d'Agnès : depuis l'événement de la forêt, son cœur s'était ouvert à un sentiment tout nouveau pour elle ; la scène du sanglier se reproduisait souvent à son esprit : l'horrible situation dans laquelle elle s'était vue, le courage qu'avait déployé Charles VII, le danger qu'il avait couru pour lui sauver la vie, et aussi la déclaration qui avait précédé cette scène tragique, tout cela produisait dans son âme un mélange confus d'admiration, de reconnaissance et d'amour.

Lorsque Isabeau et Marie lui demandèrent ce qu'elle avait résolu, Agnès balança ; pressée néanmoins de parler, elle répondit :

« O ma bonne protectrice ! comment me serait-il possible de me séparer de vous ? N'est-ce pas vous qui depuis six ans me servez de mère ? N'est-ce pas vous qui avez été mon conseil et mon appui, qui m'avez soutenue dans ma faiblesse, qui avez dirigé mon cœur et formé mon esprit ? Si vous voulez que je vous quitte, faites en sorte que les bienfaits que j'ai reçus de vous s'effacent de ma mémoire ; tant que je me souviendrai de vos bontés, la reconnaissance me portera toujours partout où se trouvera votre auguste personne. Je suis bien persuadée, ajouta-t-elle en s'adressant à la reine, que je trouverais le bonheur auprès de Votre Majesté : le gracieux accueil qu'elle m'a fait, l'amitié dont elle m'a honorée, la bienveillance qu'elle m'a montrée, le charme que l'on est accoutumé de rencontrer auprès d'elle, et par-dessus tout le désir, très-flatteur pour moi, qu'elle manifeste en ce moment, me sont de sûrs garants de félicité. Je conserverai certainement toute ma vie, pour en être reconnaissante, le souvenir des bontés qu'elle m'a prodiguées ; mais je pense, dit-elle d'une voix altérée, que j'ai à remplir un devoir impérieux envers ma bienfaitrice : si Sa Majesté veut bien me le permettre, je retournerai à Nancy. »

Au moment où la jolie fille d'honneur prononçait ces dernières paroles, Charles VII entra dans le salon de la reine. Le roi regarda Agnès d'un air qui exprimait le regret ; Agnès, de son côté, regarda le roi, puis baissa les yeux et rougit.

« Puisque telle est votre intention, mademoiselle, dit la reine, je n'insisterai pas, car je ne veux pas vous causer le moindre déplaisir ; vous partirez donc avec ma bien-aimée sœur. Mais veuillez auparavant recevoir cet anneau, ajouta-t-elle en l'ôtant de son doigt ; qu'il vous soit un gage de l'affection que vous a vouée Marie d'Anjou. »

En même temps la reine s'approcha un peu et l'embrassa sur le front.

Agnès, de pourpre qu'elle était d'abord, était devenue tout à coup trèspâle ; elle était comme absorbée dans une pensée douloureuse, et ses yeux étaient remplis de larmes. La reine s'en aperçut :

« Ne vous affligez point, mademoiselle, reprit Marie ; nous ne nous séparons pas pour toujours ; j'espère bien que nous nous reverrons bientôt. »

Elle l'embrassa de nouveau ; puis elle la congédia.

Charles la suivit tristement des yeux, semblable à l'enfant qui voit s'échapper de ses mains le brillant papillon qu'il lui semblait tenir.

Le départ d'Isabeau avait été fixé pour le lendemain 1er décembre. Le roi, pendant toute la nuit, fut en proie à une vive agitation. Les formes gracieuses d'Agnès ne cessèrent un instant de se peindre vivement à son esprit. Tantôt il la voyait déployer dans un bal toute la grâce de sa jolie personne ; tantôt il l'apercevait charmant tout un cercle d'auditeurs, par la finesse de ses reparties et le piquant de sa conversation. Quelquefois il l'admirait montée sur un léger palefroi, qu'elle maniait habilement et faisait caracoler avec adresse ; d'autrefois il se la figurait auprès de lui, souriant d'une manière affectueuse et faisant entendre à son oreille une voix harmonieuse qui lui allait jusqu'à l'âme. Mais ces formes gracieuses, cette voix ravissante, ce sourire enchanteur, tout cela ne devait plus bientôt exister pour lui que dans son imagination ; le lendemain toutes ces beautés allaient disparaître à ces yeux comme les images qui se produisent dans un rêve ; la voiture allait les emporter loin de lui, comme le vent enlève loin de l'ormeau les fleurs qu'il détache de ses branches au milieu de la prairie.

Le 1ᵉʳ décembre était arrivé. Dès le matin tout le château de Loches fut en émoi. Déjà Isabeau avait fait au roi et à la reine ses adieux de départ ; les cent chevaliers qui accompagnaient la duchesse étaient déjà en selle dans la grande cour, les dames d'honneur elles-mêmes étaient disposées à monter dans les voitures de voyage, tout le cortége allait bientôt se mettre en route, lorsque les femmes attachées au service d'Agnès vinrent annoncer que la jolie fille d'honneur venait de se trouver mal. Aussitôt Isabeau et Marie se rendirent auprès de la malade ; elles la trouvèrent fort souffrante. Des médecins ayant été appelés pour la secourir et donner leur avis sur la gravité de la maladie, déclarèrent qu'Agnès était fortement affectée, qu'elle avait besoin de repos, et qu'il y aurait danger pour elle à s'exposer maintenant au froid de la saison et aux fatigues d'un long voyage.

La maladie d'Agnès était-elle simulée, ou bien était-elle causée par l'émotion que lui produisait l'idée de son départ ? les chroniqueurs ne sont pas d'accord sur ce point. Les uns, plus médisants, penchent pour la première opinion ; les autres, plus naïfs, penchent pour la seconde. L'un d'eux affirme gravement qu'Agnès devait être fort malade, *attendu*, dit-il, *que des physiciens* (1) *vindrent iceluy jour en grand*

(1) Médecins.

nombre au chastel de Loches. Cette raison du chroniqueur ne nous paraît pas bien concluante. Pour nous, en nous rappelant les divers sentiments qui devaient émouvoir le cœur d'Agnès, sa reconnaissance pour Isabeau, son amitié pour la reine et sa sympathie pour le roi, nous pensons que notre belle héroïne se trouva réellement indisposée au moment de son départ; mais qu'instinctivement, et peut-être aussi par adresse, comme on l'a prétendu, elle exagéra la gravité de son mal, conciliant ainsi ce qu'elle devait à sa bienfaitrice et ce qu'elle désirait pour elle-même.

La duchesse de Lorraine ne pouvait plus retarder le moment de son voyage, sans courir le danger de trouver les routes interceptées par les neiges; aussi partit-elle le jour même pour Nancy, laissant au château de Loches sa jeune protégée, qui lui promit d'aller la rejoindre en toute hâte dès qu'elle serait guérie. Marie d'Anjou, de son côté, promit de veiller sur la malade, et tout s'arrangea pour le mieux, c'est-à-dire au gré des désirs de Marie d'Anjou, d'Isabeau de Lorraine, d'Agnès Sorel, et, par-dessus tout, de ceux de Charles VII.

La demoiselle de Fromenteau, — c'est ainsi qu'on appelait Agnès, — ne tarda pas à se rétablir. Alors elle pensa à la promesse qu'elle avait faite; elle parla timidement de s'en aller; mais le roi fit tous ses efforts pour la retenir :

« Quelle imprudence! Vous, songer à partir dans cette saison rigoureuse où tout ce qui respire a besoin d'un abri contre les frimas et les glaçons! Voyez la campagne en deuil, abandonnée de tous ses habitants? Voyez les arbres dépouillés de leurs feuilles verdoyantes et recouverts tristement d'une neige monotone. Regardez la rivière qui traverse la prairie, ses flots ne coulent plus, ils sont enchaînés par le froid de l'hiver. Le chemin que vous aperceviez naguère au pied du château, et qui était parcouru par de nombreux voyageurs, est aujourd'hui entièrement désert; la neige qui le recouvre l'a fait disparaître à vos yeux et l'a confondu avec le reste de la plaine. Vous ne pouvez vous aventurer ainsi à travers des routes perdues, où vous courriez à chaque instant le risque de vous jeter dans un abîme. Et moi je serais loin de vous ; je ne serais pas là pour veiller sur votre vie, pour vous garantir du danger ! Agnès, vous ne pouvez partir ; dites que vous ne partirez pas. »

Ces dernières paroles de Charles VII rappelèrent à Agnès le dévouement qu'il avait montré pour la sauver : remplie d'une douce émotion, elle jeta sur le roi un regard où se peignaient les sentiments qui l'animaient ; puis, comme résignée :

« Sire, dit-elle, vous avez tout pouvoir sur moi ; vous êtes mon souverain, mon maître, je ne dois que vous obéir.

— Agnès, dit Charles en lui prenant la main avec tendresse, je ne veux pas que vous vous aperceviez que je suis votre roi ; je prétends respecter en tout la moindre de vos volontés. Si votre séjour à la cour de France vous est désagréable, si ma présence vous importune, si mes craintes et mes alarmes ne peuvent vous retenir ici, partez, Agnès, fuyez loin de moi, retournez à Nancy, mais au moins vous ne pourrez m'empêcher de conserver précieusement votre souvenir et de vous aimer toute ma vie. »

Le roi à ces mots se jeta aux genoux d'Agnès. Celle-ci, profondément émue, versait des larmes.

« Relevez-vous, Sire, relevez-vous, dit-elle, je vous en prie ; quelqu'un pourrait nous voir ainsi, et je serais perdue !

— Agnès, je veux être votre sujet soumis, votre fidèle chevalier ; dites-moi seulement que vous me rendez un peu de l'affection que je vous porte.

— Sire, je ne serai jamais ingrate envers vous.

— Ce n'est point de la reconnaissance que je vous demande, Agnès ; c'est un peu d'amour. »

Et le roi, prenant les deux mains d'Agnès, les couvrit de ses brûlants baisers.

Le cœur d'Agnès battait avec violence ; son émotion grandissait toujours, ses forces allaient la trahir, lorsque, faisant un effort sur elle-même, elle se dégagea des mains du roi, et s'enfuit de l'appartement en laissant tomber le mouchoir avec lequel elle essuyait ses larmes.

Charles VII fut bien obligé de reporter à la demoiselle de Fromenteau le mouchoir qu'il avait eu soin de ramasser. L'histoire ne dit rien sur cette entrevue ; mais tout donne à croire que cette fois la jolie fille d'honneur ne fut plus aussi sauvage avec le roi, et qu'elle laissa entre ses mains un gage d'un autre genre qu'il était impossible de lui reporter. Ce qui vient surtout à l'appui de cette conjecture, c'est que dès ce jour Agnès ne parla plus de partir ; qu'elle compta au nombre des filles d'honneur de la reine, et qu'elle fut avec le roi dans la plus grande intimité.

Cependant, l'affection de Marie d'Anjou pour Agnès s'accroissait de jour en jour. Ces deux femmes étaient douées d'une âme si sympathique, elles possédaient des sentiments si nobles, un esprit si élevé, qu'il était impossible qu'elles ne s'entendissent pas ensemble et qu'elles ne ressentissent pas l'une pour l'autre une estime véritable, jointe à une vive amitié. On ne sait pas encore si les yeux de la reine furent jamais dessillés à l'égard des infidélités de son époux ; toujours est-il qu'Agnès, dont la douceur était plus grande encore que la beauté, se montra toujours pleine d'égards et d'attentions pour Marie ; et que celle-ci s'attacha, en retour, à combler sa rivale de bienfaits, la protégeant incessamment contre les attaques et les méchantes allusions de la cour. Si Marie d'Anjou, ainsi que plusieurs l'affirment, a réellement eu connaissance de l'intimité étroite qui exista entre la fille d'honneur et son mari, sa conduite délicate envers Agnès est un de ces actes sublimes de dévouement et de résignation dont les femmes seules sont capables et dont nos reines de France ont donné assez souvent de généreux exemples.

Si Agnès inspirait à la reine une estime mêlée de sympathie, elle était loin de produire sur le Dauphin un effet semblable. Ce prince, qui dans la suite acheva de se faire connaître sous le nom de Louis XI, était incanable, par sa nature, d'apprécier un noble caractère. Né avec une humeur sombre et farouche, plein de fausseté et d'hypocrisie, il avait le cœur inaccessible aux sentiments délicats : aussi montra-t-il envers son père l'ingratitude la plus grande, et eut-il toujours pour Agnès la haine la plus vivace. Les historiens ont recherché les motifs de cette haine que le Dauphin ne cessa de manifester dans toutes les occasions envers la favorite : les uns l'ont attribuée au dédain que la demoiselle de Fromenteau aurait fait de son hommage ; les autres en ont vu la cause dans l'affection même qu'elle portait à Charles VII, dans le zèle qu'elle mettait à déjouer les projets coupables que le Dauphin tramait de temps en temps contre la personne du roi. Ces deux motifs sont peut-être vrais également, mais la dernière explication nous semble plus plausible. En effet, on connaît la conduite déloyale et perverse de ce fils dénaturé, qui, pour satisfaire son ambition et sa méchanceté, s'efforça autant qu'il put de fomenter des troubles dans l'État, de tendre des embûches à son auguste père, de lui susciter des ennemis et de le faire craindre pour sa couronne. Charles VII avait besoin d'avoir constamment à ses côtés une personne dévouée qui veillât sur lui, qui détournât les coups de ses ennemis, qui eût assez de perspicacité pour voir clair à travers les ténébreuses menées de Louis : cette personne dévouée, cet esprit perspicace, cet ange tutélaire fut Agnès Sorel. Il ne faut donc pas s'étonner si le Dauphin lui voua une partie de l'inimitié qu'il avait d'abord conçue pour son père.

Agnès avait assurément l'âme pure et candide, mais elle était par-dessus tout aimante. Elle ne put se défendre d'affectionner Charles VII qui lui avait montré un véritable amour. Elle aima le prince, mais sans faiblesse ; elle l'aima comme on doit aimer un souverain, en profitant de l'ascendant qu'elle avait sur lui pour l'exciter à la gloire, le rappeler à ses devoirs de roi et le pousser, dans l'intérêt de la France, à reconquérir le territoire envahi par l'étranger. Afin de mieux faire ressortir le service que la belle Agnès rendit à son souverain et à la France, il est bon de jeter un coup d'œil rapide sur l'histoire de notre pays à cette époque.

Charles VII était monté sur le trône dans des moments bien difficiles. Jamais la monarchie n'avait été dans une situation plus déplorable : les Anglais, profitant de la folie de Charles VI, et de la guerre civile entretenue par les grands seigneurs feudataires, déclarèrent la guerre à la France, passèrent le détroit, attaquèrent les Français, et gagnèrent bientôt la funeste bataille d'Azincourt, qui fut encore plus désastreuse pour notre pays que la bataille de Créci sous Philippe de Valois, et que la bataille de Poitiers sous Jean le Bon. Cette fois, le roi d'Angleterre, après s'être emparé des trois quarts de notre territoire, avait fait une entrée triomphale à Paris au milieu de toute sa cour, et s'était fait déclarer régent du royaume, tandis qu'à Londres il était proclamé roi de France et d'Angleterre. C'est au milieu de ces circonstances critiques que Charles VII, succédant à son père Charles VI, hérita des droits à la couronne.

Charles n'avait que vingt ans quand il apprit l'événement qui l'élevait au trône. Il était alors en Auvergne, dans un petit château nommé Espalli, accompagné seulement de quelques seigneurs et gentilshommes. Ces derniers prirent les habits dont ils se servaient dans les tournois, le menèrent à la chapelle, levèrent une bannière aux armes de France, le saluèrent et crièrent *Vive le roi !* Ce fut toute la cérémonie de l'inauguration du monarque, auquel il ne restait que quelques provinces au delà de la Loire pour royaume, et la petite ville de Bourges pour sa capitale, d'où il fut appelé par dérision, *le petit roi de Bourges.* Peu de jours après la proclamation d'Espalli, il se fit couronner à Poitiers sans grande solennité. Dès ce moment cependant, il y eut à Paris des mouvements en sa faveur ; mais les auteurs furent découverts, et punis par la prison, l'exil ou la mort. Le duc de Bedford, nommé régent de France depuis la mort du roi d'Angleterre, fit reconnaître le jeune Henri VI dans les villes de sa domination, fit sceller les actes en son nom et exigea des serments individuels des moindres artisans comme des plus grands seigneurs. Il s'appliqua ensuite à consolider la puissance de son pupille par des alliances et un bon plan de guerre.

Charles VII, outre les seigneurs et les peuples de ses provinces au delà de la Loire, qui lui montrèrent toujours un attachement inviolable, avait des alliés fidèles et secourables. Les grands vassaux voisins des Pyrénées, les comtes de Foix et d'Armagnac, les Périgord, les Beaumont, se firent honneur de lui amener de braves soldats. Le duc de Milan envoya des Italiens, et la noblesse d'Écosse accourut d'elle-même sous les ordres d'Archambaut de Douglas au secours de ses anciens amis. Mais tous ces renforts n'approchaient pas de ceux que le régent se procura par les levées qu'il fit en Angleterre et dans les provinces assujetties à son pupille. De ces détachements de tant de nations, se composèrent deux armées empressées de se joindre et de se combattre. Elles se rencontrèrent près de Verneuil, place qui donnait aux royalistes un accès libre en Normandie et dans l'Ile de France. Les capitaines français les plus habiles étaient d'avis d'abandonner cette petite forteresse, plutôt que de risquer une bataille, qui, s'ils étaient défaits, pouvait enlever au roi sa dernière ressource. Ils remontraient les malheurs de la France à diverses époques comme les funestes conséquences des batailles de Créci, de Poitiers et d'Azincourt. Mais les chefs des nations auxiliaires prétendant que les capitaines français ne se refusaient à la bataille que pour les garder plus longtemps auprès d'eux, et même allant jusqu'à faire entendre que les Français avaient peur des Anglais, aussitôt la bataille fut résolue. Comme à l'ordinaire, on dispute à qui arrivera le plus tôt à l'ennemi; on attaque sans ordre, on se mêle. L'impétuosité française triomphe d'abord; mais les archers anglais, toujours couverts d'un retranchement portatif de pieux ferrés, percent de leurs flèches chevaux et cavaliers, qui se renversent les uns sur les autres, et foulent aux pieds les fantassins qui fuient. Le duc de Douglas est tué avec ses audacieux patriotes. Il y eut peu de familles en France, de celles attachées au roi, qui n'eussent à regretter quelqu'un des leurs, ou resté sur le champ de bataille ou fait prisonnier.

Depuis la fatale journée de Verneuil, il n'arriva plus au roi que des nouvelles fâcheuses, la prise d'une ville, la défection d'une autre, la terreur chez ses partisans, la déroute successive dans ses bataillons. De quelque côté qu'il portât la vue, point d'espérance; mais il lui en vint tout à coup d'une manière inattendue.

Deux femmes, deux jeunes filles à la parole douce et persuasive, à l'ascendant dominant, irrésistible; belles comme les anges, héroïques comme les plus courageux; animées toutes deux par un ardent amour de la patrie, vinrent successivement, au milieu de sa détresse, au secours de Charles VII, qui, sous l'influence de leur divine inspiration, sentit tout à coup son courage se rallumer et son âme s'ouvrir aux rayons de l'espoir. La première de ces femmes fut Jeanne d'Arc, surnommée la Pucelle d'Orléans.

Jeanne, profondément émue des malheurs dont la France était accablée, crut un jour entendre une voix céleste qui lui ordonnait de prendre les armes, de se rendre à Orléans pour sauver cette ville assiégée par les Anglais, et de conduire ensuite le roi à Reims, afin de faire donner à son titre la consécration religieuse. Le patriotisme dont la jeune fille était enflammée lui inspira la confiance et le courage nécessaires pour tenter de réaliser l'objet de cette grande mission. Elle alla donc trouver le seigneur de Baudricourt, lui parla de sa détermination, et lui demanda une escorte pour se rendre auprès du roi, qui se trouvait alors au château de Chinon. Le seigneur de Baudricourt s'étant laissé persuader par les paroles de Jeanne, lui accorda, après quelque hésitation, ce qu'elle sollicitait. Admise ensuite auprès du roi, elle montra tant de sagesse dans ses discours, tant d'à-propos dans ses réponses, qu'elle parvint à faire passer dans le cœur du prince un peu de l'enthousiasme et de l'espoir qui l'animaient. Charles VII lui donna des conseillers, des pages, un chapelain, un intendant, enfin tout l'équipage d'un chef de guerre ; puis elle partit pour Orléans. Là, après avoir fait des prodiges de valeur et délivré la ville, elle retourna vers le roi, qu'elle décida à l'accompagner à Reims, où il fut sacré selon qu'elle l'avait médité et résolu.

La levée du siége d'Orléans et le sacre du roi sont deux faits qui seraient de peu de valeur dans les circonstances ordinaires, mais qui eurent, au moment où ils furent accomplis, des conséquences très-importantes. En effet, depuis longtemps, les Français n'essuyaient plus que des échecs sur le théâtre de la guerre ; les désastres d'Azincourt et de Verneuil, joints à l'envahissement de nos plus belles provinces, avaient jeté les troupes dans le découragement et les avaient entièrement déconcertées. Les combats victorieux livrés devant Orléans, la fuite des assiégeants et surtout la confiance intrépide de Jeanne, parvinrent à rétablir un peu le moral des soldats et à leur démontrer que leurs ennemis n'étaient point invincibles. Le sacre du roi, effectué au milieu des plus grandes difficultés, contribua aussi à produire les plus heureux résultats, car il confirma l'armée dans la croyance que la mission de Jeanne était divine, et que le ciel intervenait pour sauver la malheureuse France. C'est pourquoi nos troupes, pendant quelque temps, n'eurent plus que des succès, et les Anglais n'essuyèrent plus que des revers.

Mais malheureusement, Jeanne d'Arc ne resta pas assez longtemps à la tête de nos armées ; ayant été prise par les Bourguignons, devant Compiègne, elle fut vendue aux Anglais, qui la firent juger et condamner comme sorcière. Jeanne fut brûlée vive sur la place de Rouen. Sa mort eut pour effet d'arrêter l'élan de nos soldats, de faire triompher de nouveau nos ennemis et de replonger la France dans la consternation.

Pendant que les Anglais, pleins d'audace, assiégeaient et prenaient nos villes, Charles VII s'étourdissait au milieu des plaisirs qu'il rencontrait à sa cour. Cette inertie, l'inertie d'un prince dans la vigueur de l'âge et dans de pareilles circonstances, a droit d'étonner. On donne à son indolence pour principe l'intérêt des favoris qui l'obsédaient. Plus sûrs de conserver leur crédit dans la mollesse de la cour que dans l'activité de la guerre, ils le retenaient loin des armées, sous le spécieux prétexte qu'exposer sa personne, ce serait hasarder le salut de l'État, qui dépendait de sa conservation. Ils l'entraînaient par les plaisirs : Charles y était assez enclin par lui-même. On rapporte que dans un de ces moments critiques qui réclamaient les plus sages réflexions, il fit appeler La Hire. C'était pour lui communiquer le plan d'une fête qu'il voulait donner.

« Qu'en pensez-vous? demanda-t-il au jeune guerrier.

— Je pense, répondit celui-ci, qu'on ne peut perdre un royaume plus gaiement. »

Cette réponse du brave La Hire fit réfléchir Charles VII, et néanmoins ne le tira aucunement de son apathie.

Mais bientôt le ciel députa vers le roi une autre jeune fille, douée, comme la première, d'une âme forte et généreuse, et qui, par sa douce influence, devait ramener Charles à des sentiments plus dignes de lui : cette autre jeune fille était Agnès Sorel.

Ainsi que Jeanne d'Arc, Agnès gémissait profondément sur les malheurs de sa patrie. Lorsqu'elle sut que le roi l'aimait sincèrement, elle ne put se défendre de le payer de retour; mais alors elle voulut faire servir son amour à la gloire de son souverain et à la délivrance de son pays. Tous les généraux réclamaient Charles VII à la tête de l'armée, comme un moyen de rétablir le moral des troupes, de ranimer leur courage abattu. Agnès Sorel, convaincue elle-même de la nécessité d'une pareille mesure, se chargea de persuader au roi de s'armer de son épée et de voler partout où l'appellerait la défense de la patrie.

Un jour, le roi entra tout joyeux dans l'appartement d'Agnès; il venait l'inviter à une fête magnifique qu'il avait organisée de concert avec quelques courtisans :

« Ma chère demoiselle, dit-il, comme je désire que vous vous amusiez à la cour de France et que vous oubliiez celle de Lorraine, j'ai ordonné, en votre intention, un tournoi où vous êtes désignée, par toutes les dames et tous les chevaliers, pour être la reine de beauté et donner l'accolade au vainqueur.

— Je vous remercie de vos bontés, Sire, mais je suis bien peu digne de toutes ces attentions et de l'honneur que ces dames et ces messieurs daignent me faire.

— Agnès, vous surpassez par vos qualités toutes les dames de la cour, comme la rose surpasse en beauté et en magnificence toutes les autres fleurs des jardins ; il est bien juste que chacun reconnaisse votre mérite, et que le vainqueur du tournoi dépose à vos pieds l'hommage qui vous est dû.

— Dans les circonstances malheureuses où la France se trouve, Sire, lorsque votre couronne vous est si audacieusement disputée par le roi d'Angleterre, combien ne me serait-il pas plus doux de recevoir pour hommage, au lieu d'un vain triomphe de tournoi, la prise glorieuse de quelques villes, ou l'annonce de quelques victoires remportées sur nos ennemis ! Je vous l'avouerai, Sire, les maux dont notre beau pays est affligé ont retenti profondément dans mon cœur ; aussi, au milieu des fêtes que votre amour pour moi invente à chaque instant afin de me donner du plaisir, il m'est impossible, tout en ayant de la reconnaissance pour votre bonté, de ne point ressentir quelque douleur au fond de mon âme et de ne point regretter que tous ces galants et féaux chevaliers, qui déploient tant de courage et d'adresse dans des passes d'armes inutiles, n'aillent point chercher, pour signaler leur valeur, un théâtre plus digne de leur roi et d'eux-mêmes, et surtout plus en harmonie avec la triste situation de notre malheureuse France. »

Le roi, comme fasciné par les paroles d'Agnès, gardait le silence. La jolie fille d'honneur, s'apercevant de l'impression que ses discours produisaient sur l'esprit de Charles, s'empressa de continuer :

« Sire, permettez-moi de vous parler aujourd'hui dans toute la sincérité de mon âme. Vous ne pouvez douter que je vous aime ; car je vous
ai prouvé mon amour par le sacrifice le plus grand que j'aie pu vous
faire ; et aujourd'hui que je n'ai plus à ma disposition que ma vie, je vous
l'offrirai, quand vous voudrez, pour vous prouver davantage, s'il est possible, mon entier dévouement. En me hasardant de vous donner un conseil, je ne puis donc être accusée de consulter autre chose que ce qui me
paraît être avantageux à Votre Majesté, qui est l'objet de ma tendresse.
Eh bien ! Sire, je sais, d'après les rapports de vos généraux, que les vœux
de tous les Français vous appellent à la tête des armées. Les soldats dé-
sirent voir au milieu d'eux le prince pour lequel ils combattent et versent
chaque jour leur sang dans les batailles. Ils sont persuadés que votre
présence les animerait, leur donnerait du courage, fiers qu'ils seraient
d'avoir pour témoin de leurs exploits l'illustre descendant de tant de rois
magnanimes. Croyez-moi, Sire, croyez à mon amour qui vous parle
en ce moment, écoutez les vœux de l'armée, écoutez ceux de vos
braves capitaines ; imitez les rois vos prédécesseurs et vos ancêtres, les
Charlemagne, les Philippe-Auguste, et tant d'autres ; quittez les délices de votre cour, éloignez-vous de moi, et donnez à la France le
noble exemple d'un souverain qui, ayant hérité de ses pères ses droits
à la couronne, veut la conquérir encore par son courage et la force de
son épée. »

Charles VII avait prêté une oreille attentive aux paroles de sa belle
maîtresse. Il avait entendu avec plaisir ses protestations de dévouement ;
il ne pouvait s'empêcher d'admirer la noblesse de son caractère, la grandeur de son âme, l'élévation de son esprit ; tout cela ne faisait qu'augmenter son amour pour Agnès, et accroître le vif désir qu'il avait de
rester auprès d'elle. Agité par des idées et des sentiments qui se con-
trariaient sans se détruire, le prince continua de garder le silence.

« Eh bien, Sire, reprit Agnès, vous ne répondez rien à mes paroles !

Est-ce que mon langage vous aurait blessé? Dois-je interpréter votre silence comme une désapprobation de la liberté que je me suis permise à votre égard? Parlez, Sire, je vous en supplie; ne me laissez pas plus long-temps sous l'impression de la crainte.

— Vous, me blesser, Agnès! vous, avoir ma désapprobation! dit le roi en serrant sur son cœur la main de sa maîtresse, c'est impossible; jamais je ne repousserai les conseils d'une véritable amitié; jamais je ne payerai d'ingratitude la fidélité et le dévouement à ma personne. Si vous m'aimez, Agnès, je vous aime, moi, comme je n'ai jamais aimé; aussi mon plus ardent désir est de vous voir appréciée par tout le monde comme je vous apprécie moi-même, et de vous donner à ma cour tout le bonheur que vous méritez.

— Sire, dit Agnès, mon plus grand bonheur est dans votre gloire; je vous ai voué ma personne, je désire que mon dévouement serve à soutenir votre dignité, et non point à ternir l'éclat de votre règne. Je ne veux point que mon nom soit maudit dans l'histoire, et que l'on dise que, comme une perfide sirène, j'ai retenu le roi mon maître sous le charme de mon amour, tandis que les ennemis prenaient ses villes, dévastaient ses provinces et s'emparaient de son royaume. Si je n'ai point la force et la vertu de Jeanne d'Arc, je veux au moins avoir son courage; je saurai sacrifier pour mon roi, sinon ma vie, du moins mon amour. Sire, je vous le répète, dans l'intérêt de la France et de votre gloire, il est nécessaire que vous vous éloigniez de moi. Si vous m'aimez véritablement, allez dans les camps cueillir des lauriers : combien je serai heureuse de recevoir de vos mains un pareil hommage!

— Agnès, si je refuse de me rendre à vos sollicitations, c'est que ma présence à l'armée entraînerait des dangers pour ma personne, et que ma mort, si elle arrivait, jetterait la France dans un grand embarras. »

Cette réponse, où le roi cachait le véritable motif de ses hésitations, pa-

AGNÈS SOREL RAPPELLE CHARLES VII A SES DEVOIRS DE ROI.

(Mystères des Vieux Châteaux de France).

rut à Agnès si peu digne du monarque, qu'elle revint un peu de l'idée qu'elle s'était faite de sa valeur. Connaissant la puissance de ses charmes et l'empire qu'elle exerçait sur le roi, elle ne se rebuta pas, et persista à poursuivre son dessein et à tenter un dernier effort.

« Sire, dit-elle, puisque je vois que mes prières sont inutiles, que mes paroles ne peuvent exercer aucune influence sur votre cœur, permettez-moi de vous faire part d'une prédiction qui m'a été faite dans ma jeunesse. Un astrologue, bien connu dans le pays par sa grande faculté divinatoire, fut un jour appelé au château de Maignelais, pour donner son avis au sujet d'une maladie grave dont mon oncle et moi étions alors attaqués. Après avoir regardé attentivement la main de mon oncle et la mienne, et dirigé en même temps ses regards vers le ciel, il parut fortement affecté de ce qu'il avait vu, et refusa d'abord de dire son avis, sous le prétexte que le temps était nébuleux et qu'il n'avait pu bien se livrer à l'exercice de son art. Pressé néanmoins par les gens de la maison, il annonça que mon oncle mourrait dans les vingt-quatre heures, et que dans le même espace de temps je serais délivrée de tout mal. Les choses arrivèrent ainsi qu'elles avaient été prédites : mon oncle mourut et moi je guéris. Peu de temps après, l'astrologue revint au château ; je le questionnai moi-même sur tout ce qu'il avait vu à mon sujet ; voici sa réponse : « Belle demoiselle, je n'ai pas voulu dire toute la vérité, de peur d'être accusé d'indiscrétion ; mais puisque vous désirez connaître votre destinée future, sachez que vous serez aimée par l'un des plus courageux et valeureux rois de la chrétienté. » Lorsque je vins à votre cour, Sire, et que j'eus l'honneur d'être aimée de vous, je pensai bien que la seconde partie de la prédiction s'accomplissait, et que vous étiez ce roi valeureux et courageux dont l'astrologue m'avait parlé. Mais aujourd'hui je m'aperçois que j'étais dans l'erreur : ce n'est point vous, Sire, qu'on a pu désigner ainsi, vous qu'on dépouille de la couronne sans que vous preniez la peine de la défendre... La prédiction n'a pu concerner que le roi d'Angleterre ; permettez donc que j'obéisse aux ordres du ciel, que j'aille trouver le roi d'Angleterre, afin d'accomplir ma destinée (1). »

Agnès, à ces mots, se levait pour s'en aller, lorsque le roi la retenant : « Mon Agnès bien-aimée, dit-il, ne t'en va pas... C'est bien de moi que l'astrologue a voulu parler : pour te le prouver, je jure par mon amour pour toi et par le souvenir de mon infortuné père, que je ne prendrai ni repos ni plaisir que je n'aie moi-même rencontré les Anglais et ne leur aie fait sentir la force de mon épée. »

Le roi, en prononçant ces paroles, était animé d'une ardeur belliqueuse qui se révélait sur sa figure et dans ses mouvements.

« C'est bien, dit Agnès remplie d'un noble enthousiasme, voilà comme je m'attendais à vous voir. Qu'on m'apporte votre épée, je veux moi-même vous la ceindre, et puisse-t-elle, à chaque coup que vous porterez, vous faire souvenir de moi ! »

Charles embrassa sa belle maîtresse avec transport et donna aussitôt des ordres pour son départ.

Le tournoi, comme on le pense bien, n'eut pas lieu, et quatre jours après cette scène, Charles VII se trouvait, à la grande satisfaction de tous les royalistes, à la tête de son armée.

Dès cette époque, les troupes du roi eurent presque toujours des avantages sur les Anglais, et ceux-ci n'eurent plus à déplorer que des défaites.

Charles VII se fit remarquer d'abord à l'attaque de Montereau-Faut-Yonne, ville alors importante et très-forte. Il montra à ce siége une intrépidité qu'on ne lui avait pas encore connue. Il marcha à l'assaut, à travers le fossé, dans l'eau jusqu'à la ceinture, monta des premiers sur la brèche, et, se voyant maître de la ville, *il défendit, sous peine de la hart, que homme ne pillât l'église ni gens de la ville.* Ces deux actes, l'un de bravoure et l'autre de bonté, décidèrent de sa réputation auprès des Français.

(1) Brantôme.

Lors de la conquête de la Normandie, Charles VII fit en personne le siége d'Harfleur, dont la défense fut des plus vigoureuses. Le monarque parut dans la tranchée, dans les combats des mines, *la salade en tête et son pavois à la main,* et s'y exposa comme le moindre soldat.

La valeur que montra le roi en bien des occasions ne contribua pas peu à rallumer le courage de ses troupes et à leur inspirer la confiance qu'elles avaient perdue. Aussi parvint-il à reprendre les unes après les autres toutes les villes qui étaient occupées depuis longtemps par les Anglais, et à recouvrer ces belles provinces qui étaient en proie au pillage et à la dévastation de ces ennemis implacables.

Charles VII, il est vrai, fut parfaitement secondé par ses capitaines; et même on peut dire que jamais monarque ne fut mieux servi que lui par des chefs habiles et dévoués. C'étaient les Dunois, les La Hire, les Xaintrailles, etc. Ils n'avaient pas besoin d'ordres pour entreprendre! L'indignation contre les usurpateurs de la monarchie les enflammait tous du même zèle. Dispersés dans toutes les provinces, sans s'être communiqué leurs projets, ils se rencontraient comme de concert sur le chemin des conquêtes.

Quoi qu'il en soit, Charles, qui était monté sur le trône après le règne désastreux de Charles VI, qui, à vingt ans, avait vu les trois quarts de la France envahis, eut la gloire heureuse non-seulement de recouvrer toutes les provinces de la monarchie, mais encore de chasser entièrement de la France les Anglais qui y avaient des possessions depuis environ quatre cents ans.

La conquête de l'intégrité du territoire, voilà le titre de Charles VII à la reconnaissance des Français, voilà aussi le titre qui lui mérita le surnom de Victorieux que l'histoire lui a conservé.

Charles n'oublia jamais que c'était à Agnès qu'il était redevable de sa gloire. Aussi l'aima-t-il toujours de l'affection la plus tendre et saisit-il avec empressement toutes les occasions de lui prouver sa gratitude.

Le 10 juillet de l'année 1435, Agnès quitta Loches pour se retirer à Fromenteau, et deux mois après elle mettait au monde une fille que le roi reconnut et qu'il nomma Marguerite.

Charles donna à Agnès, pour constituer la dot de sa fille Marguerite, le château de Beauté-sur-Marne, *le plus bel chastel et joli et le mieux assis qui fust en toute l'Isle de France*, d'où notre héroïne prit le nom de dame de Beauté ; ce qui, au dire de tous ceux qui l'ont connue, lui convenait à merveille. Elle reçut en outre, en diverses circonstances, la seigneurie de Roche-Servière, le château de Bois-Trousseau, le château d'Issoudun, le château de Vernon et la jouissance du château de Loches.

Charles VII, jugeant que le château de Loches, avec ses remparts élevés, ses tours épaisses et son énorme donjon, n'était pas assez gracieux, assez élégant pour celle que l'on appela *la Belle des belles,* fit bâtir expressément pour elle un palais magnifique dans l'intérieur du premier, de sorte que Loches put offrir à l'illustre châtelaine, derrière des fortifications formidables, tous les avantages et tous les plaisirs d'une maison d'agrément. La tour que l'on voit encore aujourd'hui, et que l'on nomme *la tour d'Agnès,* était une dépendance de ce palais et dominait toute la campagne des environs.

Madame de Beauté habita tour à tour, suivant les circonstances, les diverses propriétés dont Charles l'avait gratifiée. Un jour qu'elle se trouvait au château de Bois-Trousseau, il arriva que le théâtre de la guerre se porta dans les environs. Charles vint à plusieurs reprises visiter Agnès. Il était peut-être bien aise d'avoir rencontré un lieu où il pût satisfaire à la fois sa gloire et ses plaisirs, où il pût concilier ses devoirs de roi et son ardent amour. Mais Agnès, toujours vigilante sur les intérêts du roi, crut s'apercevoir qu'il faisait à dessein traîner la guerre en longueur, afin de jouir plus longtemps de la société de sa belle maîtrese : aussi exigea-t-elle de son royal amant qu'il ne viendrait plus la visiter avant d'avoir battu et chassé entièrement les ennemis de la localité.

Il était plus facile à Agnès d'ordonner qu'à Charles d'exécuter. Un soir que celle-ci était occupée dans ses appartements à broder de la tapisserie (où était représenté, dit la chronique, le siége d'Orléans), on vint lui annoncer qu'un pauvre chevalier, parti le matin pour la chasse, s'était égaré, et qu'exténué de chaleur et de fatigue, il demandait à la dame du lieu un asile momentané, et quelques gouttes d'eau pour rafraîchir ses lèvres. Agnès, qui était bonne et affable envers tout le monde, ordonna qu'on introduisît le pauvre chevalier et qu'on lui donnât asile. Mais quelle ne fut pas sa surprise, en reconnaissant que le chasseur égaré n'était autre que le roi lui-même!

« Quoi! Charles, c'est vous! Quelle imprudence de vous exposer ainsi seul au milieu de la nuit!

— Ma bonne Agnès, dit le roi, veuillez n'accuser que mon amour, qui grandit à mesure que je vous connais davantage.

— Si vous m'aimez véritablement, Charles, vous devez songer un peu plus à votre sûreté personnelle. Quelle témérité! vous exposer ainsi seul dans les ténèbres, aux coups de vos ennemis... quelle témérité! répéta Agnès.

— J'aime mieux, Agnès, que vous m'accusiez de témérité que d'indolence; d'ailleurs suis-je bien coupable de me laisser aller au penchant de mon cœur et de venir goûter un instant de félicité auprès de celle que j'adore?

— Je veux bien oublier votre imprudence, dit Agnès en s'apaisant, pourvu, cependant, que désormais vous vous rappeliez la promesse que vous m'avez faite.

— Je n'ai point cessé de me la rappeler, dit le roi; j'ai seulement voulu venir vous annoncer que dès demain mon exil va cesser, attendu que j'ai tout disposé pour engager le combat et battre mes ennemis. J'ai cru que cette annonce vous ferait plaisir, et qu'en faveur de ma bonne volonté, vous voudriez bien m'accorder un léger à-compte sur les visites que je me propose de vous faire plus tard. »

Charles alors, s'approchant davantage de sa bien-aimée, la serra dans ses bras avec tendresse, et la réconciliation fut marquée du sceau de nombreux baisers.

Le lendemain, Charles VII battait effectivement les Anglais et s'ouvrait ainsi le chemin de la capitale.

La prise de Paris coûta moins que celle d'un village. Les habitants étaient fatigués des factions, et se trouvaient alors courbés sous le joug de l'inquisition la plus soupçonneuse et la plus cruelle. Quelques bourgeois courageux, à la tête desquels était Michel Loillier, qui vingt ans auparavant avait sauvé Paris d'un massacre, prirent le temps où le connétable de Richemond venait de battre les Anglais à Saint-Denis pour traiter avec lui. Ils n'eurent besoin pour s'accommoder que de quelques pourparlers. Ils demandèrent une amnistie générale pour leurs concitoyens, et la confirmation de leurs priviléges. Tout ayant été accordé par le roi, à jour convenu ils favorisent l'escalade du rempart et la rupture des chaînes du pont-levis, et introduisent ainsi le connétable par la porte Saint-Jacques ; ils haranguent le peuple, en même temps que les troupes royales défilent dans la ville, et repoussent la faible garnison anglaise qui y avait été laissée et qui ne pouvait se battre autrement qu'en faisant retraite. Le lendemain, aux premiers rayons de l'aurore, tout était tranquille, et les vivres, qui avaient été arrêtés jusqu'alors par les partis environnants, entrèrent en abondance. La garnison que les Anglais tenaient à Paris se renferma dans la Bastille, et fit mine de vouloir s'y défendre. Quelques généraux opinèrent à les attaquer, et il aurait été facile de les exterminer ; le connétable ne voulut pas ensanglanter son triomphe : il leur offrit une capitulation. Ils l'acceptèrent, et sortirent avec armes et bagages, mais non sans être accablés d'injures par la populace qui les bénissait auparavant comme ses sauveurs.

Bientôt le roi fit son entrée solennelle à Paris. Les habitants étalèrent toute la magnificence que l'industrie du siècle pouvait fournir. On y vit les *mystères* représentés par des personnages muets, sur des échafauds dressés de distance en distance. *Les sept péchés mortels, à cheval, et les sept vertus* précédaient le parlement. Moins touché de ces belles inventions que des acclamations et des larmes de joie d'un peuple nombreux, Charles ne put maîtriser son émotion. Les Parisiens étaient enchantés de revoir leur souverain légitime, après vingt ans d'absence : leurs transports allaient jusqu'à l'ivresse. L'évêque de Paris, en recevant le monarque dans la cathédrale, lui fit jurer qu'il *tiendroit loyalement et bonnement tout ce qu'un bon roi faire devoit.*

Les Parisiens, qui avaient montré au roi tant d'amour et d'estime, ne manifestèrent pas à Agnès les mêmes sentiments lorsque celle-ci vint, l'année suivante, avec Marie d'Anjou, visiter la capitale. L'entrée de la reine fut plus solennelle encore que celle du roi. Elle avait, à sa droite, sa fille madame Charlotte de France, et était suivie du roi, auprès duquel se trouvait Agnès. La favorite était fière intérieurement d'avoir contribué, par son influence, à l'état prospère dont jouissait la France, et au bonheur dont était enivrée la famille royale. Elle se trouvait, comme toutes les dames d'honneur, magnifiquement vêtue et portait en outre une parure de diamants. La place qu'occupait Agnès dans le cortége, l'éclat dont elle resplandissait déplurent aux bourgeois : ils proférèrent des murmures, assez haut pour être entendus par celle qui en était l'objet. Agnès en fut vivement offensée. Dans un accès de dépit, se tournant vers le roi :

« Tous ces Parisiens, dit-elle, ne sont que des vilains, et si j'avais su qu'ils me dussent faire une telle réception, je n'eusse jamais mis le pied dans leur ville. »

Telle fut la récompense que reçut Agnès Sorel des Français, pour le service signalé qu'elle avait rendu au roi et à son pays.

Le roi, qui connaissait mieux que tout autre les nobles qualités de sa maîtresse, fit tous ses efforts pour la consoler de l'humiliation qu'elle avait subie. La reine, de son côté, manifesta en cette occasion, à sa dame d'honneur, les marques les plus sincères de sympathie, et ne cessa d'avoir pour elle l'attachement le plus vif, les égards les plus affectueux.

Malheureusement, il n'en fut pas de même du Dauphin. Plusieurs fois le prince avait tenté de lever l'étendard de la révolte, d'entraîner dans son parti les officiers fidèles du roi, et de s'emparer violemment de la couronne, qu'il désirait avec ardeur et qui se faisait si longtemps attendre. Mais Agnès, qui veillait sur le roi comme veille une mère sur son enfant, qui prenait soin de ses intérêts comme si elle avait été l'ange protecteur destiné à sa garde, était parvenue à pénétrer les desseins coupables du fils et s'était empressée d'en avertir le père. Elle venait tout récemment de déjouer une trame perfide que Louis avait ourdie contre Charles VII, lorsque le Dauphin, furieux, résolut de se venger. Un jour qu'Agnès se trouvait au château de Chinon, le prince royal entra dans son appartement, en habit de chasse, le fouet à la main, botté et éperonné ; il s'avança vers elle avec colère, lui adressa les plus grossières injures, puis appliqua sur sa belle joue un vigoureux soufflet.

Aux cris d'Agnès, le roi, qui se trouvait dans une salle voisine, accourut. Comprenant, par les cris qui avaient été poussés, que le Dauphin venait de se livrer envers celle qu'il aimait à un outrage violent, il s'élança sur le prince, le saisit avec force par les épaules et le fit tomber sur les genoux. Agnès se précipita aussitôt aux pieds du roi :

« Grâce ! dit-elle, grâce pour votre fils !

— Il n'aura la grâce de la vie, dit le roi, que lorsqu'il vous aura demandé pardon. »

Et en même temps le roi mettait la main sur la garde de son épée.

Le Dauphin, terrifié par le regard de son père et le mouvement que celui-ci venait de faire, murmura entre ses dents le mot : « Pardon ! »

« Maintenant, reprit le roi, retirez-vous de ma présence et ne reparaissez jamais à ma cour. »

Louis sortit en rongeant son frein et en concentrant avec effort la colère qui l'étouffait. Il se retira auprès du duc de Bourgogne, où il resta douze ans.

Agnès, profondément affligée de l'affront qu'elle venait de recevoir, et croyant être la cause de la mésintelligence qui existait entre le roi et son fils, forma la résolution de se retirer à Loches, lieu charmant qui lui rappelait de si gracieux souvenirs. Dès qu'elle eut pris cette détermination, rien ne fut capable de l'arrêter. Ce fut en vain que le roi employa auprès d'elle toutes les instances possibles, que Marie d'Anjou joignit ses prières et ses larmes aux vives sollicitations de Charles, elle partit pour Loches, et, au milieu de ses regrets, elle fut bien aise de revoir cet antique castel, premier témoin de ses amours.

Dans sa retraite, Agnès, encore jeune et dans tout l'éclat de sa beauté, voulut oublier le monde et les grandeurs, et n'avoir plus d'autres missions ici-bas que de soulager l'infortune, que de s'occuper à des exercices de piété et d'expiation. La ville de Loches conserva longtemps le souvenir de ses bienfaits, et l'église collégiale en particulier reçut d'elle des gages précieux de sa munificence.

Charles VII cependant ne pouvait oublier son Agnès bien-aimée ; son amour pour elle ne se démentit jamais un seul instant ; aussi s'empressait-il de venir la visiter dans les intervalles que lui laissaient les embarras du gouvernement et les inquiétudes que lui suscitait le Dauphin.

Il y avait déjà cinq années qu'Agnès Sorel vivait dans sa retraite, lorsqu'un jour, elle partit de son château de Loches, et se rendit en toute hâte à Paris. Le roi était alors à l'abbaye de Jumiéges, où il venait de se rendre pour s'y reposer quelques moments, après la pacification et la réunion de la Normandie. Elle y courut, et y arriva le 9 février 1450. Elle eut un entretien assez long avec le roi, et dit tout haut à quelques-uns de ses amis de cour : *qu'elle était venue pour le sauver d'un grand danger.* Deux heures après, elle fut saisie de violentes douleurs d'entrailles qui l'emportèrent en six heures de temps.

I.   29

Rien n'est sombre et mystérieux comme cette mort si hâtée, dont pourtant quelques historiens, qui ont écrit sous Louis XI, parlent comme d'un événement tout simple et naturel ; mentant ainsi au retentissement qu'eut cette fin extraordinaire, et à cette solennelle accusation qui pesa sur le Dauphin ; mentant à la tradition qui, longtemps après, dictait ces vers au poëte Baïf :

> .... La belle Agnès, comme lors on disoit,
> Vint pour lui découvrir l'enprise qu'on fesoit
> Contre Sa Majesté. La trahison fut telle,
> Et tels les conjurés, qu'encores on les cèle.
> Tant y a que l'advis qu'adonc elle en donna
> Fit tant que leur dessein rompu s'abandonna.
> Mais, las ! elle ne put rompre sa destinée,
> Qui, pour trancher ses jours, l'avait ici menée.

« Elle eut, dit la chronique, moult belle contrition et repentance de ses péchés, et lui souvenoit souvent de Marie-Madeleine, qui fut grande pécheresse, et invoquoit Dieu dévotement et la vierge Marie à son ayde ; et comme vraye catholique, après la réception de ses sacrements, demanda ses heures pour dire les vers de saint Bernard, qu'elle avoit escripts de sa propre main ; puis trépassa. »

C'est ainsi que mourut, à son château de Ménil, près de l'abbaye de Jumiéges, celle qui avait fait constamment le charme de Charles VII, qui s'était dévouée à lui corps et âme, jusqu'à ses derniers jours, et qui, en réveillant chez son amant l'amour de la gloire et des combats, avait autant servi la cause de la France que celle de son souverain.

Charles assista au moment suprême d'Agnès. Il lui prodigua dans sa maladie ses soins et ses consolations ; il ne voulut point la quitter au milieu de son agonie ; ce fut lui qui reçut ses dernières paroles, qui recueillit son dernier soupir.

Après avoir fait déposer le cœur et les entrailles de son amante dans la chapelle de l'abbaye, le roi, le cœur navré de douleur, quitta Jumiéges et retourna à Paris.

Le corps d'Agnès fut transporté à Loches, et inhumé dans le chœur de la collégiale, comme elle l'avait ordonné par son testament.

Le mausolée d'Agnès Sorel, placé dans le milieu du chœur de l'église, était de marbre noir ; dessus se trouvait sa figure en marbre blanc, deux anges tenaient le coussin sur lequel reposait sa tête, et deux agneaux, symbole de la douceur de son caractère, étaient à ses pieds. On lisait autour de son tombeau l'épitaphe suivante, gravée en lettres gothiques :

« Cy gît noble damoiselle Agnès Seurelle, en son vivant dame de Beauté, de Roquecisière, d'Issouldun et de Vernon-sur-Seine, piteuse envers toutes les gens, et qui largement donnoit de ses biens aux églises et aux pauvres ; laquelle trespassa le neuvième jour de février l'an mil quatre cent quarante-neuf. Priez Dieu pour l'âme d'elle. Amen. »

Cette inscription se voit encore aujourd'hui sur les marbres de la tombe.

A diverses époques, les chanoines de la collégiale de Loches sollicitèrent la permission de faire transférer du chœur dans une autre partie de l'église le tombeau d'Agnès, qui, à cause de sa masse, gênait les cérémonies du culte ; enfin Louis XVI accorda cette autorisation, et la translation eut lieu. Le mausolée réside actuellement dans la tour qui porte le nom d'Agnès (1).

(1) Nous pensons que le lecteur ne lira pas sans intérêt les détails ci-après, qui sont relatifs à l'exhumation du corps d'Agnès Sorel. Il nous semble que lorsqu'il s'agit d'une femme aussi célèbre, les moindres particularités acquièrent un grand prix.

« Sous plusieurs règnes, les chanoines renouvelèrent leur demande ; enfin Louis XVI, à qui l'on fit observer que ce monument gênait absolument le service du chœur, accorda, le 21 février 1777, l'autorisation nécessaire pour en opérer la translation dans une autre partie de l'église. En vertu de cette permission, le chapitre procéda à l'exhumation le 5 mars de la même année.

« Lorsqu'on eut enlevé les marbres du sarcophage et la masse de maçonnerie qu'ils couvraient, on trouva une pierre dure de la longueur et de la largeur du monument, sous laquelle régnait un caveau voûté de pierres tendres. Sous cette voûte était un cercueil de bois de chêne, d'un mètre quatre-vingt-trois centimètres de long, sur quarante-deux centimètres carrés, ferré sur tous les angles, avec des équerres dont chaque côté portait vingt-cinq centimètres de longueur sur trois centimètres de largeur. Une poignée était attachée à chaque extrémité de ce cercueil, qui en renfermait un autre de

A la mort de Charles VII, le château de Loches continua d'être une résidence royale. Mais sous Louis XI, ce roi sombre et dissimulé, superstitieux et cruel, cette résidence n'offre plus guère de gracieux souvenirs.

plomb, détruit en partie; celui-ci servait lui-même de boîte à une troisième bière faite de bois de cèdre, dans laquelle gisait Agnès. Le médecin chargé de constater les parties du corps qui pouvaient encore être reconnues, examina avec attention ce qui était contenu dans ce dernier cercueil; il y trouva une terre légère, un peu grasse, mêlée de quelques plantes aromatiques. La tête parut d'abord conservée dans son entier, mais sans autre chose que les os; lorsqu'on voulut l'enlever, la chevelure resta dans la main avec le coronal, les deux temporaux, la sphénoïde, partie de l'ethmoïde; les deux os maxillaires supérieurs, les deux os de la pommette et ceux du nez; l'occiput et les deux pariétaux tombèrent en poussière; les deux os maxillaires étaient garnis de toutes leurs dents, ainsi que la mâchoire inférieure qui était parfaitement conservée; la clavicule gauche était saine, et tous les autres os n'existaient plus.

« Un crêpe de douze à quatorze centimètres de hauteur de devant en arrière, sur vingt-six à vingt-huit centimètres d'un côté à l'autre, formait la partie supérieure de la coiffure d'Agnès; de chaque côté étaient deux boucles flottantes; les cheveux de derrière, nattés en trois et formant une tresse de cinquante et quelques centimètres de long, étaient relevés et attachés sous le crêpe. Ces cheveux étaient brun-clair ou cendrés, les boucles en partie rousses et cassantes.

« Tous ces restes furent déposés dans une urne de grès, et placés dans le mausolée que l'on rétablit dans un des côtés de la nef de l'église.

« Tous ces détails de l'exhumation du corps d'Agnès Sorel nous ont été communiqués par M. Henry, docteur en médecine, chargé de cette opération. Bien que suivant la cédule royale, la translation dût être opérée sans destruction d'aucune partie du corps, cependant on coupa une tresse de la chevelure. L'homme estimable qui se rendit coupable de ce larcin a bien voulu nous en donner une petite mèche, que nous conservons précieusement; tout ce qui a appartenu à un personnage célèbre porte en soi un grand degré d'intérêt!

« En 1794, la tombe fut enlevée de la nef, et l'urne fut déposée dans le cimetière du chapitre. Peu de temps après cette dernière époque, le conventionnel Pochal fit exhumer l'urne, s'empara d'une partie des cheveux, et rompit les mâchoires pour en extirper les dents, que plusieurs personnes se partagèrent; le reste des ossements fut replacé dans le même endroit d'où on les avait exhumés.

« Le conseiller d'État de Pommereul, préfet d'Indre-et-Loire, fit exhumer de nouveau le vase cinéraire, le 16 décembre 1801, et il fut déposé à la sous-préfecture, où il resta jusqu'en 1807. Sous la préfecture de M. de Lambert, le mausolée fut restauré et placé où il est aujourd'hui, dans la tour du château de Loches qui porte le nom d'Agnès.

« A l'époque de la première exhumation d'Agnès, en 1777, lorsqu'on leva la plaque de

Cependant, quelquefois il s'y rendait avec toute sa cour, et alors, ainsi que cela arriva en 1465, les fêtes qui y avaient lieu rappelaient, quoique avec de sombres nuances, les fêtes joyeuses du règne précédent. Voici ce qui arriva en la susdite année, au beau pays de Loches, au moment du carnaval.

Jamais les cloches en branle, les tambours aux champs et la redoutable voix du canon des remparts n'émurent autant les Lochois que l'apparition du troisième jour de février de l'année 1465. Le *bon* roi Louis XI, qui venait de se lever en *moult joyeuse égingance,* appela Jehan Doyat, son valet de chambre le plus intime : « Va, lui dit-il, va par-devers mes bourgeois, manants et *aloyers,* et promulgue ma volonté qui est « *que tout un chacun s'éjouisse et s'ébatte à n'en pouvoir mais.* » C'était plus qu'il n'en fallait pour *émotionner* toute une plèbe avide de plaisirs bruyants. Aussi, avec quel empressement on entoura le messager à sa descente du château ! avec quel enthousiasme on accueillit ses paroles qui venaient ordonner le plaisir ! Ce ne fut qu'un élan, qu'un cri, qu'un hourra de bonheur à ébranler les voûtes des cieux. *Noël! Noël!* s'exclamait-on de toutes parts ; et sans perdre de temps, on rentra au logis, en se pressant, en chantant, en hurlant. On cassa la tirelire qui contenait les économies de l'année... Le carnaval venu, il fallait le festoyer à grand renfort de bacchanales, de mascarades et de *mystères.* Riches et pauvres, nobles et manants, *trouvères et écoliers,* tous s'empressèrent à l'envi d'obéir aux ordres du roi. Il eût fallu ne pas avoir une piécette dans son *escarcelle* pour se priver des joies du carnaval : encore le noble eût-il engagé sa brette rouillée et le manant son pourpoint troué pour se procurer la menue monnaie nécessaire à cet objet. Aussi la journée se passat-elle en cavalcades costumées, en *soties, moralités* et représentations

cuivre encadrée dans un des piliers du chœur, et dont nous avons parlé plus haut, on trouva dans l'excavation du pilier une petite clef, et un parchemin tellement endommagé, qu'il fut impossible de lire son contenu.

« DUFOUR. »

grivoises improvisées *ad hoc* par le très-savant Claude Alaudet, le bel esprit de l'époque, qui reçut ce jour-là, du roi lui-même, de beaux compliments avec une bonne recompense.

Le soir, il devait y avoir bal à la cour, où régnait en souveraine la belle comtesse Elfride de Sassenages, la puissante *mie* et maîtresse du roi.

Neuf heures venaient de sonner à l'horloge du château. Louis XI s'était lentement étendu dans son fauteuil écussonné, lorsque le barbier de confiance entra, tenant à la main le plat échancré et la savonnette d'Espagne.

« Approche et dépêche, lui dit brusquement le roi, car j'ai hâte d'aller voir par moi-même les *ébattements* joyeux de mes féaux. »

Le barbier favori, qui connaissait à fond son royal client et savait les instants propices pour lui adresser quelque demande, se mit aussitôt en devoir de remplir les fonctions de son état. Lorsqu'il eut bien empâté de savon la face amaigrie du roi, il ne craignit plus d'être interrompu dans sa requête et il se hasarda cauteleusement :

« Sire...

— Houmm !... fit Louis XI en grommelant.

— Sire, Votre Majesté a déjà eu la bonté de substituer au sobriquet d'Olivier le Diable celui d'Olivier le Daim... Maintenant... si j'osais...

— Houmm ! houmm ! fit de nouveau le roi en se trémoussant et n'osant ouvrir la bouche de peur d'avaler du savon.

— Si j'osais, je demanderais à Votre Majesté de me continuer ses faveurs. »

Louis XI regarda son barbier d'un œil courroucé.

Celui-ci, sans se déconcerter, prit avec la main gauche le nez de Sa Majesté, et appliquant, avec la main droite, le rasoir sur la lèvre supérieure du roi :

« Sire, continua-t-il, le comte de Meulan vient de mourir sans postérité ; la comté de Meulan est vacante...

— Peste du bourreau ! dit Louis XI en se dégageant des mains de son barbier... Auras-tu bientôt fini de m'ennuyer ainsi ?

— La comté de Meulan est vacante, reprit Olivier le Daim, en mettant son rasoir sur le cou du roi ; elle ne serait pas déplacée entre les mains d'une personne qui est en relation si intime avec Votre Majesté et aux soins de laquelle elle abandonne chaque jour ce qu'elle a de plus précieux, je veux dire son auguste tête. »

Ces dernières paroles firent tressaillir Louis XI. Le barbier s'en aperçut :

« Sire, ajouta celui-ci en promenant son instrument sur la figure du roi, j'ose me vanter d'être le sujet le plus dévoué du royaume de France au service de Votre Majesté. Je suis disposé à faire le sacrifice de ma vie s'il le faut, pour prouver ce que j'avance ; en retour de mon dévouement et de ma loyauté, je vous en supplie, Sire, accordez-moi ce que je vous demande aujourd'hui. »

La barbe était faite, et le barbier se trouvait aux genoux du roi.

Louis XI, l'œil enflammé, se dressa droit devant le rusé et hardi barbier :

« Qu'est-ce à dire, maître drôle ! lui cria-t-il... Tu mériterais que, pour punir ton indiscrétion, je t'envoyasse à mon compère Tristan, afin qu'il te fît *géhenner par mes fillettes !* (1)... Mais non, triple larron, je n'en ferai rien, car j'ai besoin de tes services... Je te fais donc comte de Meulan.

— Grand merci, Sire !...

— Oui, mais c'est à une condition...

— Parlez, Sire, ma personne vous appartient.

— Ce n'est pas ta personne que je désire en ce moment.

— Quoi donc ?

(1) *Te faire torturer par mes bourreaux.* Louis XI, dans son argot royal, appelait *ses fillettes*, les exécuteurs de ses vengeances.

— Écoute, maraud, viens ici... Tu sais cette petite bourgeoise de la porte des Poitevins?

— Des yeux superbes, un port de reine, des mains de satin?

— Précisément.

— Il suffit, Sire; je comprends Votre Majesté.

— Or çà, damné coquin, ne va pas lutiner pour ton propre compte au moins!

— Oh! Sire, je suis trop bien appris pour oser aller avant mon maître.

— Qu'est-ce?... cria Louis XI en relevant la tête.

— Je proteste de mon dévouement à Votre Majesté, Sire.

— Encore un mot, M. le comte... Tu auras soin de faire disposer pour le bal les grands appartements des *salles;* madame de Sassenages doit y danser ce soir avec toute la cour.

— Fort bien, Sire.

— Ce n'est pas tout. N'oublie pas d'y amener, déguisée, la jeune fille que je recommande à tes soins. — Va-t'en maintenant, et de la diligence. »

Olivier le Daim s'inclina jusqu'à terre et sortit.

Le bal devait s'ouvrir à six heures et finir à minuit : tel était l'ordre du roi. A minuit on entrait en carême : or, personne ne se fût hasardé à outre-passer la volonté royale pour commettre une impiété.

Deux salles immenses avaient été disposées pour y recevoir toute la foule déguisée et masquée. L'une était lambrissée de haut en bas et dans tout son pourtour de boiseries sculptées *à thyrses pamprés* et *à reliefs d'oripeaux marquetés.* Au plafond, on apercevait des solives ciselées avec des entrevous de couleur. Ces solives étaient soutenues par des diablotins ailés, grimaçant affreusement et soutenant sur leur occiput, en forme de corniches, l'entablement massif de cet édifice gothique. Le manteau de la cheminée reposait sur les épaules trapues de deux cariatides, monstres affreux évoqués par l'imagination bizarre des architectes du temps. Sur la langue de ces cariatides brûlaient deux bougies de cire jaune, qui de leur pâle reflet éclairaient ce sombre et lugubre appartement. Tout, au reste, était frotté, poli, luisant; tout avait subi les égratignures de l'époussette; l'architrave et l'archivolte étaient nettes de leur poussière habituelle et de leurs toiles d'araignées.

Quant à l'autre salle, plus riche que la première et pavée de marbre alternativement blanc et noir, on l'avait ornée d'un tapis de Flandre à la riche contexture. Sur les parois des murs, on voyait appliquées, au lieu de boiseries, d'immenses tentures laborieusement brodées et représentant les scènes diverses de la Passion de Jésus-Christ : étrange décoration pour une salle de bal où l'on allait voir ainsi confondues les folles joies du monde avec les scènes les plus tragiques de notre religion. Auprès de cet appartement avait été réservé un vaste retrait pour les joueurs de cymbales, de trompe et de galoubet. On avait eu soin, afin de conserver plus d'espace, d'enlever tous les meubles qui décoraient les appartements, tels que *bahuts, tabulums* et *chauffe-doux;* on les avait remplacés par des fauteuils de cuir de Cordoue, par des escabelles de velours rehaussé de bossettes de cuivre et par des tréteaux de chagrin cannelé et fili-grané.

A l'heure indiquée, on alluma un triple lampion, qui, du milieu de la poutre transversale de la grande salle, se balançait en jetant alentour une lumière vacillante. Alors la porte cintrée s'ouvrit et donna entrée à tous les masques. Aussitôt cent personnes, diversement habillées, firent irruption dans les appartements. Tous ces costumes divers, grotesques, bariolés, formaient comme une mosaïque humaine curieusement agglo-mérée. Tout ce que la *panne,* le *menu vair,* l'*orpin,* la *florée fine* et le *vert-gai* peuvent offrir en finesse, en *soyeuseté,* en éclat et en richesse, avait été prodigué dans l'accoutrement de ces masques, qui envahirent tous les lieux en bourdonnant, en riant, en contrefaisant à qui mieux mieux leur voix et leurs manières.

Bientôt les jeux et les ris commencèrent. Les apostrophes, les propos égrillards et les gaies interpellations s'élevèrent, se croisant, se heurtant, volant de proche en proche, de bouche en bouche, et tourbillonnant au milieu d'une cohue animée par le délirant entrain de la danse et des menuets, de la sarabande et des *naudets.*

Parmi tout ce monde joyeux et folâtre, deux masques encapuchonnés de noir comme des moines, s'étaient retirés dans l'embrasure d'une fenêtre en ogive, et de là, contemplant la foule égayée, s'entretenaient à voix basse :

« Ainsi tu as exécuté mes ordres ?

— Je l'ai vue, je lui ai parlé.

— Es-tu bien sûr qu'elle doit venir ?

— Bien sûr.

— Son costume ?

— Celui d'une harangère : une capeline de soie verte, un fourreau de lampas noir, un escoffion de velours bleu à glands d'argent.

— Bien... Le mot de reconnaissance ?

— Amour et fidélité.

— A merveille... Maintenant éloigne-toi... Ah ! encore un mot : le comte de Maulevrier ne viendra pas au moins !... Tu m'en réponds ?

— Mon dévouement...

— Pas de dévouement, pas de titre, pas de respect, imbécile ! Ne l'oublie pas, tu me ferais reconnaître : ainsi, parle clair et net.

— Alors, je vous l'ai dit : vous portez le costume du comte... on vous prendra pour lui...

— Elle l'aime donc bien ?

— Elle en raffole.

— Elle est bien belle, n'est-ce pas ?

— Belle comme un ange !... d'ailleurs vous avez si bon goût !

— Jeune ?

— Dix-huit printemps à peine.

— Va-t'en, démon, va-t'en ! tu me ferais damner à jamais!... **Que de** patenôtres j'aurai à dire ! »

Un des moines s'éloigna et se perdit dans les groupes.

Dix minutes après, deux masques sortaient furtivement du bal, et, montant à la hâte un escalier en spirale, arrivaient dans une petite pièce réservée sous les combles. On aurait dit la demeure d'un valet ou d'un page ; c'était bien l'endroit le plus retiré, le plus discret du château. Une lampette de cuivre éclairait à demi-teinte ce réduit éloigné. Les deux masques se jetèrent simultanément sur un siége, puis l'un d'eux prenant la parole :

« Messire comte, c'est bien vous au moins ?

— Sur son âme, ma toute belle, c'est bien moi le **comte de Maulevrier**.

— Pourquoi alors changer votre voix ?

— La prudence...

— Dans un lieu si discret ?

— Qu'importe ? n'avons-nous pas un signe de reconnaissance ?

— C'est juste : *Amour et fidélité*. »

Le moine et la harengère rapprochant alors leurs siéges, s'entretinrent à voix basse...

L'heure avançait, minuit allait bientôt sonner au beffroi de la tour, et le tête-à-tête se prolongeait... La jolie harengère s'en aperçut et dit languissamment :

« Mais pourquoi continuer à garder nos masques et à déguiser notre voix ? Est-ce que vous craindriez la présence de quelqu'un, dans cette chambre obscure ?

— Je ne crains pas ; néanmoins, un jour de carnaval, un couple amoureux comme le nôtre pourrait bien s'être venu réfugier dans un endroit voisin de ce lieu.

— Il est si doux cependant de voir une figure que l'on aime, et de répondre à un sourire qui vous va au cœur.

— Quoi ! m'aimer à ce point ?

— En douteriez-vous encore, après la preuve que je vous en ai donnée ?

— Oh ! non, mon ange, mon lutin, je n'en doute point du tout.

— Si j'ôte mon masque, si je parais à vous telle que je suis, ne serez-vous pas aussi aimable envers moi ?

— Qu'à cela ne tienne, répondit le moine qui voyait la lampe s'éteindre... Puis-je, ma belle mie, vous refuser quelque chose ?

— Toujours galant, monseigneur ! on vous reconnaît bien là.

— Eh bien, ma chérie, qui vous arrête encore ?

— Ah ! messire, c'est surtout vos traits que je désire entrevoir... Accordons-nous la même faveur ; donnant, donnant, démasquons-nous ensemble. »

Les deux masques se découvrirent.

En ce moment, la lampe, qui manquait d'huile pour alimenter sa lumière, lança, avant de s'éteindre, un dernier jet, plus vif, plus éclatant, qui vint illuminer la physionomie de nos deux personnages ; et aussitôt ces deux exclamations retentirent dans le réduit :

« Le roi !...

— Trahison !... »

Le masque encapuchonné était Louis XI, et la harangère était madame de Sassenages, maîtresse de Sa Majesté.

« Madame Elfride de Sassenages, dit le roi, je ne m'attendais pas à pareille rencontre... »

La comtesse prit le parti de s'évanouir, et Louis XI de regagner à tâtons l'escalier en limaçon, en murmurant ces paroles :

« Ce drôle d'Olivier m'a joué un mauvais tour... Mais c'est égal... Partie manquée n'est pas perdue... Ma petite bourgeoise de la porte des Poitevins n'y perdra rien pour cela... Mais M. le comte de Maulevrier apprendra qu'il est imprudent de chasser sur les terres de son roi. »

Un mois s'était écoulé. Louis XI habitait alors son château de Montilz-lez-Tours. Usant de son admirable précepte, *Qui nescit dissimulare, nescit regnare*, il n'avait rien laissé percer de sa mauvaise humeur et de son vif mécontentement. La comtesse de Sassenages reparaissait à la cour, entourée des mêmes égards et des mêmes honneurs qu'auparavant. Son royal amant affectait même envers elle une recrudescence de tendresse... Devant elle, il avait le sourire sur les lèvres, tandis que dans son cœur fermentait un levain de haine. Un soir, on annonça la venue du comte de Maulevrier. La figure de Louis XI brilla soudainement, comme animée d'une joie inattendue. Il fit quelques pas au-devant du comte et lui tendit sa main sèche et osseuse. L'audience terminée, le comte se lève, guidé par le roi, et remarque qu'on ne lui fait pas prendre le même chemin qu'en entrant. Arrivé au seuil de la dernière porte, il se retourne et s'incline; le rusé monarque, qui le suivait des yeux :

« Que Dieu vous protége, dit-il, et que ses saints vous soient en aide, monseigneur ! »

Au même instant le parquet craqua, s'ouvrit, et le malheureux gentil-homme disparut en poussant un effroyable cri.

Louis XI rentra chez lui en ricanant et se signant à plusieurs reprises.

« Heureusement, murmura-t-il, la bascule est bonne et les oubliettes n'ont pas de langue ! »

Un an après, le bruit courut par le monde que le comte de Maulevrier, grand sénéchal de Normandie, était mort au service du duc d'Anjou, en Sicile.

Louis XI aimait surtout le château de Loches, à cause de la profondeur de ses fossés, de l'épaisseur de ses tours et de sa double enceinte de fortifications. Aussi le monarque ne manquait pas de s'y rendre quand il soupçonnait que quelque complot se tramait contre sa vie. Lorsque les grands du royaume se soulevèrent contre lui et formèrent la ligue qu'on appela *Ligue du bien public,* il s'empressa de venir à Loches comme en un lieu de sûreté, et pendant tout le temps que dura la conspiration, il défendit à Tristan, l'exécuteur de ses ordres secrets, et que pour cela on appelait le bourreau, de laisser pénétrer qui que ce fût dans la forteresse.

Un soir cependant, une jeune fille, belle comme un ange, monta précipitamment au château, et, sans répondre au *Qui vive?* des archers, entra dans les appartements royaux. Elle était vêtue d'une simple tunique blanche, ses cheveux blonds voltigeaient sur son cou de cygne... Elle pleurait, la pauvre enfant, et l'anxiété la plus vive se peignait sur son visage terni par la douleur.

Seule, isolée, éperdue, courant de porte en porte, de chambre en chambre, elle appelait à son aide, elle poussait des cris à fendre l'âme... Un homme se présente à elle :

« Que voulez-vous? lui dit-il d'une voix dure.

— Parler au roi.

— Le roi n'est pas visible.

— Qui vous l'a dit?

— Je le sais.

— Mais qui êtes-vous donc, pour être si bien instruit? »

Et la jeune fille toisait l'inconnu d'un coup d'œil plein de méfiance et de désespoir.

« Je suis Tristan l'Ermite.

— Oh! alors fuyez, fuyez loin de moi, misérable! Ne m'approchez pas, ne me touchez pas... Le bourreau! horreur!... Celui qui doit assassiner mon père! »

Et la jeune fille s'était éloignée; et recommençant de nouveau sa course insensée, elle montait et descendait en demandant partout le roi. Un fatal hasard la conduit devant une portière couleur de muraille; un secret instinct la guide, elle porte la main à la tapisserie... Une voix de tonnerre lui crie derrière elle :

« Arrête, malheureuse ! »

Elle se retourne et reconnaît Tristan. A cette voix odieuse, la frayeur double son courage, elle lève la portière et entre : c'était le cabinet du roi. Une sombre tenture de velours usé en garnit le pourtour ; la poussière dessine partout sa grise marqueterie ; les araignées tissent librement leurs toiles dans tous les coins. Sur une table à pieds tors gisent pêle-mêle des parchemins, des livres, quelques instruments de chimie, des creusets, des tubes, des cornues ; dans un angle, sur une tablette de marbre, repose un vase étrusque dans lequel se trouvent deux serpents ; à côté, on aperçoit un chat empaillé, dont les yeux brillent comme des escarboucles. Dans un autre angle, un christ d'ivoire est suspendu à une chaînette d'acier ; sous ce christ est un prie-Dieu ; et non loin de là se traînent, autour de la table, des morceaux de minerai, des rouleaux de charbon, un réchaud éteint et un alambic fracturé. Étrange assemblage de dévotion, de science et de superstition : l'alchimie de Nicolas Flamel confondue avec la mystérieuse expression de Dieu.

Ce lieu de travail et de méditation était éclairé par une espèce de soupirail pratiqué dans l'épaisseur du mur et placé à huit pieds au-dessus du sol. Jamais les rayons bienfaisants du soleil n'avaient dû pénétrer dans cette cellule ; le jour n'y venait qu'avec peine à travers un double treillis de fer. Louis XI, accroupi sur une natte de jonc, tournait machinalement en ses mains un bonnet de feutre enjolivé tout autour de petites figures de plomb. Sans doute, il marmottait sa prière de chaque jour. La jeune fille, en l'apercevant, courut se jeter à ses pieds :

« Sire !... » dit-elle, et la voix lui manqua.

Le roi la regarda en fronçant les sourcils.

« Votre nom ? lui demande-t-il sévèrement.

— Blanche de Melun, Sire.

— La fille du traître Charles de Melun ? »

Blanche sanglotait et n'osait répondre.

« Et que voulez-vous de moi ? reprend Louis XI.

— Sire, sa grâce, la grâce de mon père...

— Impossible !... impossible !... fit le roi en secouant la tête.

— Je vous en supplie, au nom du Christ dont voici l'image.

— Le Christ était juste ; la justice réclame la punition des traîtres.

— Pardonnez, Sire, pardonnez comme le Christ a pardonné à ses ennemis.

— Mais, dites-moi, savez-vous bien quel crime il a commis, votre
père ? »

Blanche garda le silence, en poussant des sanglots de douleur.

« Eh bien, reprit le roi, je vais vous le dire : Charles de Melun, homme
d'armes de la compagnie de l'amiral de France et capitaine d'Usson en
Auvergne, a favorisé la fuite du seigneur de Land, qui avait été confié à
sa garde et dont il répondait sur sa tête. Il a donc forfait à ses devoirs, il
a manqué à sa foi de chevalier ; il faut qu'il meure !...»

A cette implacable parole, Blanche tressaillit ; un frisson lui glaça le
cœur ; elle se sentait défaillir...

« Sire, murmura-t-elle d'une voix étouffée, pitié, pitié pour lui ! pitié
pour mon père, car il n'a jamais cessé d'être un bon et féal serviteur !...

— Prends garde, cria le roi ; prends garde, jeune folle, que je ne me
souvienne de la hardiesse avec laquelle tu as osé pénétrer jusqu'ici...
Crois-moi, éloigne-toi, si tu veux que je l'oublie...»

Blanche était atterrée ; elle pleurait sans oser lever la tête, et sans pouvoir faire un mouvement. Le roi la regardait en dessous. Elle était si
belle !... ses larmes, loin de nuire à l'expression de ses yeux, paraissaient, ainsi que des perles brillantes, les animer davantage. La candeur
de son âme venait se refléter sur sa charmante physionomie, à laquelle
sa douleur prêtait encore un nouveau charme. Dans cette situation, elle
aurait attendri les rochers, si les rochers avaient pu l'entendre et la contempler. Louis XI réfléchit un instant ; puis, se traînant près d'elle, il lui

releva la tête ; et comme s'il eût été surpris d'une pareille douleur :

« Tu aimes donc bien ton père ? lui demanda-t-il.

— Si je l'aime ! mon père, mon seul soutien, mon unique espoir ! celui qui m'a élevée dans mon enfance, qui m'a tenu lieu de mère, qui m'a prodigué ses conseils, qui m'a toujours entourée de ses caresses !... Si je l'aime !... je suis disposée à mourir pour lui. Grâce, sire, grâce pour mon père ! je vous offre en retour ma vie, je vous l'abandonne, prenez-la !

— Non, vous vivrez, dit Louis XI, en pressant la main potelée de la jeune fille dans sa main livide et décharnée ; vous vivrez, et, si vous le voulez, votre père ne mourra point. »

Blanche se releva alors ; un rayon de joie illumina tout à coup son visage.

« Il ne mourra point si je le veux ! dit-elle ; oh ! grand merci, sire, grand merci !... J'avais raison d'espérer en votre clémence... Veuillez me donner vos ordres et me dire ce qu'il faut que je fasse pour mériter le pardon de mon père. »

Le roi lui parla tout bas.

« Ce soir, vers l'heure du couvre-feu... ici... je t'attends, » lui avait-il dit.

Pauvre enfant, dans sa naïve innocence, ne prévoyant pas le piége infâme que le rusé monarque lui tendait, elle avait répondu :

« Je viendrai. »

Le roi la congédia en souriant. C'était la joie du tigre caressant la proie qu'il va bientôt dévorer.

« Que me veut-il ? se demanda-t-elle en s'éloignant du château royal ; qu'a-t-il à me dire ?... Mon Dieu ! qu'il fasse de moi ce qu'il voudra, demain mon père sera libre... Louis XI m'en a donné sa parole ! »

Le lendemain, à l'aube du jour, une femme, enveloppée d'une mante noire, la tête à demi cachée, descendait lentement du château. Arrivée au pont-levis, elle fut arrêtée par la foule du peuple. A sa vue une voix cria :

« Tiens, c'est Jehanne la Ribaude ; sûr, c'est la courtisane du haut lieu, la prostituée du château... Elle y est encore entrée hier soir au crépuscule, et maintenant elle sort de ses joyeuses saturnales de la nuit... Bien, ma fille, bien ! Mais lève donc ta capuche noire, afin qu'on aperçoive ton beau minois... »

Une autre voix domina celle de l'homme du peuple et le força de se taire : c'était celle du bourreau. Sur son épaule il portait une hache, et à sa main droite pendait une tête sanglante. De sa lugubre voix il cria lentement :

« Laissez passer la justice du roi ! »

Celle que l'on avait appelée Jehanne la Ribaude détacha alors sa mantille, leva son voile. C'était Blanche de Melun. L'infortunée fendit la foule et s'avançant près du bourreau :

« Malédiction ! s'écria-t-elle en reconnaissant la tête de son malheureux père... Voilà donc la parole d'un roi !... Le déshonneur et la mort ! »

Sous Louis XI, le château de Loches, qui avait été précédemment le séjour des grâces et des amours, se métamorphosa en une prison rigoureuse. Loches ne cessa pas pour cela d'être une résidence royale, car le monarque aimait à habiter auprès des victimes de sa vengeance et à entendre du fond de sa retraite les cris de douleur, les lamentations et les gémissements que poussaient les malheureux prisonniers.

Le donjon de la forteresse servait, au reste, de prison depuis bien longtemps. Mais Louis XI donna au château une destination spéciale : c'est là qu'il fit enfermer les criminels d'État ainsi que les nobles personnages qui excitèrent son ressentiment, et, à cause de cela, on peut dire que le château de Loches fut, sous le règne de ce roi ombrageux et cruel, la Bastille de l'époque.

Charles VII, voulant donner au château un agrément qui lui manquait, y avait fait construire de vastes appartements, qui étaient dignes par leur somptuosité et leur magnificence de la femme qu'il aima pendant toute sa vie. Mais Louis XI fit construire au château de Loches des cachots souterrains, une tour qui sert encore aujourd'hui de prison, et des cages de fer, d'horribles cages destinées à torturer de malheureuses victimes et à les entretenir inhumainement dans une agonie perpétuelle.

Ces cages, qui rappellent celle qui renferma Bajazet par l'ordre de Tamerlan, étaient faites avec une industrie atroce. Leur construction révélait un raffinement de barbarie et de cruauté qui s'harmonisait parfaitement avec le caractère et le goût du monarque. Elles avaient soixante sept centimètres de largeur sur environ un mètre trente-trois centimètres de hauteur. Un homme ne pouvait s'y tenir debout ni couché.

« Rigoureuses prisons, dit Commines, couvertes de pattes de cuivre par le dehors et par le dedans, avec terribles ferrures de tous côtés. Le premier qui les devina fut l'évesque de Verdun, qui en la première qui fut faite fut mis incontinent, et y a couché quatorze ans. Plusieurs depuis l'ont maudit, et moi aussi, qui en ai tasté, sous le roi précédent, huict mois. »

Comme le dit Philippe de Commines, c'est un évêque, un saint homme, un dignitaire de l'Église, un ministre de Dieu, qui en fut l'inventeur... Un ministre de Dieu!... c'était bien plutôt un ministre de l'enfer!... Il s'appelait d'Haraucourt; que son nom soit maudit!

D'Haraucourt, qui s'était évertué, par des moyens barbares, pour complaire à son maître et pour mériter ses bonnes grâces, ne tarda pas à devenir suspect à l'esprit soupçonneux et tyrannique de Louis XI; l'évêque de Verdun fut enfermé dans la cage de son invention, et ce fut l'inventeur du supplice qui en ressentit les premières atteintes. Pendant quatorze années consécutives, d'Haraucourt put expérimenter longuement les effets cruels de son industrie, et calculer si son horrible cabanon donnait assez de douleur, faisait assez souffrir les infortunées victimes.

Plusieurs châteaux, et entre autres celui du Plessis-lez-Tours, renfermaient de ces sortes de cages. Celles de Loches s'y voyaient encore en

1789. Il y en avait deux : l'une était placée au-dessus du portail du château, et l'autre dans un appartement inférieur du donjon. La plupart des historiens affirment que la seconde cage, c'est-à-dire celle du donjon, avait été construite par l'ordre de Jean La Balue, évêque d'Arras, lorsqu'il était ministre de Louis XI. Ainsi voilà deux évêques qui, pour servir les goûts pervers d'un prince cauteleux et despote, se donnent l'affreuse mission d'inventer et de construire des instruments de torture, dignes plutôt de figurer dans les annales d'un peuple sauvage que dans l'histoire d'une nation civilisée par le christianisme !

L'évêque La Balue fut récompensé de ses services par le chapeau de cardinal; mais sa faveur ne devait pas durer longtemps. Fatalité étrange ! il devait subir le même sort que son collègue d'Haraucourt : c'est lui qui étrenna la cage de fer dont le donjon de Loches lui fut redevable. Disons ici quelques mots de cet évêque-ministre qui joua un assez grand rôle sous Louis XI.

Jean de La Balue fut un phénomène de fortune. Il était fils d'un tailleur d'habits de Verdun, ou, selon quelques historiens, d'un meunier du Poitou. Un religieux le rencontra, lui trouva de l'esprit, lui donna les principes du latin. Il embrassa l'état ecclésiastique, fut reçu dans la maison de Juvénal des Ursins, patriarche d'Antioche et évêque de Poitiers. Ce prélat le nomma son exécuteur testamentaire. On dit que La Balue ne s'oublia pas dans la distribution des biens de la succession, dont il s'appliqua une bonne partie. Il s'attacha ensuite à Jean de Beauvais, évêque d'Angers, qui le combla de bienfaits et en fut ensuite persécuté. La Balue s'introduisit auprès de Charles de Melun, au moment où celui-ci jouissait de la faveur du roi. Charles de Melun fit connaître son protégé au monarque, qui le goûta, le fit conseiller au parlement, puis évêque d'Évreux, et l'appela au conseil. Le continuateur de Villaret fait de lui ce portrait :

« Il était avare, fourbe, sans mœurs, vindicatif, ingrat, avec un front d'airain. C'était un titre pour mériter sa haine que d'avoir été son bienfaiteur ; capable des plus noires perfidies sous le masque du zèle et du dévouement, ne connaissant ni patrie, ni religion, ni souverain ; immolant tout à son intérêt et à ses plaisirs, au-dessus de la honte, des scrupules et des remords. »

Si ce portrait n'est pas outré, La Balue a été le plus abominable des hommes.

« Il affectait, continue le même auteur, tous les genres de mérite ; revêtu d'une cuirasse, il portait l'encensoir. On le vit plusieurs fois faire la revue de la milice bourgeoise en rochet et en camail, monter la garde à la tête des hommes d'armes, au son des trompettes et des instruments de musique. »

Il était alors évêque d'Évreux. Chabannes, comte de Dammartin, le voyant un jour dans cet équipage, dit au roi :

« Sire, je supplie Votre Majesté de m'envoyer à Évreux pour examiner les clercs et conférer les ordres.

— Pourquoi ? demanda le monarque.

— C'est, reprit Chabannes, afin de remplir les fonctions d'évêque, tandis que La Balue exerce ici les miennes en faisant la revue de vos gens d'armes. »

Le roi sourit.

« C'est, dit-il, un bon diable d'évêque pour à cette heure ; je ne sais ce qu'il sera à l'avenir. »

Louis XI, trouvant à La Balue un esprit et un caractère qui s'harmonisaient parfaitement avec ses goûts et ses desseins, le fit successivement évêque d'Angers et d'Arras, lui fit obtenir le chapeau de cardinal, l'initia aux secrets de son cabinet et l'associa au gouvernement de ses États.

On remarqua que le roi assista, avec la reine et toute la cour, aux noces du frère du cardinal, qui épousa la fille de Jean Bureau, autre homme du peuple que Louis avait amené de Flandre, lorsqu'il vint à Reims prendre la couronne. Il fit alors plusieurs chevaliers de la haute noblesse, entre lesquels il introduisit ce Jean Bureau, ce qui déplut beaucoup; mais Louis XI se faisait un plaisir de ces mélanges, comme s'il eût prouvé par là que la volonté du monarque égalisait tout. Il aimait aussi à prendre pour ministres et favoris des hommes nouveaux, sans alliance et sans soutien, parce qu'il les renvoyait sans risque quand il venait à s'en lasser; c'était encore là un des motifs qui lui avaient fait jeter les yeux sur l'évêque La Balue.

Mais celui-ci, qui était aussi dissimulé, aussi perfide que Louis XI, trahit son maître. Que pouvait-on attendre d'un ministre qu'on avait choisi à cause de ses sentiments indélicats, et dont on mettait chaque jour à profit l'immoralité? Le prélat, vendu au duc de Bourgogne, entretint avec ce prince une correspondance secrète. Dans quelques-unes de ses lettres au Bourguignon, il disait que le roi, dans ses discours familiers, le traitait d'insensé, d'homme sans foi et sans honneur, l'appelait libertin, infâme, athée, et qu'il lui donnait enfin tous les noms flétrissants qui pouvaient rendre les deux princes à jamais irréconciliables.

Ces lettres furent surprises; aussitôt La Balue est arrêté, avec Guillaume d'Haraucourt, évêque de Verdun, que le cardinal avait fait son complice parce qu'il jouissait de la confiance du duc. L'évêque avoua tout sans se faire beaucoup presser; le cardinal se tint d'abord fermement sur la négative. Mais quand on lui montra les pièces à sa charge, ses lettres et sa propre écriture, il promit d'avouer également si on lui promettait la vie sauve. On découvrit alors une suite étonnante de perfidies, entre autres, qu'il n'avait cessé d'instruire le duc de Bourgogne des secrets du gouvernement, et d'entretenir la division entre les deux princes. Ce crime méritait la mort. Le roi nomma une commission pour instruire l'affaire, et envoya à Rome demander au pape de déléguer sur les lieux des juges ecclésiastiques pour être adjoints aux juges ordinaires. La cour de Rome voulut se faire un droit de cette déférence de Louis XI; elle essaya même de se réserver le jugement. On négocia, et l'on ne put s'accorder sur les formes à suivre dans le procès d'un cardinal. La procédure traîna ainsi en longueur; mais le ressentiment du roi ne s'amortit point. Le roi parut, devant la cour de Rome, faire aux prélats la grâce de la vie; mais il leur réservait un châtiment mille fois plus cruel que la mort. Ils furent relégués à Loches, et enfermés à perpétuité dans les horribles cages qu'ils avaient eux-mêmes inventées.

Tristan l'Ermite, prévôt de l'hôtel, le chef des gardes du roi, et l'exécuteur de ses vengeances, emmena plus d'une fois mystérieusement dans les prisons de Loches des grands seigneurs soupçonnés ou convaincus de crime de lèse-majesté. Parmi ces grands seigneurs détenus dans le donjon de Loches, un des plus célèbres est assurément le duc d'Alençon.

Sous Charles VII, le duc d'Alençon avait été l'un des plus ardents instigateurs de la *praguerie*. Il avait plus tard, de concert avec le Dauphin, formé une conspiration contre le roi, dans laquelle devaient entrer les Anglais, les ennemis les plus acharnés du royaume. La correspondance du duc avec les Anglais ayant été livrée au roi par ceux mêmes qui étaient chargés de porter les lettres en Angleterre, d'Alençon fut arrêté; les pairs de France furent convoqués, le procès fut instruit immédiatement. Charles VII eut la douleur de connaître que des princes du sang, ses parents, des seigneurs dont il ne se serait jamais méfié, avaient conspiré contre lui, et que le Dauphin, son fils, ce ver rongeur qui le tourmentait cruellement, trempait dans la conspiration. Le duc d'Alençon avait beaucoup d'esprit, de qualités brillantes, et surtout d'éloquence : il se défendit lui-même avec beaucoup de sang-froid et d'assurance; mais quand il vit que l'authenticité de ses lettres était bien constatée, il avoua tout. Ses avocats ne cherchèrent pas à le justifier : la sentence définitive le condamna à mort. Le monarque, sollicité de tous côtés, accorda la grâce de la vie, donna les biens à la femme du coupable, excepté le duché d'Alençon, qu'il réunit à la couronne, et fit transporter le duc dans le château de Loches, où il devait demeurer toute sa vie.

A la mort de Charles VII, Louis XI rendit la liberté au duc, son parent et son complice, **et** le réintégra dans ses nombreux domaines.

Mais le duc d'Alençon ne se montra pas reconnaissant d'un pareil bienfait. Irrité du despotisme et de la cruauté que Louis XI exerçait envers tous les grands feudataires de la couronne, il se concerta avec le comte d'Armagnac, son beau-frère, et entretint des intelligences secrètes avec le duc de Bourgogne, contre qui le roi était en guerre. Louis découvrit les projets coupables de ces seigneurs; il apprit, en outre, qu'ils s'étaient emparés de la ville de Lectoure, dont ils s'étaient fait une place d'armes bien fortifiée et bien munie, dans laquelle ils comptaient braver tous les efforts du monarque, ou pouvoir faire au moins une capitulation avantageuse.

Bientôt les troupes du roi se répandent dans le comté d'Armagnac, s'emparent de tous les lieux importants, et forcent les conjurés de se retirer dans Lectoure, leur dernier asile. Après s'être défendus, même avec succès, ceux-ci, se voyant pressés, ont recours à l'expédient dont ils se flattaient, et demandent à capituler. Ils trouvent dans le commandant du siége toutes les facilités qu'ils peuvent désirer, sans qu'il paraisse choqué de leurs propositions, quelque outrées qu'elles fussent. Le traité est signé, on commençait même à l'exécuter. Les gardes se faisaient négligemment; un corps de troupes royalistes, profitant de cette sécurité, pénètre dans la ville. Des soldats s'emparent d'abord du duc d'Alençon, après l'avoir blessé grièvement. Puis ils vont droit à la maison du comte, forcent son appartement, et le percent de plusieurs coups de poignard. La comtesse est entraînée dans un petit château voisin; elle était enceinte, on la contraint d'avaler un breuvage pour faire périr son enfant. Elle en mourut elle-même. Lectoure fut livrée au pillage, et une grande partie consumée par les flammes. Des seigneurs arrêtés dans cette surprise, l'un eut la tête tranchée sur les débris fumants de cette malheureuse cité, un autre fut exécuté à Rodez; un troisième fut écartelé à Tours, pour répandre la terreur, en multipliant et en faisant connaître au loin les exemples de sévérité.

Charles, frère du comte, et qui devait recueillir sa succession, fut arrêté dans le même temps et mis à la Bastille, non qu'il fût coupable, mais à cause de la proximité du sang. Pendant quatorze ans qu'il y fut détenu, il n'est sorte de traitements cruels et honteux qu'on ne lui fît subir. Son humide cachot laissait dégoutter l'eau sur la tête de ce malheureux prisonnier, qui ne marchait que dans la fange.

Quant au duc d'Alençon, il fut amené de nouveau à la forteresse de Loches et enfermé dans la même cage de fer d'où La Balue était sorti quelque temps auparavant pour être transféré au château de Montbazon. On ne faisait sortir le duc de son étroite prison qu'aux heures du repas, après lequel il y rentrait immédiatement.

Ces deux infortunés reçurent leur grâce à l'avénement de Charles VIII au trône ; ils rentrèrent en possession de leurs biens ; mais ils n'étaient plus en état d'en jouir : leur corps était faible à ne pouvoir faire un mouvement, et leur esprit s'était entièrement aliéné par les barbaries exercées sur eux.

Sous Charles VIII, le château de Loches conserva la destination qui lui avait été donnée sous le règne précédent. Les prisonniers d'un rang élevé continuèrent à venir visiter les sombres cachots et les cages de la forteresse. L'historien Philippe de Commines, qui avait été ministre de Louis XI, fut enfermé, ainsi qu'il le dit lui-même, pendant huit mois dans l'un de ces affreux cabanons.

Commines avait été d'abord conseiller du duc de Bourgogne. S'étant tourné ensuite, comme beaucoup d'autres, du côté de celui qui lui paraissait avoir le plus d'avenir, il abandonna son ancien maître pour accepter du service du roi de France. Celui-ci combla l'historien de bienfaits de toute sorte ; il lui donna la principauté de Talmont, plusieurs seigneuries, le fit son conseiller, son chambellan, l'initia à l'intimité de sa

I.   32

vie. Il le faisait coucher avec lui : cette familiarité était alors le plus grand signe d'honneur ou d'amitié, même dans la condition privée. A la mort de Louis XI, la fortune de Commines changea tout aussitôt : une régence suivit, des partis se formèrent ; Commines se laissa aller aux passions du temps, et fut chassé de la cour. Puis il y eut des raccommodements et des ruptures. Commines manqua de sagesse dans ses alternatives de faveur : il entra dans les intérêts du duc d'Orléans, qui avait ameuté tous les grands pour déposséder de la régence Anne de France, madame de Beaujeu, appelée au gouvernement par le testament de Louis XI.

Charles, étant arrivé à l'âge de sa majorité et regardant l'ancien ministre de Louis XI comme l'un des instigateurs des troubles qui avaient agité la monarchie, le fit reléguer à Loches et enfermer dans la cage inventée par l'évêque d'Haraucourt.

On pense généralement que ce fut dans l'étroite prison de Loches que Philippe de Commines commença à écrire la célèbre histoire de son époque, qui, plus que ses services et ses malheurs, feront passer son nom à la postérité.

Sur les murs du cachot où il fut incarcéré *huict mois,* on lisait encore en 1789 quelques mots latins, sans doute écrits par lui ; on pouvait déchiffrer les suivants :

Dixisse me aliquando pœnituit... tacuisse nunquam!... (1)

L'épouse de Philippe de Commines ayant obtenu du roi que son mari fût transféré de Loches à Paris, l'infortuné prisonnier resta à la Bastille pendant quelque temps, où il continua d'écrire ses mémoires ; puis il fut condamné par le parlement à être relégué dans une de ses terres, pendant dix ans, et à voir le quart de ses biens confisqué au profit du trésor royal.

Un autre prisonnier illustre de la forteresse de Loches fut Ludovic Sforce, duc de Milan.

(1) Je me suis repenti quelquefois d'avoir parlé, mais jamais de m'être tu.

Ludovic Sforce s'était emparé du Milanais, au préjudice du duc d'Orléans, qui avait hérité ce duché de Valentine Visconti, son aïeule. Lorsqu'à la mort de Charles VIII, le duc d'Orléans fut devenu Louis XII, celui-ci, se voyant en force, voulut conquérir son héritage. Il assembla à cet effet une armée, en donna le commandement à Louis de La Trémouille, et parvint à récupérer ainsi le domaine qu'on lui avait usurpé. Ludovic Sforce, dit le Maure, qui régnait à cette époque à Milan, fut obligé de s'enfuir, avec ses richesses, auprès de l'empereur Maximilien.

Cependant Ludovic, quoique chassé par l'armée française, ne voulait point se tenir pour battu. Il parvint, à l'aide de l'empereur, à lever une armée de trente mille hommes et à tenter un dernier effort. Mais la fortune ne lui fut point favorable; son armée, qui était composée de soldats mercenaires, l'abandonna, et le duc lui-même fut fait prisonnier.

Ludovic fut de suite conduit en France, d'abord à Pierre-Encise, puis transféré dans la tour du Lys-Saint-Georges, en Berry, et enfin, quatre ou cinq ans après, à Loches.

Ce fut dans cette dernière prison qu'il passa le reste de ses jours, non pas dans une cage de fer, comme le disent Paul Jove et Mézeray, mais avec la liberté de sortir de son cachot, et même du château, accompagné de quelques gardes seulement. Il avait embelli son cachot de peintures, sans art à la vérité, mais qui dénotaient cependant assez de goût de sa part. En face de la lucarne grillée qui éclairait son appartement, il avait fabriqué un cadran solaire, destiné à marquer les longues heures de sa captivité. On lisait sur les murs certains versets des Psaumes que Sforce y avait peints, versets analogues à sa situation. Au-dessus de la cheminée, il s'était représenté, revêtu de l'armure du temps, la visière du casque baissée, et debout entre deux canons.

Aujourd'hui on voit encore ces peintures, qui décorent jusqu'au plafond. Ce qui est écrit se déchiffre très-difficilement; mais on le lisait très-bien encore, il y a quelques années, avant que l'humidité ait altéré l'enduit des murailles et fait disparaître une grande partie des lettres.

Ludovic Sforce mourut dans sa prison, vers l'an 1510.

Combien d'autres infortunés, bien plus malheureux que Ludovic, n'ont jamais revu la lumière du jour, après avoir été renfermés dans les souterrains du vieux donjon! Combien sont morts en rongeant leurs chaînes et en maudissant leurs bourreaux! Combien ont été oubliés, vivants, de leur famille, de leurs amis, et même, chose horrible à penser! de leurs geôliers... Belleforest rapporte, à cet égard, « qu'un gouverneur de Loches, nommé Pontbrillant, homme fort curieux, voulant connaître tous les endroits secrets du château, en trouva quelques-uns fermés par des portes de fer : il les fit enforcer et marcha ensuite fort avant dans le roc. Ayant encore forcé une semblable porte, il suivit une longue allée, taillée dans le rocher, qui le conduisit dans une chambre souterraine, au bout de laquelle il trouva un homme d'une stature gigantesque, assis sur une large pierre, et tenant sa tête appuyée sur ses deux mains. Dès que le contact de l'air eut frappé le corps, il tomba en poussière, ainsi qu'un petit coffret de bois qui était aux pieds du prisonnier, et qui renfermait quelques linges fort blancs et pliés avec soin. Belleforest ajoute que la tête et les ossements de ce cadavre ont été longtemps exposés dans l'église du château. »

Cette histoire, toute surprenante qu'elle est, est rapportée par un contemporain, qui dit tenir le fait d'un des gens employés par le gouverneur dans ses recherches. Si le fait est vrai, cet homme d'une haute stature ne pouvait être qu'un captif oublié dans sa prison, et mort sans doute au milieu des tortures de la faim. L'atmosphère particulière qui régnait dans le souterrain avait probablement, comme cela arrive quelquefois, la propriété de dessécher le cadavre en le conservant dans sa position et dans son intégrité.

Nous n'en finirions pas si nous voulions ici parler avec quelques détails des prisonniers célèbres qui ont été incarcérés dans les cachots de Loches. Qu'il nous suffise d'en citer encore un que nous avons déjà évoqué dans le château d'Anet : nous voulons parler du comte de Saint-Vallier, père de Diane de Poitiers, et qui avait trempé dans la conspiration du connétable de Bourbon. Le comte ayant été jeté dans les prisons souterraines de la forteresse, ses cheveux blanchirent en une seule nuit, à la pensée de l'échafaud qui l'attendait. Diane de Poitiers accourut à Loches pour y consoler son père, puis elle se rendit auprès de François Ier, où ses pleurs, aidés de ses charmes, firent tomber l'épée des mains de la justice royale.

Louis XII venait assez souvent visiter le château de Loches. Il ajouta aux appartements que Charles VII avait fait construire pour Agnès Sorel, d'autres appartements beaucoup plus somptueux et destinés à loger Anne de Bretagne, la jeune et jolie veuve de Charles VIII. Lorsque Louis n'était que l'héritier présomptif de la couronne, il avait déjà subi l'impression des charmes de la reine ; il l'aimait au fond du cœur, et avait osé lui révéler le secret de son amour. La reine était vertueuse, mais elle n'avait pas pu s'empêcher de répondre quelque peu à l'affection que lui portait son cousin. Aussi, lors de son veuvage, reçut-elle avec plaisir les consolations que le nouveau roi lui fit porter par les deux seigneurs qui avaient eu l'attachement le plus affectueux pour Charles VIII. Ils s'attendrirent avec elle, pleurèrent ensemble, et quand la première douleur fut apaisée, Louis parut. Ses douces insinuations écartèrent insensiblement les ombres funèbres dont elle était environnée, et firent briller à ses yeux un bonheur selon son cœur, que le prince et elle avaient autrefois sacrifié au besoin des circonstances. Anne se rendit au château de Loches, mais en partant elle donna au roi sa parole de l'épouser s'il réussissait à faire rompre légalement les liens qui l'unissaient à Jeanne de France, fille de Louis XI.

Les qualités de l'esprit et du cœur de Jeanne compensaient en cette princesse la beauté qui lui manquait. Elle aimait uniquement son mari, et quoique négligée et quelquefois même traitée peu convenablement, elle n'avait cessé d'être épouse soumise, et souvent secourable dans les dangers où la révolte avait engagé Louis. On espérait qu'elle se prêterait de bonne grâce aux désirs du roi; mais on fut trompé : Jeanne, jusqu'alors si timide, s'arma de courage et soutint ses droits avec fermeté.

Le tribunal qui devait juger cette cause se composait de trois évêques auxquels étaient adjoints trois autres ecclésiastiques. L'un des motifs allégués par l'avocat du roi, pour opérer la dissolution, consistait dans les prétendues infirmités corporelles qui auraient rendu la princesse inhabile aux fins du mariage. Ce motif sans fondement amena dans la procédure des révélations ou plutôt des inventions qui offensèrent la pudeur de la princesse, et la forcèrent, pour se défendre, à dévoiler les secrets de la couche nuptiale.

Malgré les bonnes raisons et l'énergique défense de la princesse, le roi gagna sa cause, et le mariage fut annulé. Quelques jours après, Louis XII épousait la jolie veuve de son prédécesseur.

Anne de Bretagne était aussi bonne, aussi vertueuse que Jeanne ; mais l'amour est impitoyable : elle consentit à être la cause des malheurs de sa parente. Néanmoins, des remords venaient de temps en temps tourmenter la princesse : aussi fit-elle, en expiation de son amour, construire à Loches un magnifique oratoire qu'elle dédia à la Vierge, oratoire que l'on voit encore de nos jours et qui porte son nom. Anne de Bretagne, comme Agnès Sorel, chercha à effacer, par ses pieuses pratiques et ses munificences envers la collégiale, les fautes qu'elle croyait avoir commises.

Après Louis XII, le château de Loches n'offre plus guère de grands souvenirs historiques. Sous les règnes suivants, il fut insensiblement délaissé par nos rois. Aujourd'hui il est occupé par la sous-préfecture et le tribunal de première instance, et la tour que Louis XI fit bâtir continue de servir de prison.

BEAUJEU.

Le château de Beaujeu ne se recommande à nos souvenirs ni par les siéges qu'il a soutenus, ni par les grands personnages qui lui ont rendu visite, mais seulement par un fait singulier, merveilleux, dramatique, dont l'une de ses châtelaines fut l'héroïne, et qui eut au moment de sa réalisation le plus grand retentissement dans toute l'Europe.

BEAUJEU.

Le château de Beaujeu s'élevait autrefois sur un rocher, dans la vallée de l'Ardière. Il fut construit par Bérard, seigneur du Beaujolais, et l'un des plus anciens barons de France.

Au commencement du douzième siècle, le vieux manoir fut occupé par Humbert IV, qui est surtout célèbre par les étranges immunités dont il gratifia ses sujets. Ce seigneur, plus remarquable par sa puissance que par sa galanterie, fut assez peu sensible aux charmes du beau sexe pour accorder aux maris le privilége de battre leurs femmes jusqu'à effusion de sang, pourvu que la mort ne s'ensuivît point. Voulant donner à son peuple des marques extraordinaires de sa générosité, il lui permit, lorsque celui-ci croirait les blés mûrs, de les aller couper sans l'autorisation des propriétaires, de les lier, et de se payer de sa peine en emportant la dixième gerbe. Cette moisson s'appelait *la cherpille*. La législation de Humbert IV était digne, sans doute, de la grossièreté de ses sujets et de la barbarie de son époque.

Le château de Beaujeu ne se recommande à nos souvenirs ni par les siéges qu'il a soutenus, ni par les guerriers qui l'ont habité, ni par les grands personnages qui lui ont rendu visite, mais seulement par un fait singulier, merveilleux, dramatique, dont l'une de ses châtelaines, la comtesse de Monteval, fut l'héroïne, et qui eut au moment de sa réalisation le plus grand retentissement dans toute l'Europe. C'est l'intérêt que présente ce fait unique qui nous a fait jeter les yeux sur l'antique domaine des sires de Beaujeu, et qui nous a engagé à lui donner une place dans notre livre parmi d'autres châteaux beaucoup plus riches en souvenirs de toutes sortes.

Le comte de Monteval, qui vivait vers l'année 1620, était généralement aimé dans le pays, à cause des nombreux bienfaits qu'il répandait autour de lui. Il avait pour épouse une jeune et belle femme, également l'objet de la vénération de tous les habitants de la cité beaujolaise, et dont la charité sans bornes et la piété sincère se traduisaient sans cesse par des actes de bienfaisance. Cet heureux couple jouissait de cette douce paix du cœur qui rayonne sur tout ce qui l'entoure, et y répand les doux parfums de la vertu. Leur union, fondée sur un amour vrai et profond, sur une estime mutuelle, était immuable comme la volonté de Dieu, qui l'avait bénie. Un tel bonheur sur la terre serait le ciel, si les choses d'ici-bas pouvaient être éternelles. Mais il arriva qu'au bout de deux années de cette félicité suprême, la jeune comtesse tomba malade. Suzanne (c'était son nom) était un ange de patience et de résignation. Les souffrances physiques n'avaient point de prise sur cette âme énergiquement trempée dans la foi religieuse de ses ancêtres ; au milieu des vives douleurs qui lacéraient son pauvre corps, et pendant ces longues nuits sans sommeil que lui faisait la fièvre ardente qui brûle les veines, elle ne perdit jamais ce calme stoïque de chrétienne qui lui donnait tant de force. Elle était la première à soutenir le courage chancelant de son mari, justement alarmé de l'état où il la voyait. Malgré la constance de cette âme angélique, la maladie continua de miner lentement son corps affaibli : ses souffrances devinrent moins vives ; mais elles étaient suivies de longues syncopes, pendant lesquelles elle semblait sur le point de quitter la terre pour s'élancer vers le ciel.

Une nuit, son mal empira : Suzanne eut un long évanouissement... Revenue à elle, le premier mot qu'elle articula fut le nom de son mari.

« Je suis là, à côté de toi, ma bien-aimée... » s'empressa de dire M. de Monteval ; et il lui prit la main, qu'il couvrit de baisers.

« Je vais mourir ! fit la comtesse d'une voix déchirante.

— Non, ma Suzanne chérie ! Dieu ne le veut pas... »

Suzanne ne répondit rien, secoua la tête, et se tourna vers le mur, espérant ainsi dérober à la vue du comte les souffrances qui l'accablaient.

— La pauvre femme, si jeune encore, ne pouvait envisager sans effroi l'idée d'une mort prochaine, d'une séparation si douloureuse... Pendant la nuit elle eut le délire, son front était brûlant, et de temps à autre le frisson de la fièvre agitait tout son corps. D'une voix entrecoupée, elle parlait de son père, de sa mère, et donnait les noms les plus doux à M. de Monteval. Le matin, le délire avait cessé. Pendant la journée, elle resta immobile, et si faible, qu'à peine pouvait-on entendre le bruit de sa respiration. Le soir elle souffrit horriblement ; et dès que ses douleurs lui laissaient quelque relâche, elle s'oubliait elle-même pour chercher à persuader le comte qu'elle se sentait mieux : elle le supplia, mais vainement, d'aller prendre un peu de repos : voyant que ses prières étaient inutiles, Suzanne prit la main de son mari désolé, la baisa et puis la plaça sur son cœur... Un peu avant minuit, elle commença à sentir les étreintes de la mort ; ses yeux s'agrandirent, ses lèvres étaient desséchées ; alors elle éprouva une sensation de chaleur intérieure qui la calcinait : c'était comme un fer rouge qu'on lui aurait enfoncé dans la poitrine. Le comte se mit à genoux auprès du chevet de l'infortunée, lui souleva doucement la tête sur ses oreillers et pressa sa joue froide contre la sienne. Sensible à ces marques du tendre attachement de son mari, la mourante l'entoura de ses bras tremblants, comme si elle eût senti son dernier moment arrivé ; elle aurait voulu dans cet instant suprême lui transmettre toute son âme dans un long et brûlant baiser... Vers le matin, Suzanne fut tourmentée par une soif ardente, avant-coureur de la mort : « De l'eau ! de l'eau ! » criait-elle en râlant et en voulant se soulever avec effort sur sa couche. Trois minutes s'étaient à peine écoulées que ses yeux se fermèrent... ; et le comte de Monteval eut la douleur d'entendre sortir de la bouche du médecin ces affligeantes paroles qui détruisaient toutes ses espérances : *Elle a cessé de souffrir !...*

Dans ces temps éloignés, **la vue d'un mort,** loin d'inspirer la terreur, ne faisait que réveiller dans les cœurs le sentiment d'une foi plus vive et les émotions d'une douce et affectueuse piété. La mort ne brisait pas les liens de l'affection par l'épouvante. L'être qui venait de payer le tribut à la nature devenait l'objet d'un culte particulier que chacun lui rendait à sa façon, selon ses moyens, mais toujours avec le même sentiment de respect, de confiance et de vénération. La vue de l'enveloppe périssable rappelait à la mémoire de ceux qui avaient connu la défunte toutes les belles qualités de l'âme immortelle qui l'avait brisée — de même que le papillon quitte sa chrysalide — pour s'élancer dans le sein de son Créateur ; car tel est le privilége de la vertu, qu'elle brille éternellement autour de la tombe du juste, qu'elle s'en exhale pour ainsi dire avec le souvenir pieux qui l'évoque. D'après ces idées éminemment consolantes, le corps de la comtesse de Monteval fut lavé avec soin ; on la revêtit de ses plus riches habits, on lui posa sur le front une couronne de fleurs, et ses doigts furent ornés de ses joyaux les plus précieux.

Deux jours après, un cortége funèbre descendait la route rocailleuse du château et conduisait en grande pompe les restes mortels de la jeune comtesse de Monteval dans l'église de Beaujeu ; et son mari, leur disant un éternel adieu, les fit déposer dans le caveau de ses ancêtres, pratiqué sous le chœur de l'église.

Après cette triste et imposante cérémonie, à laquelle avaient assisté tous les habitants de Beaujeu, qui étaient venus payer à la noble défunte un juste tribut de regrets, et mêler leurs prières à celles de l'Église, le comte, entendant le dernier chant des fidèles et le glas funèbre qui l'annonçait, sentit son cœur se briser. Un courage fiévreux l'avait soutenu jusque-là ; mais le ressort de son énergie, trop violemment tendu par la lutte des sentiments humains contre ceux d'une résignation religieuse, se rompit. Il regagna péniblement le vieux château, au milieu des témoignages de la plus vive sympathie ; et, s'étant enfermé dans son cabinet, il donna un libre cours à ses larmes.

Le soir de ce même jour, le ciel se couvrit d'épais nuages, et une pluie froide, comme celles qui arrivent pendant le mois de décembre, tomba sur la terre. La nuit était fort obscure, lorsqu'un homme du peuple, suivant la rue longue, étroite et solitaire de Beaujeu, vint heurter à la porte d'une pauvre maison qui se trouvait à l'extrémité ouest de cette ville étreinte entre deux montagnes, contre lesquelles elle appuie ses bâtiments humides, et dont les fondations sont baignées par un torrent qui la sillonne dans toute son étendue. Au bruit qu'il fit en frappant d'une manière particulière, une petite fille, tenant à la main une lampe à bec, que le vent menaçait d'éteindre à chaque instant, vint lui ouvrir ; à peine eut-elle reconnu cet homme, qu'elle lui dit :

« Ah ! c'est toi, papa ! Maman est bien malade ; et la sage-femme, la vieille mère Dubois, est venue ; elle est là ! Moi, je t'attendais ! viens vite, j'ai faim ! »

L'homme, tout ému des paroles de son enfant, la suivit sans dire un mot, et la porte se referma sur eux. Dans une chambre basse et froide, il trouva, étendue sur une mauvaise couche, sa femme qui venait de mettre au jour un pauvre petit être, bien frêle et bien chétif, auquel la sage-femme donnait les premiers soins. Il jeta un regard inquiet sur son épouse, et une larme brûlante tomba sur sa joue flétrie par le travail et la souffrance. Il reçut l'enfant que lui présentait la mère Dubois, et sa figure prit une expression de sombre mélancolie dans laquelle se peignait le désespoir de son âme. Après avoir embrassé le nouveau-né, il sentit bouillonner dans son cœur une de ces pensées qui ne naissent que dans les cas extrêmes. Il resta un moment pensif ; puis, comme un homme qui prend une résolution désespérée, il dit, en remettant l'enfant aux mains de la mère Dubois :

« Femme, il faut que je sorte...; et vous, la mère, attendez-moi, je ne tarderai pas à rentrer. »

A peine eut-il prononcé ces mots, qu'il alla prendre, dans une pièce voisine, une lanterne pendue à un clou tout couvert de rouille et fiché dans le mur humide, l'alluma, sortit, et se dirigea à la hâte le long de l'unique rue qui conduit vers la halle, resserrée dans un espace assez sombre et en harmonie parfaite avec le reste de la ville. De larges flocons de neige, qui fondaient en touchant le sol, avaient remplacé la pluie qui tombait un instant auparavant, et une bise froide, s'engouffrant dans la gorge étroite, s'y ruait avec un sifflement étrange ; mais l'homme marchait toujours, insensible à tout ce qui l'environnait, luttant contre le vent et la neige, et dominé par la pensée unique de la situation de sa femme et de ses enfants.

Où cet homme allait-il ainsi ? Sans doute implorer la charité publique, s'adresser à quelques âmes généreuses qui eussent compassion de sa détresse, après qu'il leur aurait exposé sa triste situation ! Un enfant lui était né, et cette circonstance, qui donne tant de joie au cœur paternel, n'était pour lui qu'un nouveau sujet d'affliction et de désespoir, tant sa misère était grande. Bientôt, tout haletant, il arrive à la halle, et va se mettre à l'abri sous les arceaux qui protégent les boutiques des marchands. Il secoue la neige qui le couvre, et s'appuie contre un pilier, livré à une profonde méditation. Après être resté quelque temps immobile à la même place, il se redresse, et, d'un pas précipité, mesure la longueur de la halle sous laquelle il s'est réfugié. Tout à coup il s'arrête, et, d'une voix que la résolution de l'audace rendait farouche, il dit avec violence :

« Eh bien, oui ! j'irai, dût-il m'en arriver malheur !... A quoi me servirait de troubler le sommeil du riche ? M'entendra-t-il seulement, et daignera-t-il se lever pour moi ? Épargnons-nous l'humiliation d'une prière qu'on n'écouterait point et la honte d'un refus ! Que leur importe, à eux qui dorment sur la plume et sous l'édredon, que ma femme souffre sur la paille, et que mes enfants meurent de faim ! Oh ! les riches ! les riches ! n'ont-ils pas tout ce qu'il leur faut ? Comprennent-ils qu'un homme dise : J'ai faim, et le froid fait craquer mes os ! eux qui mangent et boivent par gourmandise dans des appartements bien chauds et bien clos, où mille bougies jettent l'éclat réjouissant de leur lumière ! Ils passent leur vie dans les délices, et la mort les trouve sur des lits de soie. Leur tombeau est un temple, et leur cercueil une boîte de parfums que les vers n'approchent point. Ils s'y couchent en habits de fête. Les fous !.. le soleil vivifiant n'arrive plus jusqu'à eux, et ils veulent être comme s'ils étaient vivants ! Leur cadavre est glacé, la mort a fait blêmir leur front, et ils s'aromatisent le corps, se mettent des couronnes de fleurs sur la tête, se chamarrent d'or et de diamants ; tandis que le pauvre n'a pas même un lambeau d'étoffe pour cacher sa nudité, pas un morceau du pain le plus noir à donner à son enfant à peine couvert d'un haillon, qui vient faire vibrer à son oreille ces mots qui déchirent le cœur : *Papa, maman souffre, et moi j'ai faim !* Oh ! c'est à se briser le crâne contre ces pierres !... »

Ayant dit ces mots, il sortit rapidement de dessous la voûte de la halle, et se dirigea vers l'église. Il n'en était plus qu'à quelques pas, lorsqu'il crut entendre comme un bruit qui s'échappait d'un lieu voisin. Il s'arrêta tout court pour écouter. Son cœur battait avec violence, la sueur ruisselait de son front, et il se dit à lui-même :

« Quelqu'un m'a-t-il suivi? ou serait-ce un avis du ciel? Oh! ce que je vais faire est bien mal! C'est un horrible sacrilége, je le sais! mais ma femme, ma pauvre femme est là-bas, qui gémit sur son lit de douleur! Mon enfant, celui que tu viens de me donner, ô mon Dieu, cherche en vain la nourriture et la vie sur le sein desséché de sa mère, et tu ne veux pas qu'il soit sorti de ses entrailles pour, en jetant son premier cri, rendre en même temps son dernier soupir! mon Dieu! mon Dieu! si je n'accomplis pas mon dessein, il mourra, et son père sera son assassin! Non, plutôt mourir moi-même ; mais qu'ils vivent, eux, qu'ils vivent et ne sachent jamais ce qu'ils me coûtent! »

Il avance de quelques pas, prête de nouveau l'oreille, et, n'entendant plus rien, il vient jusqu'à la porte de l'église, où il se dit encore :

« Allons, la peur a troublé mon cerveau... j'ai pris les pulsations de mes artères et le battement de mon cœur pour un bruit de voix! »

Et d'une main mal assurée, il tire une clef de sa poche, de l'autre il présente sa lanterne en face de l'ouverture de la serrure, dans laquelle il enfonce la clef et la tourne deux fois convulsivement : la porte s'ouvre et roule en gémissant sur ses gonds ; il en franchit le seuil, après avoir jeté autour de lui des regards inquiets, et certain de n'être vu de personne, il repousse cette porte, qui se referme avec un nouveau gémissement dont le bruit va se perdre sous la voûte du temple. Il s'avance à travers deux rangées de chaises dont les ombres s'allongent sur la dalle humide. Arrivé près des degrés qui séparent le chœur de la nef, il s'arrête. Un silence solennel règne dans le saint lieu. Quelques chauves-souris, frappées d'une clarté inattendue, quittent les corniches des gros piliers sur lesquelles elles s'étaient posées, et viennent voltiger autour de la tête du visiteur nocturne dont la lanterne, obéissant aux secousses désordonnées de son bras fiévreusement agité, jette parfois ses rayons vacillants sur quelque statue de saint dont la pierre, d'un blanc terne, s'illumine, et renvoie à son œil effrayé des images de spectres mouvants et empruntant mille expressions différentes de physionomie sous les ondulations capricieuses et fantastiques d'une lumière tremblotante. Il paraissait à cet homme que les figures d'anges agitaient leurs ailes pour l'empêcher d'aller plus loin. A cette heure funèbre, et dans un tel lieu, mille récits épouvantables assaillaient sa mémoire ; il tremblait et essuyait une sueur froide qui coulait de son front ; il collait son visage contre la pierre de la basilique pour apaiser le feu qui le dévorait. Dans cet instant, il crut entendre que le mouvement du balancier, qui seul troublait le silence de la nuit, précipitait plus vivement la cadence monotone de ses lourds battements. A ce bruit, qui augmenta sa terreur, il se redressa brusquement et recula de quelques pas. L'idée du crime qu'il va commettre se présente à lui dans toute son énormité. Les mots d'*horrible sacrilége* retentissent dans son âme. Il est presque tenté d'abandonner l'entreprise pour laquelle il est venu ; mais la pensée des angoisses de sa femme, qui l'attend pour savoir si elle et son nouveau-né doivent mourir, étouffe le remords qui se dresse devant lui comme un fantôme terrible et lui crie de s'arrêter. Dans son délire, il ne voit plus que le tableau déchirant de sa misère : et le moyen d'en sortir, tout coupable, tout affreux qu'il est, lui paraît légitime, puisqu'il est le seul qui lui reste pour arracher à une mort certaine les objets de ses plus chères affections.

« Qu'est-ce, après tout, pensa-t-il, que cette peur qui enchaîne mes pas ? Depuis vingt ans, ne suis-je pas condamné à creuser chaque jour la dernière demeure d'un citoyen, d'un parent, d'un ami ? Le pain que je mange chaque jour ne me vient-il pas de la mort ? Les vivants ne me voient qu'avec épouvante, ils me fuient, me relèguent loin d'eux comme un maudit, et j'ai peur !... Ils me jettent leurs pères, leurs frères, leurs amis défunts, et s'enfuient ! ils me les livrent, ils sont à moi, bien à moi !

pourquoi trembler?... Allons, pauvre Jacques, va demander aux morts ce que les vivants te refusent; bannis tes craintes chimériques, marche hardiment vers cette tombe encore béante et dont demain on scellera la pierre pour toujours. Va! pendant qu'il en est temps encore, arrache au cadavre qu'ils ont déposé ce matin dans son dernier asile une inutile parure, et que les diamants qui brillent à ses doigts sauvent ta famille! Va vite, car demain peut-être tu serais condamné à l'enterrer de cette même main qui peut lui sauver la vie, et qui tremble comme celle d'un vieillard. O mon Dieu, si ce que je vais faire est un crime, pardonne-moi, car je suis père! »

Tout entier sous l'empire de cette dernière pensée, il monte résolûment les degrés du chœur de l'église, le traverse, passe derrière le maître autel, soulève la trappe qui ferme l'entrée du caveau où ont été déposés le matin même les restes mortels de la comtesse de Monteval, et y descend par l'escalier souterrain.

Cette fois, Jacques ne tremble plus. Il va droit au cercueil de madame de Monteval, dépose sa lanterne sur la pierre qui doit être scellée le lendemain, et, d'une main sûre, il tourne et enlève, à l'aide de son couteau, les vis qui maintiennent la planche de chêne qui le ferme, écarte cette planche, saisit promptement la main glacée du cadavre, et se met en devoir de la dépouiller des bagues qui brillent à ses doigts. Soit que la frayeur lui eût ôté ses forces, soit que la précipitation mît obstacle à la régularité de ses mouvements, il fit de vains efforts pour y parvenir.

« Malédiction! s'écrie-t-il, il m'est impossible d'avoir ces joyaux! Il me les faut pourtant! je les aurai, ou je ne sortirai pas d'ici vivant! Je n'y serai pas venu à travers tant de mortelles alarmes pour reculer devant cet obstacle; et dût mon sacrilége me damner à jamais, ma femme et mes enfants ne me reverront pas sans les secours qu'ils attendent!... Oh! comment m'y prendre?... »

Puis, comme frappé d'une idée subite, il saisit son couteau d'une main, de l'autre celle de la comtesse, l'étreint fortement afin de distendre les muscles, et se prépare à en faire l'amputation... A peine la lame a-t-elle effleuré les chairs, qu'il lui semble que la main qu'il tient le serre à son tour. Il attribue cette sensation à l'égarement auquel il est en proie ; il veut continuer, mais alors il ne peut plus douter de la vérité : la main du cadavre se crispe convulsivement dans la sienne !... Aussitôt un frisson d'horreur s'empare de tout son être ; il reste immobile, glacé, et son œil, où se peint une terreur indéfinissable, reste fixé sur la figure de la défunte, dont les lèvres s'agitent et laissent échapper distinctement ces mots, qui semblent sortir du fond de ses entrailles : *Mon Dieu, que vous me faites mal !* (1)

En entendant ces paroles, Jacques pensa mourir de frayeur ; mais par une de ces réactions qui se sentent mieux qu'elles ne s'expliquent, il comprit aussitôt ce qui lui restait à faire. Les cris de sa conscience, qu'il avait étouffés pour venir, dans une pensée criminelle, violer l'asile des morts, se présentèrent à lui sous un tout autre aspect, et dans son esprit troublé, l'audace que lui avait inspirée l'amour conjugal et paternel n'était plus qu'un moyen dont la Providence s'était servie dans sa personne pour arracher au trépas la victime d'une erreur fatale... Étrange bizarrerie du cœur humain : cet homme qui, un moment avant, se croyait voué à tous les malheurs, à toutes les souffrances, ne voit plus en lui qu'un instrument aveugle de la volonté du ciel, qui lui fait rendre au monde un ange de beauté et de vertu, et lui assure à lui-même, par cet acte inouï, ce qu'il était venu chercher au fond d'un cercueil ! Dans cette conviction, qui lui rend tout son sang-froid, il remonte précipitamment les marches du caveau, traverse le chœur de l'église, et se dirige d'un pas rapide vers le château de Beaujeu.

Pendant ce temps, la comtesse de Monteval, que la douleur occasion-

(1) Historique.

née par l'affreuse tentative de Jacques avait réveillée de la profonde léthargie qui avait fait croire à une mort réelle, reprit peu à peu le sentiment instinctif de l'existence ; mais ce fut en vain qu'elle chercha à recueillir ses souvenirs, à se rendre compte de la situation dans laquelle elle se trouvait : l'obscurité profonde qui régnait autour d'elle l'épouvantait sans lui rien révéler. Le froid avait raidi ses membres ; et promenant ses mains engourdies sur toute sa personne, elle entendait le bruit que fait la soie quand on la froisse, sans pouvoir deviner d'où venait ce bruit. Enfin elle parvint à se mettre sur son séant, étendit les bras, et ne trouva que le vide... Alors, rassemblant toutes ses forces, l'infortunée se dressa sur ses pieds mal affermis, et elle se tourna, haletante, du côté où un léger rayon de lumière semblait vouloir pénétrer dans l'espace obscur où elle était perdue. Dans ce moment un nuage épais, qui masquait la lune et distillait sur la terre de larges gouttes d'eau que le froid cristallisait en épais flocons de neige, glissait comme un rideau, et laissait pénétrer dans ce caveau un léger reflet de lumière blafarde qui éclaira la marche de Suzanne. L'air extérieur qui venait à la fois du soupirail et de la trappe laissée ouverte par Jacques, lui indiqua la route qu'elle devait suivre pour sortir de ce ténébreux séjour. Guidée par ce courant d'air, elle se dirigea vers l'escalier de pierre, et après des efforts incroyables pour le monter, elle vint s'asseoir toute tremblante sur les marches du maître autel. Il lui semblait qu'elle était en proie à un horrible cauchemar : elle entrevoyait vaguement toute l'horreur de sa situation ; ces habits de fête, cette couronne sur la tête, le lieu d'où elle sortait, celui non moins solennel où elle était assise, la douleur qu'elle avait ressentie dans ce quasi-réveil, tout lui disait en un muet et terrible langage que peut-être les vivants avaient pleuré sur elle !

« O mon Dieu ! quel rêve affreux je fais !... » soupira-t-elle. Puis ses forces l'abandonnèrent, et elle tomba sans connaissance le long des marches de l'autel.

Minuit sonnait comme Jacques frappait à la grande porte du château de Beaujeu. M. de Monteval, retiré dans le fond de son appartement, se livrait sans contrainte à toute sa douleur d'époux. Dans l'isolement et le silence de la nuit, son cœur brisé cherchait vainement des consolations dans de ferventes prières : l'image chérie de sa Suzanne se représentait sans cesse à son esprit. Toutes les qualités, toutes les vertus de sa compagne, enlevée si jeune à son amour et à la reconnaissance des malheureux, lui faisaient plus vivement sentir l'irréparable perte qu'il venait de faire; et son âme toute chrétienne, qui aimait à placer la comtesse au séjour des élus, n'avait pourtant point la force de ne pas envier à Dieu le trésor qu'il lui avait ravi. Des larmes amères tombaient brûlantes sur ses mains suppliantes, et sa voix brisée venait expirer sur ses lèvres, comme un mélange de plainte et de résignation.

Un vieux valet de chambre vint avertir le comte qu'on frappait à la grande porte du château, et il lui demanda, vu l'heure avancée de la nuit, s'il devait faire ouvrir.

Le comte de Monteval lui fit machinalement de la tête un signe de tacite consentement : alors le fidèle serviteur se dirigea vers la loge du concierge.

« Qui est donc là ? alla demander celui-ci, fort mécontent de voir son sommeil interrompu.

— C'est moi, Jacques le fossoyeur.

— Eh, mon Dieu! que nous voulez-vous à cette heure de la nuit ?

— Je veux parler à M. le comte... Il n'y a pas un moment à perdre! au nom du ciel, ouvrez vite, maître Germain!

— Un moment, un moment... nous y voilà. »

Et le concierge, tout en grommelant, ouvrit enfin la porte.

« Conduisez-moi sur-le-champ près de M. le comte, dit Jacques, en entrant tout effaré; il faut que je lui parle à l'instant même... Mon Dieu! que vous êtes lent, maître Germain! »

A peine la porte fut-elle refermée, que Jacques, entraînant le vieux serviteur, se faisait conduire auprès du noble comte de Monteval, et ce fut à peine si Germain put lui dire, en arrivant avec le visiteur qui le pressait :

« M. le comte, c'est Jacques le fossoyeur.

— Moi-même ! s'écria celui-ci en s'élançant dans l'appartement. J'ai besoin de parler immédiatement et sans témoins à votre seigneurie !

— Jacques, que signifie ta visite à l'heure qu'il est ? lui dit M. Monteval.

— M. le comte va le savoir ; mais que je sois seul avec lui.

— Germain, dit alors le comte en s'adressant avec bonté au vieux concierge ; Germain, laisse-nous. »

Germain sortit en hochant la tête et en murmurant tout bas : « Qu'est-ce que peut avoir ce Jacques à dire à mon maître ? »

Resté seul avec le comte de Monteval, le fossoyeur tomba à ses pieds, et lui raconta en tremblant tout ce qui venait de lui arriver. Loin de chercher à atténuer sa faute, il s'en accusa avec toutes les marques du plus sincère repentir. Il implora son pardon dont il se disait indigne, et supplia M. de Monteval de l'accompagner à l'église pour porter un prompt secours à sa malheureuse épouse.

M. de Monteval, dans le trouble qui s'empara de ses sens en écoutant le récit de Jacques, douta de sa réalité. Il lui sembla qu'il était sous le charme d'une vision.

« Ma femme respirerait encore ! s'écria-t-il : dois-je croire ce que me dit cet homme ? Toi qui me parles ainsi, si tu n'es pas un vain fantôme, oh ! répète-moi les paroles de Suzanne ! »

Et le pauvre fossoyeur de protester de la vérité de ses paroles, d'invoquer tous les saints du paradis pour faire pénétrer la conviction dans l'âme du comte : « Au nom du ciel, ajoute-t-il, venez, M. le comte, et vous aurez, s'il en est temps encore, la certitude que Jacques n'a point menti. »

Doublement subjugué par l'élan de son cœur et par les supplications que
le fossoyeur lui adresse, M. de Monteval laisse pénétrer l'espérance dans
son sein. — Pourtant, si tout cela n'était qu'un rêve ! si son cerveau malade n'avait créé devant lui qu'une atroce imposture qui le fascinait et
l'entraînait malgré lui sur les pas d'un être fantastique ! « Mon Dieu !
s'écria-t-il sous l'impression de ces douloureuses pensées, ô mon Dieu !
tu ne le voudrais pas ! tu ne ferais pas briller à mes yeux un consolant
espoir afin de te jouer de l'amour d'un pauvre mortel pour celle que tu
lui avais donnée pour compagne. — Nous allons partir, dit-il à Jacques ;
malheur à toi si tu m'as trompé ! malheur à toi !... Mais si Suzanne
m'est rendue, que le ciel te pardonne comme je te fais grâce, et
que sa bénédiction sur toi sanctionne les bienfaits que ma main te
destine ! »

En disant ces mots, il se couvrit de son manteau et fit signe à Jacques
de prendre sa lanterne et de le suivre.

« Ne serait-il pas prudent, M. le comte, dit humblement Jacques,
que vous vous fissiez accompagner par un de vos gens ?

— En effet, répondit Monteval, ce serait sage, mais toi seul peux me
conduire, et tu me conduiras !... Je prie Dieu que cette réflexion ne te
soit point inspirée par le désir de m'échapper, si tu m'as fait un men-
songe. Un de mes domestiques viendra également avec nous, et je te dé-
fends de lui dire un mot durant le trajet que nous avons à faire. Il nous
attendra à la porte de l'église, pendant que nous irons arracher mon
épouse infortunée de son affreux séjour... »

En descendant l'escalier du château, le comte de Monteval ordonna à
un de ses valets de le suivre, et tous trois, dans le plus profond silence,
gagnèrent promptement le parvis du temple.

Il est de ces émotions qu'il faut renoncer à peindre, de ces tableaux
dont nulle couleur ne peut rendre l'effet, sous le pinceau même le plus
habile. Comment dire tout ce qui se passait dans ces trois cœurs si diver-

sement agités, et réunis tous trois, pendant une nuit obscure et froide, par une de ces péripéties presque inouïes de la vie humaine?

Jacques et le comte de Monteval entrèrent dans l'église, tandis que le pauvre valet, ne comprenant rien à cette étrange expédition nocturne, s'appuyait, tout transi de peur et de froid, contre la porte restée entr'ouverte; dans ce moment, toute la cérémonie funèbre du matin vint se retracer à son esprit rempli de terreur... Dans son impatience inquiète, le mari de Suzanne avançait brusquement au milieu de l'obscurité profonde qui régnait dans le saint lieu, au risque de se heurter vingt fois contre les obstacles qui pouvaient embarrasser sa marche; Jacques avait peine à le suivre, occupé qu'il était d'éclairer les pas du comte, tout en évitant les mêmes obstacles. Ils arrivèrent bientôt dans le chœur, se dirigèrent derrière le maître autel, passant ainsi, sans s'en douter, à côté de celle qu'ils cherchaient; et, Jacques prenant les devants, ils descendirent dans le caveau. Un silence de mort régnait dans ce lieu lugubre. Ils allèrent droit au cercueil, et tous deux, plongeant un regard avide au fond du sarcophage, restèrent stupéfaits en le trouvant vide. Dans sa morne stupeur, il sembla à M. de Monteval qu'un poignard lui perçait la poitrine.

« Suzanne! s'écria-t-il avec un accent déchirant, Suzanne, ma bien-aimée, où es-tu? »

Le frémissement sinistre de l'écho sépulcral répondit seul à sa voix. Les cheveux hérissés, le front pâle, l'œil étincelant d'une lumière fauve, il se redressa, et dominant de toute sa hauteur Jacques, qui était tombé à ses genoux, il lui cria d'une voix terrible:

« Infâme sacrilége, tu m'as trompé! Après avoir dépouillé le cadavre, tu l'as jeté en quelque coin que toi seul connais, pour me faire croire à une résurrection impossible... Jacques! malheur à toi! malheur à toi!

— Pitié pour moi! Je jure que je vous ai dit la vérité! Que la colère ne rende point votre démarche inutile! Madame, qui n'attend que vous pour la sauver, est ici, et que Dieu qui m'entend me prenne à sa place si j'ai menti !

— Que ton serment retombe sur toi comme tu l'as dit ! »

Armé de la lanterne qu'il avait arrachée brusquement des mains de Jacques, le comte de Monteval se mit à parcourir le caveau en tous sens, dirigeant sa lumière dans tous les recoins ; mais en vain. Chaque ombre produite par le jeu des rayons lumineux offre à sa vue l'image de la comtesse ; il ne saisit, quand il étend la main pour la toucher, que l'air, qui glisse entre ses doigts. Après un examen des plus minutieux, pendant lequel on aurait pu entendre les violents battements de son cœur, après une recherche vingt fois répétée, qui double son désespoir par son inutilité, il se retrouve en face de l'escalier par lequel il venait de descendre. Il pose un pied sur le premier degré, et s'arrête, l'œil morne, en proie aux plus sinistres pensées.

Jacques, toujours à genoux, l'observe d'un regard furtif, et sent redoubler sa frayeur. Le froid de la mort, qui le pénètre, inonde son front d'une sueur glacée. Les bras pendants et la tête inclinée sur la poitrine, il attend son dernier moment avec une résignation stupide, hébétée ; ses lèvres murmurent une prière entrecoupée, qui meurt et se confond dans un râle d'agonisant.

C'était un horrible spectacle que celui qu'offraient ces deux hommes dans cet instant solennel.

La situation du comte était trop violente pour être de longue durée. Jacques, malgré son anéantissement, prévoyait un épouvantable dénoûment à ce drame plus effroyable encore. L'épée de Damoclès était au-dessus de sa tête ; il la voyait, elle n'était retenue que par un fil qu'un souffle pouvait rompre : aussi avait-il fermé les yeux pour ne la point voir tomber.

Sortant tout à coup de son affreuse rêverie, M. de Monteval bondit brusquement en arrière et retourne vers le cercueil, se baisse dessus et semble du regard en mesurer la longueur. Un objet se présente à sa vue ; il s'en saisit, l'examine : c'était un couteau... Un rire sauvage et diabolique écarte ses lèvres et plisse son front ; alors il s'avance vers Jacques, et, le poussant rudement, il lui dit :

« Jacques ! le ciel est juste, car voici l'instrument de ton crime ! Dieu le met en mes mains pour faire retomber sur toi ton exécrable serment !... Regarde, le reconnais-tu ?... »

Plus effrayé que jamais, le fossoyeur ouvre les yeux et reconnaît son couteau que, dans sa précipitation, il avait oublié près du cercueil de la comtesse. Il rassemble toutes ses forces pour joindre les mains et les élever suppliantes vers M. de Monteval ; mais celui-ci, tout entier à l'idée de sa vengeance, fait vibrer à son oreille ces paroles :

« Jacques, recommande ton âme à Dieu !... »

A peine avait-il prononcé ces derniers mots qu'un son plaintif, semblable à celui d'un soupir étouffé, se fit entendre au-dessus de sa tête. Ce son retentit dans son cœur ; son bras déja levé retomba. Il avança aussitôt du côté de l'escalier et prêta une oreille attentive.

Presque mort, Jacques aussi a entendu le même son ; l'espoir, cette rosée du ciel, rentre dans son âme et la rafraîchit. Ses forces chancelantes se raniment ; tout haletant, il se relève, et, le cou tendu, il écoute aussi. Un second soupir ne tarde pas à faire entendre... plus de doute ! c'est la comtesse qui se plaint... « Où est-elle ? » Cette exclamation sort en même temps de la bouche de ces deux hommes, qui oublient tout pour ne songer qu'à s'aider dans leurs recherches. Certains que madame de Monteval n'est plus dans le caveau, ils remontent précipitamment dans l'église ; la bouche béante et osant à peine respirer, ils attendent qu'un nouveau soupir leur indique la route qu'ils ont à tenir. — Que ce moment leur parut long !... Enfin, pour la troisième fois, une respiration pénible se fit entendre, et tous deux se précipitèrent sur les degrés du maître autel. Pour cette fois, ce fut au comte à tressaillir de joie... il avait retrouvé sa chère Suzanne ! Ses yeux ne le trompaient pas, sa main l'avait touchée, et avait interrogé les battements de son cœur qu'il avait sentis, et le souffle de son haleine avait effleuré sa joue brûlante...

« O mon Dieu ! aie pitié de moi ! soutiens-moi ! C'est maintenant que je te supplie, car je sens que ma raison est près de m'abandonner !... Jacques, mon ami, à toi ma reconnaissance, ma fortune, ma vie ! Mais aide-moi... tiens, étends mon manteau... vite, enveloppons-la... couvrons-la bien !... Jacques ! prends garde ! prends bien garde... va doucement... elle dort, ne l'éveillons pas !... »

Jacques, hors de lui, aidait le comte de Monteval a envelopper Suzanne du manteau protecteur. Puis, tous deux la soulevèrent avec précaution, et l'emportèrent sur leurs bras hors de l'église, où les attendait le pauvre domestique, en proie à la plus vive anxiété. Dès qu'il les vit revenir avec leur précieux fardeau, le peu de sang-froid qu'il avait conservé le quitta tout à fait. Il recula en se signant, et se disposait à prendre la fuite, quand d'un mot bref et impérieux son maître l'arrêta et lui ordonna de saisir la lanterne, qui embarrassait Jacques et ne les éclairait qu'imparfaitement. Notre poltron prit la lumière, et, la portant devant eux, il marcha la tête tournée de côté, n'osant pas les regarder. Ce fut ainsi qu'avec des peines infinies ils arrivèrent enfin au château de Beaujeu.

Une heure après, madame la comtesse de Monteval, mollement étendue sur son lit, dormait profondément, et son époux, agenouillé à son chevet, attendait son réveil en priant, et bénissant Dieu de lui avoir rendu le seul objet qui pût l'attacher à la vie.

Quinze jours s'étaient à peine écoulés depuis ce mémorable événement, et le son des cloches, mises en branle, annonçait à tous les habitants de la vieille cité beaujolaise qu'une cérémonie se passait dans l'église. Là, le comte de Monteval et son épouse, debout, tenaient un enfant sur les fonds baptismaux : c'était celui de Jacques le fossoyeur, dont ils avaient adopté la famille.

Jamais cérémonie n'avait réuni tant de fidèles; jamais fête n'avait illuminé de plus de joie tous ces visages brunis par le soleil d'été sur les riches coteaux du Beaujolais. On n'entendait qu'un concert de louanges pour l'heureux couple, et des actions de grâces sortaient de toutes les bouches pour monter vers les cieux.

Le comte de Monteval voulut que ce jour fût marqué par des réjouissances. Il fit porter plusieurs pièces de son meilleur vin sur la grande place du château. Là, les anciens du pays causaient autour des brocs, les enfants jouaient sur la pelouse, les jeunes filles dansaient aux accords de la musette : tous, animés et joyeux, faisaient retentir les airs d'une franche et bruyante gaieté.

Le château de Beaujeu, ainsi que nous l'avons dit en commençant, n'a pas la célébrité d'Anet, de Loches ou d'Amboise ; cependant il ne laisse point que d'avoir eu son illustration. Pierre de Bourbon, sire de Beaujeu, épousa Anne de France, la fille de Louis XI, et le vieux manoir eut ainsi pour châtelaine la dame la plus élevée du royaume après la reine.

Par une soirée orageuse de la fin d'août 1483, une fenêtre du château du Plessis-lez-Tours était ouverte sur la campagne, et une brise légère, qui ridait l'eau tranquille des fossés de cette demeure, venait apporter un peu de fraîcheur dans une chambre chaude et silencieuse.

Le soleil en s'éteignant avait doré d'un dernier rayon les draperies de pourpre d'un lit de chêne, sculpté aux armes de France, et ce dernier rayon pouvait être un dernier adieu, car sur ce lit royal un homme se mourait. C'était Louis XI.

Peu de temps après, les chaînes du pont-levis se tendirent, le pont s'abaissa sur ses gonds rouillés, et le pas cadencé de deux chevaux se fit entendre ; deux jeunes pages les montèrent aussitôt. On remit à l'un une lettre scellée qu'il plaça soigneusement dans une poche de son pourpoint, et une voix lui cria : « Au château de Beaujeu ; » une lettre pareille fut remise au second, et la même voix lui cria : « Au château de Loches. »

Ce fut le dernier bruit de cette triste journée. On entendit quelque temps encore le galop des chevaux dans la campagne ; bientôt l'éloignement le rendit confus et insensible, puis tout rentra dans l'ombre et le silence.

Le premier page portait à madame Anne do Beaujeu la régence du royaume de France.

Le second allait annoncer à madame Charlotte de Savoie qu'elle était veuve du roi de France.

Louis XI, qui connaissait toutes les qualités dont sa fille était douée, avait eu soin, dans son testament, d'exprimer le désir qu'elle fût régente pendant la minorité de Charles VIII. Madame de Beaujeu justifia pleinement la confiance que son père eut en elle, car elle gouverna avec une sagesse et une fermeté vraiment admirables. Elle s'appliqua à gagner l'estime des grands et du peuple par un gouvernement modéré, bien différent du despotisme de son père. Elle diminua les impôts, promit une remise plus considérable quand l'état des affaires le permettrait, congédia avec honneur un corps de six mille Suisses qui coûtaient beaucoup, et retrancha les dépenses qui n'étaient pas nécessaires. Sur de simples déclarations, Louis avait condamné plusieurs personnes à l'exil et à la prison : sa fille ouvrit les cachots, rappela les disgraciés, et leur fit rendre les biens dont les sentences injustes ou trop sévères les avaient privés.

En même temps elle satisfit le peuple en livrant à la vindicte publique deux ministres qui, abusant de la confiance du feu roi, s'étaient rendus coupables de malversations et de crimes : Olivier le Daim, ce barbier insolent qui avait profané à Gand la dignité d'ambassadeur ; et Jean Coictier, autre vampire de cour, médecin de Louis XI, qui avait acquis des biens immenses en abusant de l'empire que la crainte de la mort lui donnait sur son malade.

Madame de Beaujeu vint souvent visiter, pendant sa régence, l'antique château dont elle portait le nom. Elle se plut, avec son mari, à embellir cette propriété par des appartements nouveaux et des jardins magnifiques; c'est dans cette résidence qu'elle venait se délasser des soins du gouvernement, et c'est aussi là qu'elle passa les instants les plus doux, les plus heureux de sa vie.

Le château de Beaujeu, ayant été livré à la révolution comme bien national, fut acheté par un spéculateur qui le fit démolir pour en vendre les matériaux. Aujourd'hui on n'en voit plus que quelques ruines éparses çà et là; et des troupeaux de bœufs et de brebis viennent brouter l'herbe des champs à l'endroit où les grands seigneurs de la cour venaient présenter leurs hommages à la régente de France.

J.-B. Bouché, de Cluny.

CHAMBORD.

François Ier avait dit : *Une cour sans dames est une année sans printemps et un printemps sans roses.* Dès lors commença à régner à Chambord un éternel printemps.

(Châteaux et ruines de France.)

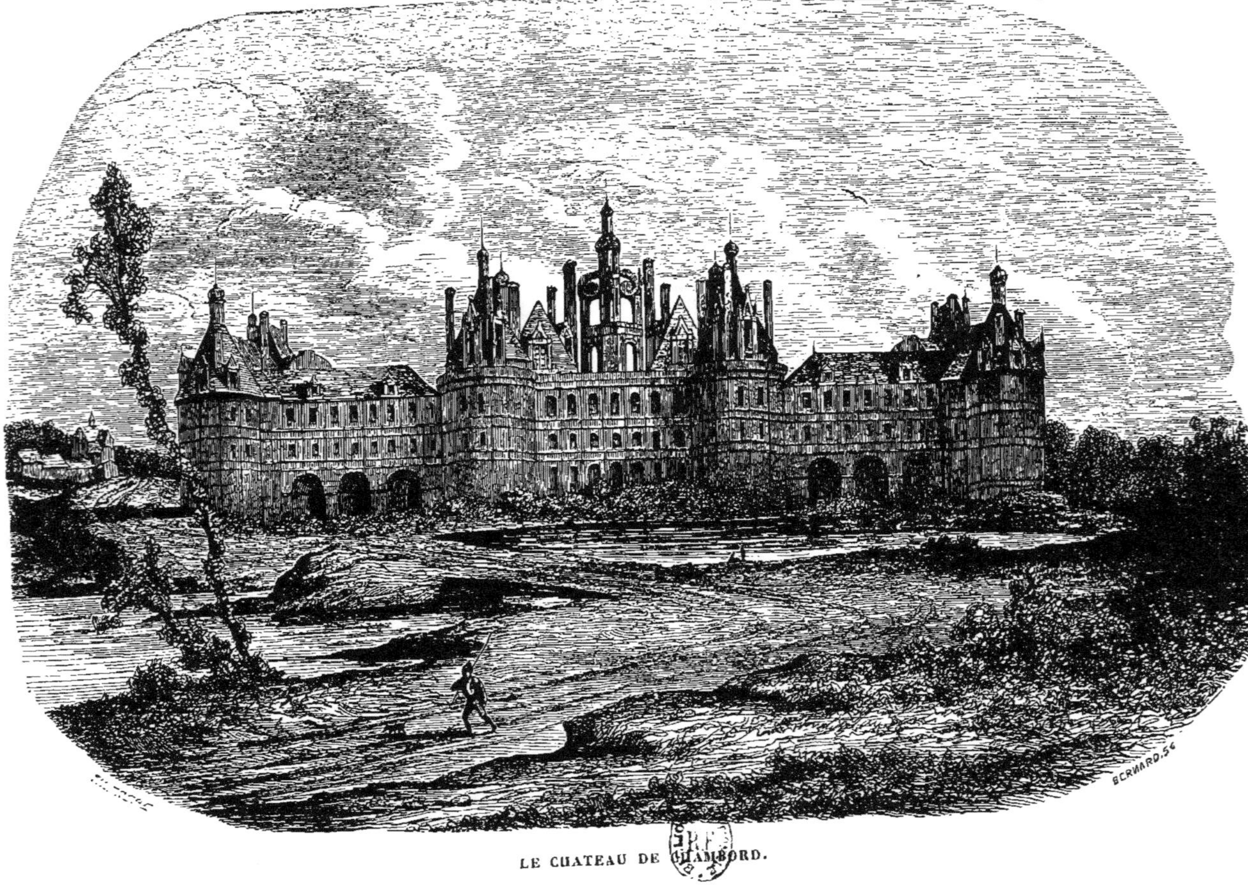

LE CHATEAU DE CHAMBORD.

(Mystères des Vieux Châteaux de France).

CHAMBORD.

Par une belle matinée de l'an 1523, le roi François Ier, qui était venu
avec toute sa cour passer le printemps au château de Chambord, conversait avec la charmante Françoise de Foix, sa maîtresse, dans une de ces
vastes embrasures de fenêtre, lesquelles formaient, dans les appartements
des manoirs du moyen âge, comme autant de retraites où les amants et
les conspirateurs pouvaient échanger en toute sécurité leurs signes mystérieux et leurs paroles confidentielles.

Il y avait ce jour-là, dans la grande salle de la vieille forteresse de
Chambord, qui appartenait, dans des temps plus reculés, aux comtes de
Blois, une affluence considérable de seigneurs et de dames, invités par le
roi à l'accompagner à une chasse dans la forêt de Bussy.

En cette circonstance, l'amour n'était pas, ainsi qu'on pourrait le supposer, le sujet de l'entretien du galant monarque avec la comtesse de Chateaubriant. Des idées plus sérieuses préoccupaient alors l'esprit de François, et le nom de Lautrec, fréquemment répété par l'un et l'autre des deux nobles interlocuteurs, suffisait à prouver que les désastres de la guerre d'Italie, dont la direction était confiée à ce frère non moins imprudent que malheureux de la favorite, étaient la cause du mécontentement qui assombrissait le front du roi, aussi bien que de l'inquiétude qui ternissait le brillant regard de la comtesse.

« Sire , disait Françoise avec cette chaleur de l'âme qui rend les femmes si éloquentes lorsqu'elles prennent la défense de ceux qui leur sont chers, Sire, n'est-il pas indigne d'un grand cœur comme le vôtre d'accabler ainsi du poids de son ressentiment un valeureux et dévoué serviteur, dont les revers seraient d'ailleurs attribués avec plus de justice à l'influence d'une volonté adverse et puissante ?

— Hé ! madame, repartit le roi en éludant la question, puis-je voir favorablement et juger avec indulgence un homme auquel, pour vous complaire, j'ai donné le gouvernement du Milanais (dont M. de Bourbon ne me pardonnera jamais de l'avoir privé), et qui me récompense de mes bontés en me laissant enlever le beau duché que je lui avais confié ?

— Votre Majesté n'ignore pourtant pas, reprit madame de Chateaubriant que si mon frère eût reçu les quatre cent mille écus qui lui étaient annoncés, mais qui ne lui sont pas parvenus...

— Madame, interrompit le roi d'un ton sec, il est inutile de revenir sur ce sujet ; quand l'affaire à laquelle vous faites allusion sera éclaircie, nous punirons le coupable. »

Cette affaire était celle du détournement des deniers de l'État, fait par Semblançay à l'instigation et au profit de la duchesse d'Angoulême... Nos lecteurs savent si ce fut le véritable coupable qu'atteignit la justice royale.

Françoise avait compris, à l'intonation de voix de son amant, qu'elle venait de toucher inconsidérément une corde qu'il était dangereux, même à elle favorite en titre, de faire vibrer. Les grands et surtout les souverains ne souffrent guère et ne pardonnent pas qu'on attaque la moralité de leurs pareils, encore moins de leurs proches, quelque évidente que soit la culpabilité des uns et des autres. Aussi ne saurait-on douter que l'ébranlement du crédit de la comtesse date du jour où elle eut la témérité de rappeler à la mémoire de François l'événement qui avait dévoilé la cupidité de la régente.

Ce n'est pas que nous prétendions que le volage monarque eût pu se laisser fixer par les charmes, pourtant si séduisants, de Françoise de Foix. Bien des amours plus ou moins éphémères, bien des intrigues plus ou moins clandestines, occupèrent ou amusèrent successivement François Ier dans le temps où la sœur de Lautrec jouissait de sa plus grande faveur, et où elle était conséquemment le plus haïe de Louise de Savoie, car il est à remarquer que les mères des rois éprouvent presque toutes une violente jalousie contre les maîtresses, voire même les épouses de leurs fils, lorsqu'elles ont lieu de présumer que ces derniers se laissent dominer par celles-ci ou par celles-là.

Quoi qu'il en fût, à l'époque que nous retraçons, des sentiments plus ou moins exclusifs de François envers madame de Chateaubriant, toujours est-il qu'en cet instant la belle comtesse, pour qui la physionomie du roi n'avait point de secrets, se repentit de son indiscrète pétulance. Une larme furtive roula de ses yeux sur son visage, qu'elle détourna soudain.

Soit que François n'eût point vu cette larme, soit qu'il voulût rompre cet entretien, ou que, cédant à un mouvement d'un égoïsme commun aux amants et aux princes, il prît plaisir à prolonger un état de souffrance dont il était l'unique cause, il feignit d'attribuer le mouvement que venait de faire la comtesse pour se rapprocher du balcon, au désir d'examiner le paysage qui se déroulait au loin devant le vieux château de Chambord.

Le roi resta donc quelques minutes à contempler silencieusement le tableau qui s'offrait à sa vue ; puis, appelant sa sœur, la duchesse d'Alençon, laquelle entrait à ce moment-là dans la salle et se dirigeait vers l'extrémité de l'appartement où la reine Claude était assise au milieu de ses dames, il dit :

« Venez ici, je vous prie, Marguerite... Vous me donnerez votre avis à l'égard d'un plan que je viens de former. »

Et voyant que nonobstant son invitation, la princesse, après l'avoir salué, passait outre, il alla vers elle, et lui prenant la main, il l'entraîna plutôt qu'il ne la conduisit à la fenêtre.

« Mon frère, je n'ai pas encore présenté mes devoirs à la reine, objecta Marguerite.

— Claude est si indulgente et si bonne, repartit François avec un sourire dont la présence de madame de Chateaubriant doublait la signification ; Claude est si indulgente et si bonne, qu'elle vous pardonnera cette infraction aux lois de l'étiquette. Dites-moi donc, ma sœur, avec votre franchise accoutumée, ce que vous pensez des changements et additions qui, si Dieu me prête vie, seront exécutés ici avant quatre ans.

— Je vous écoute, Sire.

— D'abord, commença d'expliquer le roi, cette masse incorrecte de vieux bâtiments doit être jetée à bas... Nous aviserons ensuite aux moyens de la réédifier...

— Et c'est là, mon frère, ce que vous appelez faire des changements et des additions ? demanda en riant la duchesse.

— Puis, continua le monarque, sans répondre à l'observation de sa sœur, ces jardins sont beaucoup trop resserrés. Heureusement, le terrain ne nous manque pas, aucune ville n'est assez proche de Chambord pour poser une limite à notre parc... Je veux qu'il ait au moins huit lieues de circonférence, et comme la rivière de Cosson n'est en réalité qu'un large ruisseau insuffisant à arroser un aussi magnifique domaine, nous détournerons le cours de la Loire et forcerons ce fleuve superbe à venir baigner de ses eaux les murs d'enceinte du nouveau Chambord.

— En fait d'art, comme en fait de conquêtes, vous formez toujours des projets gigantesques, remarqua Marguerite.

— Ainsi, reprit François, vous verrez ce sombre et gothique manoir transformé en un palais dont les décorations seront en rapport avec les fêtes splendides qui s'y succéderont sous vos auspices, ma sœur, et, ajouta le monarque en se penchant vers Françoise, sous ceux de la charmante comtesse de Chateaubriant. »

Cette dernière jeta alors à François un regard dont l'expression pleine de gratitude acheva de dissiper le courroux passager du roi. Néanmoins le front de la jeune femme ne se rasséréna pas complétement.

« Qui sait, murmura t-elle en suivant des yeux François, qui conduisait sa sœur auprès de la reine, qui sait si dans quatre ans ce sera encore moi qui régnerai sur ce cœur inconstant ? »

Puis, la comtesse quitta l'embrasure de la fenêtre, où elle ne tarda pas à être remplacée par le comte de Saint-Vallier. Celui-ci alla s'appuyer pensif sur le balcon. Mais bientôt, un jeune gentilhomme s'étant approché très-près de lui, dit à demi-voix et avec une précipitation anxieuse :

« Eh bien, comte, qu'avez-vous résolu ?

— De partager la fortune bonne ou mauvaise de mes amis, répondit le capitaine des archers du roi.

— Je n'attendais pas moins de vous, repartit le gentilhomme en serrant la main du comte.

— M. de Pompérant, appela le roi, en s'adressant au premier de ces deux seigneurs, dont le costume indiquait qu'il était prêt à partir pour un voyage ; M. de Pompérant, ne voulez-vous pas courre le cerf ce matin avec nous ?

— Votre Majesté sera sans doute assez bonne pour m'excuser, répondit

Pompérant, en s'avançant et en s'inclinant avec respect ; j'ai reçu hier au soir une lettre de M. de Bourbon, qui me presse d'aller le joindre.

— Ah ! fit le roi avec un léger froncement de sourcils. — Et après une pause de quelques secondes, il ajouta : — Je sais que vous êtes attaché au connétable... Cependant, et bien que vous le regardiez comme votre maître, si moi, votre souverain, je jugeais à propos de vous inviter à rester à Chambord?...

— Je serais forcé de différer mon départ pour Chantelle, acheva Pompérant.

— Quoi ! s'écria François, avec un mouvement très-marqué de surprise et de désapprobation, M. de Bourbon a-t-il quitté Moulins pour s'enfermer dans une forteresse?

— Sire, Chantelle n'est pas seulement une forteresse, c'est aussi une demeure seigneuriale...

— Non moins somptueuse, dit-on, qu'une résidence royale, ajouta le roi d'un ton acerbe.

— Le duc est souffrant, Sire, expliqua le gentilhomme bourbonnais, et, de plus, fort tourmenté...

— De l'issue probable de son procès, n'est-ce pas?

— Votre Majesté sait que s'il le perd, il est ruiné.

— M. de Pompérant, je lui ai promis, foi de gentilhomme, et si cela ne le contente pas, je lui donnerai ma parole de roi, que dans le cas où il serait définitivement condamné à rendre à ma mère ceux de ses domaines qui sont maintenant en séquestre, je les lui restituerais, moi, en vertu de mon autorité souveraine... Et maintenant, monsieur, l'heure est venue de partir pour la chasse... Je vous laisse libre de nous accompagner ou de retourner auprès du duc. »

En achevant ces mots, le roi se détourna pour adresser quelque phrase oiseuse à l'amiral Bonnivet, l'ennemi occulte du connétable et l'admirateur dédaigné de la duchesse d'Alençon.

Pompérant profita de la permission que lui avait donnée le roi de se retirer. Ce gentilhomme était venu de Paris à Chambord, d'après les ordres secrets du duc et sous le prétexte de présenter ses hommages personnels à François Ier, mais, en réalité, afin de s'entendre avec plusieurs seigneurs, amis de Bourbon, notamment le comte de Saint-Vallier, qu'il importait au connétable d'entraîner dans sa rébellion.

Peu d'instants après le court colloque que nous venons de rapporter, le roi ayant donné le signal du départ pour la chasse, les seigneurs et les dames qui prenaient part à cet exercice, descendirent avec lui dans la grande cour où les piqueurs, les meutes et les chevaux les attendaient avec une égale impatience.

Claude, dont les habitudes étaient extrêmement sédentaires, demeura au château avec ses filles d'honneur ; mais la duchesse d'Alençon, qui aimait passionnément toutes les nobles distractions, et la comtesse de Chateaubriant, qui partageait, autant par politique que par goût, les divertissements de son royal amant, n'eurent garde de suivre l'exemple de la reine.

François Ier, désirant effacer entièrement de l'esprit de sa maîtresse le souvenir de la mésintelligence qui, peu d'instants auparavant, et pour la première fois depuis qu'ils se connaissaient, c'est-à-dire depuis qu'ils s'aimaient, avait éclaté entre eux, François Ier mit son cheval sur la même ligne que celui de la comtesse. Celle-ci fut si ravie de cet honneur, qu'elle en oublia jusqu'à ce pressentiment d'abandon, le plus désolant de ceux qui peuvent assaillir l'âme d'une femme aimée, et dont nous avons vu précédemment Françoise si attristée.

Quant à Marguerite, à qui la société de son époux, le duc d'Alençon, avait toujours été d'autant moins attrayante, que cette princesse était, antérieurement à leur union, secrètement éprise de Charles de Montpensier, actuellement duc de Bourbon et connétable de France, elle laissa le prince chevaucher en arrière de François avec Claude de Lorraine, duc de Guise, le baron Anne de Montmorency et autres seigneurs.

Mettant son palefroi un peu en dehors du rang où se tenaient les plus nobles dames de la cour, la duchesse attira, par un léger signe de tête, le comte de Saint-Vallier.

« M. de Poitiers, lui dit-elle d'abord à voix haute, afin d'engager ostensiblement la conversation avec le comte sur un terrain non suspect, quand donc nous amènerez-vous la grande sénéchale, votre fille? La jeune et belle Diane serait un des plus précieux ornements de nos fêtes...

— Madame, répondit M. de Saint-Vallier d'un air grave, si ma fille Diane est jeune et belle, le comte Louis de Brézé, son époux, est déjà vieux et il a toujours été laid...

— Conséquemment, reprit la duchesse, le grand sénéchal doit être peu complaisant et très-soupçonneux.

— Du moins, ne se soucie-t-il guère que sa jeune femme paraisse à une cour dont les plaisirs enivrants pourraient l'éloigner de ses devoirs.

— D'autant que le roi mon frère est réputé le plus galant monarque de l'Europe. »

M. de Saint-Vallier exprima, par une respectueuse inclination de tête, son assentiment à l'opinion de la princesse. Il y eut ensuite un silence.

« Vous êtes aujourd'hui bien préoccupé, comte, remarqua Marguerite, après avoir curieusement examiné pendant quelques minutes la physionomie soucieuse de Jean de Poitiers.

— Moi, madame! fit le capitaine des archers du roi.

— J'aurais volontiers dit inquiet, ajouta la duchesse.

— Quel sujet aurais-je de l'être? demanda Saint-Vallier avec un calme factice.

— Vous êtes l'ami de M. de Bourbon.

— Il est vrai...

— Son confident aussi.

— Je ne sais, madame, si, devant vous, je puis oser en convenir, car il me semble qu'aujourd'hui le connétable est l'objet de quelques soupçons.

— Vous ne vous trompez pas, repartit la duchesse ; et puisque vous êtes initié aux secrets du duc de Bourbon, vous devez savoir mieux qu'un autre si les soupçons sont fondés.

— Le duc est incapable de trahir son maître, reprit le comte de Saint-Vallier en balbutiant.

— Oh! oui, n'est-ce pas, il est incapable d'un acte de félonie? » s'écria la duchesse, que son amour pour le connétable prédisposait en sa faveur.

Lorsqu'elle disait ces mots, on vit un courrier traverser la plaine et se diriger à bride abattue vers le roi. Tous étaient impatients de connaître la nouvelle qu'on apportait avec tant de précipitation. François Ier lut la dépêche du courrier, et aussitôt ses sourcils se froncèrent, et sa physionomie prit l'empreinte d'une colère concentrée. Il dit quelques mots à l'amiral Bonnivet, et celui-ci, s'approchant du comte de Saint-Vallier : « Monsieur, dit-il, de par le roi, remettez-moi votre épée. »

Le capitaine des archers du roi resta quelques instants comme atterré : puis, sans prononcer un mot, il rendit son épée au baron, et se laissa conduire au donjon de Chambord, d'où il fut bientôt transféré à celui de Loches.

Le message avait été expédié par Lautrec, frère de madame de Chateaubriand ; il venait confirmer les soupçons que l'on avait déjà conçus au sujet de la trahison du connétable, et révéler en outre la complicité du comte de Saint-Vallier.

Le connétable était bien coupable sans doute, mais il avait pour excuse, — si l'on peut admettre des excuses en pareille circonstance, — la haine de Louise de Savoie, duchesse d'Angoulême et mère du roi, qui ne cessait de l'accabler de ses injustices. La duchesse d'Angoulême, qui était galante de son naturel, s'était éprise d'amour pour le duc de Bourbon, et avait eu soin de lui faire connaître, par ses agaceries, le goût qu'elle avait pour lui. Le duc, peu sensible aux charmes surannés de la régente (1), répondit mal aux avances qui lui étaient faites. La duchesse continua, par tous les moyens possibles, de lui manifester son amour, et le connétable, de son côté, persista à ne pas y faire attention. Si le duc de Bourbon était indifférent envers la régente, il ne l'était pas envers Marguerite, la sensible duchesse d'Alençon, sœur de François Ier, qui brûlait aussi pour lui de l'amour le plus vif. Il était tout naturel de préférer les charmes de la fille à ceux de la mère ; aussi le duc, à la mort de son épouse, Suzanne de Bourbon, refusa-t-il dédaigneusement d'accéder aux désirs de la duchesse d'Angoulême, qui lui faisait l'offre de sa main, elle qui lui avait refusé, quelques années auparavant, celle de Marguerite, qui fut accordée par dépit au duc d'Alençon. « Or, dit Mézerai, comme il n'est pas d'injure plus outrageante envers ce faible sexe que le refus de ses poursuites, la régente, outrée du mépris de Bourbon, se portant à une extrême vengeance, le poussa aussi à un extrême désespoir. » L'un des affronts que lui fit essuyer la régente, de concert avec François Ier, ce fut de le faire remplacer, dans son commandement dans le Milanais, par Lautrec, frère de la maîtresse du roi. François Ier satisfit trop facilement, de cette manière, la vengeance de sa mère et l'ambition de son amante. La duchesse d'Angoulême, non contente d'avoir blessé le connétable dans son endroit le plus sensible, lui intenta un procès qui tendait à dépouiller son parent de tous ses biens ; elle mit, dans la suite de cette affaire, toute l'ardeur d'une femme piquée au vif, et employa avec chaleur tous les moyens que son rang et sa puissance lui fournissaient.

François Ier n'aurait probablement pas consenti à ce que Bourbon fût entièrement dépouillé. Cependant le connétable n'en fit aucun doute, et

____

(1) La duchesse d'Angoulême était désignée ordinairement par le titre de *régente*, parce que le roi, avant de partir pour ses expéditions guerrières, lui accorda, à plusieurs reprises, la régence du royaume : fonctions dont, au reste, elle s'acquitta avec habileté.

reconnut que du plus riche seigneur de la cour, il allait devenir le plus pauvre. Le dépit d'être amené à cette alternative, d'être ruiné ou époux malgré lui, lui fit trouver bon et légitime toute manière d'échapper à ce danger. Il se tourna du côté de Charles-Quint et de Henri VIII, qui lui firent les plus belles promesses ; et c'est ainsi qu'un amour dédaigné contribua aux malheurs de la France, amena la perte de la bataille de Pavie, la captivité du roi en Espagne et le traité désastreux de Madrid. Cet amour funeste fut cause encore de la mort de nos plus illustres chevaliers, car les Bonnivet, les La Trémouille, les maréchal de Foix, les duc d'Alençon, etc., qui se trouvaient à Chambord lors de l'arrestation du comte de Saint-Vallier, périrent tous, plus ou moins glorieusement, sur le champ de bataille, où le roi fut fait prisonnier. Quant au duc de Bourbon et à ses complices Pompérant et Jean de Poitiers, le premier mourut accablé de remords devant Rome qu'il assiégeait, et les deux derniers rentrèrent en grâce auprès du roi, qui daigna oublier leur faute et leur pardonner. On sait que le dernier dut surtout son salut aux sollicitations ou plutôt aux grâces de sa fille, la belle Diane de Poitiers, alors épouse de Louis de Brézé, qui parvint à exciter la générosité du roi et à faire sur le cœur du monarque une profonde impression.

Ce fut dans cette même année 1523, avant son départ pour l'Italie, que François Ier arrêta le plan de la réédification de Chambord. Ce château, situé à quatre lieues de Blois, au milieu d'une vaste plaine de la Sologne, entre les forêts de Bologne et de Russy, servit d'abord de maison de plaisance aux comtes de Blois, puis ne fut plus qu'un simple rèndez-vous de chasse. Ce lieu, voisin du château de Romorantin, habité longtemps par la duchesse d'Angoulême, fut souvent témoin des jeux de l'enfance de François. Le jeune prince y venait prendre le plaisir de la chasse, pendant que sa mère, éloignée de la cour, à cause de la mauvaise intelligence qui régnait entre elle et Anne de Bretagne, seconde femme de Louis XII, était obligée de passer sa vie dans la retraite, tantôt à son château de Cognac, tantôt au château de Blois, et le plus souvent à Romorantin ou à Chambord.

La duchesse, qui tenait un journal de tous les faits qui pouvaient l'intéresser, elle et sa famille, nous apprend elle-même que « son fils François print la première expérience de lumière mondaine à Chambord, environ dix heures après-midi, 1494, le douzième jour de septembre. » (1)

Lorsque le duc d'Angoulême fut devenu roi de France, à l'âge de vingt ans, il n'oublia pas le lieu témoin de ses premiers plaisirs. Il vint souvent à Chambord, tant pour y chasser dans les belles forêts qui avoisinent le château, que pour y renouveler des impressions dont il conservait le plus doux souvenir. Dans ses visites au vieux manoir, il était ordinairement accompagné d'un cortége de chevaliers et d'un essaim de jolies dames. Le jeune monarque, qui était remarquable par sa noble nature, sa belle physionomie et ses manières chevaleresques, avait voulu composer une cour de tout ce qu'il y avait de plus brillant dans le royaume de France, une cour qui dépassât toutes les autres en magnificence, et qui fût le modèle le plus parfait de la courtoisie, de la grâce, de l'élégance. Il avait voulu aussi que les femmes y occupassent le premier rang, et il aimait à répéter « qu'une cour sans femmes est une année sans printemps, ou bien un printemps sans roses. »

La reine Claude de France, élevée dans la réserve la plus délicate par sa mère Anne de Bretagne, ne pouvait guère se prêter aux plaisirs galants du roi. Ses filles d'honneur étaient accoutumées à la plus austère retenue ; et quoiqu'il leur fût permis de prendre part aux amusements de la cour, le soin de leur réputation leur imposait toute la réserve d'une conduite pure et sévère ; et, comme dit Brantôme en parlant de cette reine, « sa compagnie et sa cour estoient un paradis du monde, et escole

(1) *Journal de Louise de Savoie*, duchesse d'Angoulême; tome XVI des Mémoires relatifs à l'histoire de France.

de toute honnesteté et vertu, et ornement de la France, ainsi que sça-
voient bien dire les estrangers quand ils venoient ; car ils estoient très-
bien reçus, et commandement exprès de la reine à ses dames et filles de
se parer lors de leur venue, qu'elles paroissoient déesses, et les entretenir sans s'amuser ailleurs : autrement elles seroient bien tancées d'elle,
et en avoient bien de la réprimande. »

Le roi, qui ne pouvait prendre part aux jeux naïfs de ces demoiselles,
chercha les moyens d'embellir sa cour par la présence de jeunes femmes
qui n'eussent pas à conserver avec tant de soin les égards minutieux des
bienséances. Il appela auprès de lui, du fond de ses provinces, tous les
riches seigneurs qui y vivaient retirés dans leurs vieux châteaux ; ils ré-
pondirent avec empressement à cet appel du prince ; et leurs jeunes compagnes, brillantes de grâces et d'attraits, vinrent former cette cour galante et chevaleresque qui, selon Mézerai, « eut de fort bons effets au
commencement, cet aimable sexe y ayant amené la politesse et la courtoisie, et donnant de vives pointes de générosité aux âmes bien faites. »

Parmi les nobles dames que François Ier voulut attirer à sa cour, il en
est une dont la grande réputation de beauté était parvenue à ses oreilles. Son mari n'avait pu s'empêcher de se rendre à l'invitation du monarque ; mais, avant d'amener sa femme, il désirait juger par lui-même
ce que c'était que cette cour si renommée par sa galanterie, et voir s'il ne
serait pas imprudent de sa part d'y exposer à des regards étrangers le
charmant objet qui faisait sa passion et dont il était extrêmement jaloux.
Au moment de son départ, il avait eu soin de faire faire deux bagues
entièrement semblables ; il en avait donné une à sa jeune épouse, en lui
recommandant de ne venir le trouver que lorsqu'elle recevrait l'autre
dans une lettre qui la manderait auprès de lui. Malheureusement pour le
mari, il avait plus de jalousie que de discrétion : il confia son secret à un
domestique qu'il croyait fidèle ; celui-ci le révéla au duc de Guise, et le duc
de Guise en instruisit François Ier. Il ne fut pas difficile de gagner le do-

mestique et de l'amener à s'emparer du talisman que le soupçonneux **mari** tenait renfermé dans une boîte d'ébène. La charmante épouse, en recevant la bague avec une invitation de se rendre à la cour, crut qu'elle recevait un ordre de son mari, fut enchantée de lui obéir promptement et arriva bientôt à Chambord, au grand désappointement du mari et à la grande satisfaction de François Ier, qui trouva la jeune dame ravissante, en devint de suite éperdument amoureux, et ne tarda pas, après quelque résistance, à être payé d'un tendre retour. Cette beauté renommée, qui trompa son mari malgré elle et qui captiva si vite le faible cœur du roi, fut Françoise de Foix, comtesse de Chateaubriand.

C'est sous les auspices de la comtesse que François Ier commença l'édification du château de Chambord. Le Primatice fut appelé d'Italie pour présider à cette construction. Le roi voulut que le château de Chambord le disputât en richesse et en splendeur à tout ce que l'Italie possédait de plus remarquable en ce genre. Le génie de l'architecte s'éleva à la hauteur de la magnificence du monarque; les dessins qu'il présenta au roi charmèrent tellement ce prince, qu'il ordonna sur-le-champ les travaux. Il mit à la disposition du Primatice des sommes considérables, et dix-huit cents ouvriers dans tous les genres y furent employés pendant plus de douze ans. L'ancien château des comtes de Blois disparut entièrement, et à la place on vit surgir un magnifique palais, plus beau que tout ce que l'on avait admiré jusqu'alors dans le royaume de France. « Ceux qui ont vu Chambord, qui l'ont visité avec soin, qui ont été à portée d'admirer en amateurs éclairés l'ensemble et les détails de ce beau monument, dit un historien de nos jours (1), ne sont pas étonnés de la célébrité dont il a joui pendant longtemps, et de l'affection particulière des rois de France qui en ont fait leur demeure favorite. Ce château, situé au milieu d'un parc de douze mille arpents clos de murs, dont l'enceinte a près de huit lieues, réunit, par la variété des sites et les accidents de terrain, ce qui

____

(1) J. T. Merle.

peut favoriser tous genres de chasse. Des taillis immenses et des· forêt
spacieuses sont peuplés de cerfs, de biches, de chevreuils et de sangliers ;
des garennes, des terriers nombreux et de vastes prairies y attirent et y
fixent du gibier de toute espèce ; la rivière du Cosson, qui traverse le parc,
et dont les rives touchent presque aux murs du château, offre tous les
agréments de la pêche ; ses bords, ombragés par des touffes de joncs et
de roseaux, servent de retraites aux oiseaux aquatiques ; le parc, coupé
par de larges allées et des sentiers battus, favorise les chasses les plus
nombreuses et les plus brillantes ; les chevaux et les calèches peuvent le
parcourir aisément dans tous les sens. Tout y a été ménagé pour les plaisirs d'une habitation royale. C'est de ces différentes routes que le château
se présente sous divers aspects aux voyageurs. On découvre de loin ses
dômes, ses donjons, ses tourelles et ses terrasses. La belle lanterne fleurdelisée, qui couronne l'escalier et s'élève majestueusement au-dessus de
l'édifice, est aperçue de la levée de la Loire et des hauteurs du château de
Blois.

« Le caractère d'architecture du château de Chambord a quelque chose
de particulier qui l'éloigne autant des formes gothiques que des propor-
tions élégantes des édifices grecs et romains ; on serait tenté de croire
que le Primatice a voulu laisser un monument singulier pour indiquer l'é-
poque qui a séparé la barbarie de la renaissance des arts.

« Flanqué de quatre tours de soixante pieds de diamètre, ce château
rappelle les constructions uniformes des douzième et treizième siècles
mais les galeries qui en prolongent la façade lui donnent une élégance
qui était inconnue jusqu'alors. Il y a dans l'ensemble de l'édifice un caractère de force, nous dirons même de lourdeur, qui ne manque cependant pas de noblesse, et qui contraste merveilleusement avec la richesse
et le fini des détails. Le corps du bâtiment, composé de trois ordres de
pilastres, présente d'abord à l'œil une grande simplicité ; mais au-
dessus des terrasses qui couronnent le troisième étage, les ornements

sont prodigués avec une telle profusion, les pilastres, les colonnes, les bas-reliefs, les frises y sont si richement sculptés, qu'on a peine à concevoir, après en avoir attentivement examiné le travail, admiré la délicatesse et la prodigieuse variété des formes, que douze ans aient pu suffire pour exécuter tant de chefs-d'œuvre de dessin et de sculpture. Nous ne craindrions pas de dire qu'une seule niche, une seule cheminée, un seul couronnement de croisée a dû coûter une année de soins au ciseau de l'artiste le plus exercé ; et comment l'imaginer cependant, quand on réfléchit qu'il serait impossible d'évaluer le nombre de ces prodigieux ornements. On ne peut expliquer ce phénomène qu'en se rappelant la facilité d'exécution des Jean Goujon, des Germain Pilon, des Jean Cousin et des Pierre Bontems, à qui ces travaux furent confiés, ou en supposant que ces habiles sculpteurs avaient des procédés particuliers, dont le secret n'est pas arrivé jusqu'à nous. »

Ce qui pique surtout la curiosité dans les constructions du château de Chambord et qui révèle au plus haut degré le goût naturel du monarque pour les galanteries, ce sont les escaliers dérobés, les portes secrètes, les galeries souterraines que l'on rencontre de toutes parts. François Ier voulait sans doute, par ces dispositions architecturales, se mettre à l'abri de la jalousie de la reine, et en même temps favoriser les nombreuses infidélités dont, sans scrupule, il se rendait coupable envers ses maîtresses même les plus aimées. Parmi ces constructions mystérieuses, on cite surtout le grand escalier qui se trouve placé au milieu du donjon et qui est surmonté par la merveilleuse lanterne fleurdelisée. Cet escalier, d'une hardiesse extrême, où les ornements les plus délicats, les plus pittoresques ont été prodigués, offre aux regards émerveillés deux rampes qui, se croisant l'une sur l'autre, s'enroulent autour d'une même vis de pierre, si bien que deux visiteurs peuvent monter ensemble jusqu'au faîte sans se rencontrer. Grâce au génie de l'architecte, le galant monarque pouvait se donner à la fois le plaisir de deux intrigues amoureuses, recevoir dans des appartements contigus, à l'insu l'une de l'autre, la jolie duchesse de Chateaubriand et la belle Diane de Poitiers.

Déjà les allées du parc étaient tracées, et l'aile principale de ce splendide monument était élevée, lorsque le roi fut obligé d'abandonner ses constructions et ses plaisirs pour aller combattre en Italie l'armée impériale, commandée par le traître Bourbon. On connaît les résultats de cette funeste campagne, dont l'épisode le plus saillant fut la captivité du roi à Madrid. Avant son départ, le roi avait eu soin, comme il l'avait fait précédemment, de remettre entre les mains de sa mère les affaires du gouvernement et la régence du royaume. Dès que celle-ci fut à la tête du pouvoir, le premier usage qu'elle fit de son autorité souveraine fut de renvoyer à leurs maris la maîtresse avouée du roi, madame de Chateaubriand, et celle qui commençait à le devenir, la grande sénéchale de Normandie. Louis de Brézé fut bien aise de revoir sa belle Diane, sur la faiblesse de laquelle il avait plutôt des craintes que des soupçons ; mais le comte de Chateaubriand ne fit pas un accueil aussi aimable à sa charmante épouse. Dès qu'elle parut à ses yeux, il ne put réprimer un mouvement de fureur jalouse, et commença par apostropher la comtesse par les injures les plus grossières :

« Monsieur, dit la comtesse avec audace, êtes-vous devenu fou ? N'est-ce pas vous qui m'avez appelée à la cour de France, et pouvais-je faire autrement que d'obéir aux volontés du roi, qui m'ordonnait d'y rester ?

— Perfide que vous êtes, repartit le comte, c'est vous qui m'avez fait dérober ma bague pour avoir un prétexte de quitter votre retraite et satisfaire votre envie de me trahir.

— J'en atteste le ciel ! reprit la comtesse, qui se trouvait sur un bon terrain, je n'ai point fait dérober votre bague, et je ne suis point partie dans l'intention de faire mal.

— Pourriez-vous aussi attester le ciel que vous ne m'avez pas trahi,

que vous n'êtes point une infâme, que le roi n'est point un lâche, et que
toutes les courtisanes qui l'entourent ne sont point à pendre?

— C'est vous, dit la comtesse, que les outrages du comte poussaient à
bout, c'est vous qui êtes un lâche et un infâme d'oser me traiter ainsi. Si
le roi vous entendait, il serait moins étonné des injures que vous lui
adressez, que de celles que vous vous permettez envers une faible femme.

— Si le roi m'entendait... voilà ce que vous regrettez sans doute, perfide! Mais heureusement le roi n'est pas ici pour vous soustraire à ma
vengeance. Après le plaisir doit venir la peine; après la faute, l'expiation! »

Le comte, en prononçant ces dernières paroles, saisit sa femme par la
main, et l'entraîna, malgré ses cris et ses supplications, dans une chambre
toute tendue de noir, où il n'y avait, pour tout meuble, qu'une chaise
de bois, et pour tout ornement qu'une statuette appendue à la muraille et
représentant une Madeleine repentante. La pauvre comtesse resta six
mois dans cette lugubre chambre, ne vivant que de pain et d'eau, et ne
respirant l'air du ciel qu'à travers une lucarne très-étroite. Après ces six
mois de cruelle expiation, le comte permit à la comtesse de se promener
dans l'intérieur de son château, et il eut bien soin de la faire surveiller
pour l'empêcher d'avoir des relations au dehors. Mais que peuvent les
verrous et les précautions des jaloux contre les entreprises de l'amour?
Du fond de sa prison, la comtesse apprit que François 1er, ayant fait la
paix avec Charles-Quint, venait de quitter Madrid pour se rendre dans
son royaume de France. A cette nouvelle, elle peut à peine contenir les
élans de sa joie; les plus doux souvenirs viennent en foule lui rappeler les
délices de la cour; elle aspire avec la plus vive impatience après le moment où elle pourra s'enfuir de sa prison et jouir, avec son royal amant,
d'une liberté commune. L'instant désiré ne se fit pas longtemps attendre:
un serviteur dévoué lui ouvrit pendant la nuit une des portes du château,
et la belle fugitive, montée sur un agile coursier, gagna la plaine avec

précipitation, ayant hâte de quitter son tyran et d'oublier la chambre noire et la Madeleine repentante. Elle se rendit vers les frontières de France, et alla attendre le roi à Bayonne.

Pendant les deux ans que dura la captivité de François Ier, la reine Claude sa femme étant venue à mourir, le prince avait été fiancé à Madrid avec Éléonore, sœur de Charles-Quint et veuve du roi de Portugal. Les nouvelles fiançailles de notre inconstant monarque ne le détournèrent pas de son goût dominant pour les galanteries ; il revit avec bonheur, à Bayonne, la belle comtesse de Chateaubriand ; et ce fut avec un égal besoin et un charme réciproque que les deux amants, après s'être prodigué les témoignages de leur tendresse mutuelle, se racontèrent les peines de leur absence, leurs aventures étranges et les rigueurs de leur odieuse captivité. Pendant deux jours, ils ne cessèrent d'être ensemble, de se donner les plus douces consolations, de se promettre une inaltérable fidélité et un amour éternel, jusqu'à ce qu'enfin la duchesse d'Angoulême, qui était venue aussi au-devant du roi, le détermina à quitter une petite ville sans agrément et à aller se reposer de ses fatigues au château de Chambord.

Le prince revit avec délices le château qui faisait l'objet de ses prédilections ; il fut bien aise de trouver que, malgré son absence, les travaux avaient marché avec activité, et que le parc ainsi que les bâtiments, quoique inachevés, pouvaient néanmoins offrir une résidence aussi auguste qu'agréable. Parmi les nouveaux travaux, il admira surtout les sculptures délicates de Jean Goujon et de Pierre Bontems, et les fresques magnifiques de Jean Cousin et de Léonard de Vinci. Il fit part de son admiration à ces habiles artistes, et les félicitations qu'ils reçurent du roi ne furent pas la moindre récompense de leurs talents distingués.

Dès cette époque, le roi donna à Chambord les fêtes les plus ravissantes. Les tournois, les carrousels, les chasses, les danses, les repas splendides, charmaient à chaque instant les loisirs de la cour ; et c'était ordinairement madame de Chateaubriand qui, au milieu de la fête, était l'objet de tous les hommages et était regardée comme la reine des plaisirs.

Cependant un nouvel astre commençait à rayonner dans le cercle intime de François Ier, et allait bientôt faire pâlir, par son insolent éclat, l'étoile jusqu'alors si brillante de l'aimable comtesse de Chateaubriand. On se souvient que cette maîtresse préférée du jeune souverain de la France ne vivait pas en bonne intelligence avec la reine mère. Aussi, ne s'étonnera-t-on pas que madame d'Angoulême, femme d'ailleurs haineuse et vindicative, eût résolu de soustraire son fils au joug sous lequel le tenait la comtesse, sans s'inquiéter si celui qu'elle allait volontairement y substituer ne pèserait pas plus fortement que le premier, sur le roi et sur elle-même.

Ce fut donc avec une préméditation malicieuse que la régente, en se rendant au-devant du roi, lors de la rentrée de ce dernier en France, amena avec elle un essaim de jeunes beautés dont plusieurs étaient inconnues de François.

Entre toutes, se distinguait, par la coquetterie de ses manières, la vivacité de son humeur et la royale majesté de sa personne, mademoiselle d'Helly, ordinairement appelée Anne de Pisseleu. Comme elle possédait au plus haut degré cet esprit dominateur qui vient admirablement en aide aux caractères ambitieux, elle sut si bien captiver le roi, que celui-ci, afin de la retirer du service de madame d'Angoulême, dont elle était fille d'honneur, et lui procurer une position indépendante à la cour, la maria au sire Jean de Brosse, comte de Penthièvre.

Ce Jean de Brosse, en homme bien avisé, n'eut garde de jamais faire valoir ses droits d'époux. Il se retira dans ses terres et y jouit tranquillement des *bienfaits* dont son souverain le combla.

Au reste, Anne de Pisseleu ne porta pas longtemps le nom de son mari : François Ier lui ayant donné le titre de duchesse d'Étampes, ce fut sous cette dernière dénomination qu'elle parut à Chambord, où la duchesse d'Angoulême, satisfaite d'avoir suscité à Françoise une aussi redoutable rivale, la laissa trôner sans opposition. La reine mère, douée d'une grande capacité, prit dès ce moment en dégoût les petites intrigues de cour, et ne s'occupa plus que d'affaires politiques.

Alors s'engagea entre les deux maîtresses du roi une lutte incessante, mais trop inégale pour qu'on ne jugeât pas à coup sûr quelle en serait la conclusion. En amour, plus qu'en aucune autre chose, le passé n'a point de puissance, l'avenir peut défier le présent.

Aussi, grandes furent les mortifications qu'eut à supporter la comtesse de Chateaubriand, non-seulement de la part de l'altière duchesse d'Étampes, mais aussi de celle des courtisans, qui ont tous, plus ou moins, la prescience des disgrâces.

Lasse enfin de cet abandon général, dont le roi avait le premier donné l'exemple, la comtesse prit un parti désespéré... Elle résolut de se retirer dans un de ses châteaux, en Bretagne.

Quelques sujets de plaintes que lui eût donnés son infidèle amant qui, en cette circonstance, aurait au moins dû la défendre contre les sanglantes épigrammes, les amères humiliations dont sa rivale l'accablait, Françoise ne voulut point quitter la cour sans prendre congé du roi.

La réalisation de ce projet présentait cependant quelques difficultés. Depuis que la duchesse d'Étampes gouvernait François Ier, celui-ci évitait avec la persistance des gens qui se reconnaissent intérieurement coupables, de se trouver seul à seul avec Françoise. Mais, dans les affaires de cœur, l'opiniâtreté des femmes l'emporte toujours sur celle des hommes.

Or, la comtesse, ayant aperçu un jour, de la fenêtre de son appartement, François, se promenant avec Léonard de Vinci dans le parterre qui s'étendait devant le nouveau château, descendit à la hâte dans les jardins.

Présumant bien que l'artiste italien aurait la discrétion de se retirer dès qu'il l'apercevrait, elle se glissa dans une charmille à l'extrémité de laquelle elle ne pouvait manquer de se rencontrer avec le roi. Ce dernier, en se trouvant ainsi inopinément vis-à-vis d'elle, tressaillit et fit machinalement un mouvement rétrograde.

« Sire ! » dit la comtesse avec un geste suppliant.

Le monarque se rapprocha de Françoise, et Léonard de Vinci demeura en arrière.

« Me cherchiez-vous, madame?... demanda François avec un peu d'embarras et en se dirigeant vers le château.

— Oui, Sire, et depuis longtemps, répondit madame de Chateaubriand, en étouffant un profond soupir.

— Des reproches ! murmura à demi-voix le monarque, mais pas d'un ton assez bas pour que la comtesse ne pût l'entendre.

— Non, non, repartit-elle en faisant un violent effort pour surmonter son émotion, je n'ai point voulu adresser de reproches à Votre Majesté... Je désirais seulement lui dire un tendre adieu.

— Vous nous quittez ! » s'écria François avec un accent de joie mal déguisée qui blessa le cœur de la malheureuse comtesse, comme un coup de poignard.

Le fait est que le matin même de ce jour, le roi, sur l'esprit duquel la duchesse d'Étampes prenait un ascendant de plus en plus tyrannique, avait eu à soutenir avec elle une longue discussion, à la fin de laquelle ce monarque, non moins faible à l'égard de ses favorites du moment, que dur envers ses maîtresses d'autrefois, s'était presque engagé à éloigner de la cour madame de Chateaubriand.

Mais il fallait, sinon un motif, du moins un prétexte au renvoi de cette femme dont l'unique tort envers le roi était de ne pas comprendre assez vite que sa présence l'importunait ; et voilà que la comtesse elle-même venait le tirer de cet état de perplexité ! Peu s'en fallut que dans le premier moment d'étourdissement causé par ce service inattendu, le roi ne remerciât avec effusion madame de Chateaubriand. Cependant, il parvint à contenir sa gratitude dans des limites convenables ; de même la comtesse réussit à comprimer les élans de sa douleur, que le contentement visible de François changeait en désespoir. Ah ! sans doute, elle ne s'attendait pas à une si cruelle indifférence... Peut être même, qui sait ? espérait-elle que le roi essayerait de la retenir ; elle ignorait que les princes ne font de l'hypocrisie que lorsqu'ils y trouvent leur intérêt ; et, dans cette occurrence, l'égoïste monarque aurait probablement craint que la comtesse ne prît au sérieux ses regrets simulés. Certes, mieux eût valu pour la pauvre Françoise être partie sans voir le roi ; elle aurait du moins emporté dans sa solitude quelque illusion consolatrice !

Le soir, à son cercle, François Ier annonça à ses courtisans une nouvelle qui ne surprit personne, à savoir, que la comtesse de Chateaubriand, dont la santé était depuis longtemps chancelante, avait demandé et obtenu la permission de se retirer dans une de ses terres.

A quelque temps de là, le roi ayant fait présent à la duchesse d'Étampes d'une parure de perles et de brillants, l'insatiable favorite eut l'adresse, tout en remerciant son amant de cette marque de munificence, d'insinuer que l'écrin de madame de Chateaubriand était infiniment plus précieux, non pas peut-être quant à la valeur des joyaux, mais quant à celle de leur monture, qui affectait les formes onduleuses de la salamandre (1), et reproduisait, avec des devises amoureuses composées par la princesse Marguerite, les chiffres du roi et de la comtesse.

Le résultat de cette observation d'Anne de Pisseleu fut la demande, écrite de la main de François, à madame de Chateaubriand, des pierreries qu'il lui avait jadis données, et dont, prétendait-il, une grande partie appartenait au Trésor de la couronne.

Peu de jours après l'envoi de cette missive, la duchesse reçut des mains mêmes de son amant un coffret de bois de santal incrusté d'or, d'écaille et de nacre, dont le roi, avant de le présenter à Anne, n'avait

(1) On sait que la *salamandre* était le corps de la devise de François Ier.

pas songé à vérifier le contenu... Ce coffret était l'écrin de la comtesse.

Anne l'ouvrit avec un sourire de bonheur ; mais ce sourire se changea instantanément en une contraction convulsive de ses lèvres... Les bracelets, les chaînes, enseignes et pendants d'oreilles, dont se composait cette parure si enviée par la nouvelle favorite, étaient entièrement démontés ! Du reste, pas une pierre, pas une parcelle d'or ne manquait à ces divers objets... Par une susceptibilité de sentiment que tous les esprits délicats comprendront, l'ancienne maîtresse de François n'avait pas voulu que ces chiffres, ces devises, emblèmes d'un amour trop passager, mais dont le souvenir était encore un allégement à ses peines, fussent profanés par une odieuse rivale ; car madame de Chateaubriaud avait facilement pénétré le véritable motif qui avait induit le roi à exiger cette restitution ; et dans une lettre qu'elle avait ajoutée au coffret, elle avait exprimé ses scrupules en ces termes :

« Sire, puisqu'il a plu à Votre Majesté de me révoquer ce qu'elle m'avait donné si libéralement, je le lui rends et je le lui renvoie en lingots d'or. Quant aux devises, je les ai si bien empreintes et colloquées en ma pensée, et les y tiens si chères, que je n'ai pu souffrir que personne en disposât, en jouît, et en eût du plaisir que moi-même. »

Le coffret et la lettre ayant été remis au roi, celui-ci, qui ne voulait que les devises, renvoya le tout à son ancienne maîtresse.

La pauvre comtesse ne put se consoler de l'inconstance du roi et de la perte de son amour. L'indifférence de celui qu'elle aimait, la société obligée de son heureuse rivale, lui rendaient la cour odieuse et insupportable. Le cœur navré de douleur, l'esprit tourmenté par des chagrins incessants, l'infortunée Françoise de Foix préféra de retourner à Chateaubriand s'exposer aux vengeances de son mari, plutôt que de rester plus longtemps à la cour, où son âme sensible subissait à tous les instants la plus affreuse des tortures. On rapporte que ce dernier punit d'une manière bien cruelle les infidélités de son épouse. Si l'on en croit les historiens Varillas et Sauval, il la fit d'abord enfermer dans un sombre cachot, puis il lui fit ouvrir les veines.

Depuis cette époque jusqu'en 1530, où, à la suite du traité de Cambrai, la douairière de Portugal épousa François Ier, la duchesse d'Étampes joua à la cour de France le rôle de souveraine ; et même, après le mariage de son amant, elle vit son crédit s'accroître encore au lieu de diminuer. Ce fut toujours elle, et non point Éléonore, qui continua de répandre les grâces et les faveurs dont, au temps de la reine Claude, Françoise de Foix avait été la dispensatrice.

Cependant, la duchesse, malgré toute sa puissance, n'était pas entièrement exempte d'inquiétudes.

Le retour à la cour, de Diane de Poitiers, devenue veuve en 1531, lui inspira de vives craintes qui n'étaient pas tout à fait dépourvues de fondement. Nul n'ignorait l'impression que les charmes de la grande sénéchale avait autrefois produite sur François, et comme les douze années qui s'étaient écoulées depuis cette époque n'avaient pas laissé de traces sur son joli visage, il n'eût pas été étonnant que le galant monarque songeât à renouer une liaison trop courte pour qu'il ne l'eût pas vue se rompre avec regret.

On ne sait pas bien exactement quelle était la nature des sentiments que François gardait à la fille du comte de Saint-Vallier ; ce qu'il y a de positif, c'est qu'un jour de l'an 1535, le roi, se trouvant à Chambord et s'étant mis au balcon de la grande salle avec madame de Brézé, dit, en lui désignant son second fils Henri, alors âgé de seize à dix-sept ans, et qui jouait en ce moment au mail sous les fenêtres du château avec ses frères :

« Voilà un garçon dont je désespère de faire jamais un aimable prince... Depuis son mariage (le duc d'Orléans avait épousé en 1533 Catherine de Médicis), il est devenu encore plus sauvage qu'auparavant.

— Sire, c'est l'amour qui adoucit le caractère...

— Et l'amour se trouve rarement dans le mariage, voulez-vous dire, belle Diane ?

— Las ! Sire, c'est une vérité pour beaucoup d'entre nous autres femmes, dont on octroie la main à qui la demande, sans consulter notre cœur.

— La remarque peut s'appliquer non moins justement aux rois, dit François Ier.

— Donc, l'indifférence de M. le duc d'Orléans pour l'épouse qu'on lui a imposée ne doit pas être un sujet d'étonnement pour Votre Majesté.

— Peu m'importerait cette indifférence, si elle n'influait pas sur le caractère de Henri.

— Je vous le répète, Sire, l'amour seul pourrait vaincre cette nature à la fois rude et apathique.

— Foi de gentilhomme ! s'écria le roi, je m'estimerais heureux si quelque belle dame réussissait à opérer cette métamorphose.

— On peut du moins l'essayer, dit madame de Brézé avec un sourire.

— Oh ! vraiment, repartit François d'un air de galanterie, si c'était vous qui fissiez cette tentative, je serais assuré du succès.

— S'il vous plaît, j'y tâcherai, » fit Diane d'un ton de badinage.

On ne sait ce qu'eût répondu le monarque à la sénéchale, qui prenait son assertion peut-être plus au sérieux qu'il ne s'y était attendu, si la duchesse d'Étampes, pour qui les entretiens particuliers de François et de Diane étaient toujours un sujet de déplaisir et d'inquiétude, ne fût venue rompre leur tête-à-tête, liberté grande qu'une favorite seule pouvait se permettre, et que n'aurait certes pas osé prendre la reine.

La conversation que le roi venait d'avoir avec Diane inspira à celle-ci des idées et des projets nouveaux. Jusqu'alors elle s'était contentée de briguer timidement les faveurs de François Ier, en concurrence avec la duchesse d'Étampes, qui était la préférée et régnait avec orgueil : dès ce jour, la grande sénéchale, — c'est ainsi qu'on appelait Diane à la cour, —

abandonna l'objet de ses poursuites, changea ouvertement ses batteries et les dirigea avec adresse sur le cœur encore novice du duc d'Orléans. Le jeune prince avait toutes les qualités et les défauts de son père. Il était vif, impétueux, loyal, courageux ; mais il avait l'humeur galante, et il était tout disposé à se laisser gagner par les charmes séduisants de la beauté. Diane, quoique âgée de trente-sept ans, était encore très-belle ; elle était sémillante, gracieuse, spirituelle ; elle avait un teint éblouissant, une fraîcheur sans égale, et personne mieux qu'elle ne possédait l'art insinuant de séduire et de captiver un cœur. Aussi ne faut-il pas s'étonner si le prince s'éprit tout à coup d'une belle passion pour cette charmante sirène.

Dès que la grande sénéchale fut sûre de sa conquête, elle voulut égaler la duchesse d'Étampes par le faste et la magnificence, et rendre à cette superbe maîtresse du roi tous les dédains qu'elle en avait jadis essuyés. Il s'établit bientôt une guerre ouverte entre les deux favorites, et leurs dissensions produisirent souvent des scènes scandaleuses. La duchesse d'Étampes, se prévalant de son âge, prodiguait à Diane le nom de *vieille ridée ;* elle disait que la grande sénéchale était assez âgée pour être sa mère, et qu'elle ne parvenait à enchaîner le cœur du prince que par des enchantements et des artifices diaboliques. La vérité est que Diane avait dix ans de plus que sa rivale, et qu'elle n'employait pour charmer son amant d'autre artifice que celui qui résultait de ses grâces et de sa beauté. Du reste, au sujet de la beauté de Diane, qui se conserva jusque dans un âge très-avancé, il régnait à la cour les idées les plus étranges : les uns attribuaient la conservation de cette beauté merveilleuse à un de ces anneaux enchantés dont il est souvent parlé dans les romans de chevalerie ; les autres, à certains breuvages composés d'or potable, de sucs d'herbes cueillies au clair de la lune, et à d'autres drogues qui auraient été indiquées par un savant magicien. Mais ce qu'il y a de certain, c'est que Diane, pendant toute sa vie, ne prit d'autre boisson que de l'eau pure, et qu'elle n'employa, pour entretenir la fraîcheur de son teint, d'autre cosmétique que celui qu'elle envoyait puiser dans la rivière la plus voisine.

La haine que la duchesse d'Etampes portait à Diane ne se manifesta pas seulement par des paroles. Après avoir en vain sollicité du roi l'éloignement de sa rivale, elle voulut lui nuire indirectement en s'attaquant à la personne du duc d'Orléans, dont elle chercha à rabaisser le mérite et à faire diminuer le crédit. Le jeune duc avait un frère plus âgé que lui, et qu'on appelait le Dauphin. La duchesse avait coutume, devant le roi, de combler celui-ci d'éloges, tandis qu'elle se montrait fort réservée à l'égard du premier. Lorsque la guerre se fut rallumée et que les princes furent à la tête des armées, la duchesse, ne consultant que sa vengeance, s'entendit plus d'une fois avec les ennemis pour leur communiquer les plans de la campagne, et faire battre, en trahissant les intérêts de l'État, le jeune prince, amant de sa rivale. Aussi il arriva, que pendant quelque temps, le duc d'Orléans n'essuyait plus que des revers, tandis que le Dauphin n'avait que des triomphes. La duchesse, malgré sa perfidie, ne parvint pas au but qu'elle désirait d'atteindre : la fortune se déclara contre elle, car le Dauphin étant venu à mourir sur le théâtre de ses exploits, le duc d'Orléans devint alors l'héritier présomptif de la couronne. Cet événement faisait monter à Diane un degré de plus sur le piédestal du crédit et de la faveur.

Un des plus beaux souvenirs qui se rattachent au château de Chambord, c'est le séjour qu'y fit Charles-Quint, lorsque après avoir fait la paix avec François Ier, il obtint de ce monarque la permission de traverser la France pour aller soumettre, dans la Flandre, les Gantois révoltés. François Ier, qui ne pouvait oublier les rigueurs que Charles-Quint lui avait fait endurer dans ses États, résolut d'exercer envers l'empereur une vengeance vraiment chevaleresque, la seule qui fût digne du roi de France et qui convînt à son âme élevée. Il voulut faire naître dans le

Napoleon Thomas del.

FRANÇOIS Ier ET LA DUCHESSE D'ÉTAMPES

cœur de son hôte des regrets au sujet de la manière dont il avait été traité durant sa captivité : en conséquence, il eut soin de faire disposer au château tout ce qui était capable de donner une haute idée de sa générosité, et de procurer au monarque espagnol tous les plaisirs qu'il était possible de lui donner.

Une grande partie de la cour était d'avis que François Ier, en représaille des actes de perfidie et de déloyauté que l'empereur s'était permis en de nombreuses circonstances envers le monarque français, devait profiter de l'occasion qui se présentait, et faire prisonnier à son tour celui qui s'était montré jusqu'alors l'ennemi acharné de la France et avait abusé si odieusement de la captivité de son rival pour lui arracher le traité de Madrid et décimer notre malheureux pays. La duchesse d'Angoulême, la princesse Marguerite, la duchesse d'Étampes, et d'autres, partageaient cet avis ; chacun excitait le roi à agir dans l'intérêt de la France, et il n'y avait pas même jusqu'à Triboulet, le fou de Sa Majesté, qui ne se permît, à sa manière, de faire sur ce sujet des remontrances au roi.

Quelques jours avant l'arrivée de Charles-Quint, François Ier se trouvait en tête-à-tête avec la duchesse d'Étampes, dans un magnifique pavillon construit à la moresque et qui était le lieu de rendez-vous favori des deux amants. Ils étaient assis, à côté l'un de l'autre, devant une table chargée de mets exquis, servis dans de la vaisselle d'or. Le roi, tout en tendant à Triboulet une coupe de cristal de Bohême, que le bouffon s'empressa de remplir de vin de Malvoisie, fixait sur sa belle maîtresse ce regard magnétique dont le pouvoir, secondé par le prestige de la royauté, avait fasciné tant de femmes de rangs divers.

« François, disait la duchesse de sa voix la plus mélodieuse, est-il donc vrai que vous nous quittez demain ? — Et sur un signe affirmatif du roi, elle continua : — Ainsi vous persistez à vouloir aller au-devant de cet empereur, que je hais pour la rigoureuse captivité dans laquelle il vous a si longtemps tenu ?

— Chère Anne, il est vrai, je pars demain, répondit François. Mais mon absence sera de peu de durée ; j'irai attendre mon frère Charles à Loches, d'où je l'amènerai ici, en passant par Amboise.

— Et quand vous aurez en votre pouvoir ce souverain sans foi, que vous honorez du titre de frère et que j'appellerais, moi, votre geôlier, ne profiterez-vous pas de cette circonstance pour obtenir de lui la révocation du traité de Madrid?

— Par la persuasion, s'il se peut ; non pas autrement. »

Comme François achevait de prononcer ces mots, Triboulet tira de son pourpoint des tablettes d'ivoire, sur lesquelles il avait l'habitude d'inscrire le nom de ceux qui, selon son jugement, se montraient plus fous que lui. — Le bouffon appelait ces tablettes *le Journal des fous.* — Le roi eut la fantaisie de jeter un coup d'œil sur ce singulier journal, et il lut : *Charles-Quint.*

« Ah ! ah ! fit le monarque étonné ; quand donc as-tu tracé sur ton journal le nom de mon impérial frère ?

— Le jour, Sire, où j'ai appris qu'il avait mis le pied sur le territoire de France.

— Que feras-tu, reprit le roi, si je le laisse passer en liberté ?

— J'effacerai son nom, répondit Triboulet, et je mettrai le vôtre à la place.

— Vous voyez, Sire, que je ne suis pas la seule de mon opinion, remarqua la duchesse.

— Je sais bien, dit le monarque chevalier, que mes intérêts me dictent la mesure que vous me conseillez ; mais l'honneur parle chez moi plus haut que mes intérêts, et jamais je ne consentirai à sacrifier l'un pour faire triompher les autres. »

Le lendemain, François Ier partit pour Loches, à la rencontre de l'empereur, et bientôt les deux souverains arrivèrent ensemble au château de Chambord.

Le cortége de l'empereur était plutôt élégant que splendide : cet arrière-petit-fils de Charles le Téméraire amenait avec lui une centaine de gens d'armes des vieilles ordonnances de Bourgogne, tous hommes de belle mine et bien équipés. Ses pages, au nombre de vingt-quatre, étaient vêtus de velours jaune, gris et violet, ses couleurs en ce temps-là. Les gentilshommes espagnols de sa suite se faisaient remarquer par la richesse de leur habillement. Quant à lui, il était monté sur un beau cheval d'Andalousie, et portait par-dessus son armure, qui était de l'acier du poli le plus fin, une *saie* de drap d'or. Au lieu de chapeau, il avait sur la tête une espèce de bonnet de velours noir brodé de pierreries.

La réception que François fit à l'empereur fut magnifique. Chaque jour, c'étaient des parties de chasse, qui paraissaient avoir beaucoup d'attrait pour Charles : le parc de Chambord, dont l'étendue est immense, a toujours été peuplé d'un grand nombre de bêtes fauves. La chasse était suivie d'un banquet, après lequel il y avait ordinairement bal au château.

Deux incidents qui, en jetant quelque inquiétude dans l'âme de Charles-Quint, interrompirent seuls l'uniformité des plaisirs de Sa Majesté Impériale, méritent d'être rapportés.

Dans une excursion que firent les princes aux environs de Chambord, le fils cadet de François Ier, qui s'appelait Charles, et avait alors le titre de duc d'Orléans, ayant mis pied à terre au milieu de la forêt, s'élança tout à coup, avec l'étourderie de son jeune âge, sur la croupe du cheval monté par l'empereur, et entourant celui-ci de ses bras, il s'écria :

« Vous êtes mon prisonnier ! »

Charles-Quint devint extrêmement pâle, et sans prononcer un mot, peut-être parce qu'il se sentait trop vivement ému, il se dégagea de l'étreinte du duc d'Orléans.

Dans une autre occasion, l'empereur laissa de nouveau percer la crainte qui s'emparait de son esprit lorsque quelque circonstance fortuite lui montrait le péril dans lequel eût été sa liberté s'il avait eu affaire à un souverain moins loyal que François Ier :

Toute la cour était réunie dans la grande salle du château. A cette époque, on dansait en plein jour aussi bien qu'à la clarté des bougies. Des danses, dites *royales,* et des *gaillardes* venaient d'être exécutées par Diane de Poitiers, la duchesse d'Étampes, les jeunes princes et autres dames et seigneurs. Charles-Quint adressait à la fière maîtresse de son royal hôte quelques compliments sur la grâce majestueuse de ses poses et la légèreté de ses pas, lorsque François, s'approchant d'eux, dit en riant à l'empereur :

« Savez-vous, mon frère, que cette belle dame m'avait conseillé de vous retenir en France jusqu'à ce que vous eussiez consenti à la révocation du traité de Madrid? »

Le visage alors souriant de Charles s'assombrit soudain ; ses sourcils se contractèrent, et au lieu de répondre au roi sur le ton de la plaisanterie, il répliqua sèchement :

« Si l'avis est bon, il faut le suivre. »

A quelques jours de là, se lavant les mains devant la duchesse d'Étampes, qui, selon le cérémonial convenu, devait lui présenter la serviette, l'empereur laissa tomber adroitement de ses doigts une magnifique bague de diamants, que la duchesse s'empressa de ramasser pour la lui rendre :

« Cette bague se trouve trop bien où elle est, pour que je me décide à la reprendre, dit le monarque en souriant gracieusement ; elle ne saurait parer de plus belles mains que les vôtres. »

La duchesse accepta avec reconnaissance le compliment et le joyau, et dès cette époque, elle cessa de se montrer hostile au monarque espagnol.

La facilité avec laquelle cette femme cupide se laissa gagner par l'ennemi de son amant donne lieu de présumer que sa prétendue haine pour le *geôlier* de François Ier était, sinon feinte, du moins exagérée. Quoi qu'il en soit, il est certain que la duchesse eut dans la suite avec l'empereur des liaisons très-nuisibles aux intérêts de la France. Toujours guidée par sa haine pour Diane, et par le désir de rabaisser le Dauphin, elle obligea, par ses intrigues, ce jeune prince à lever le siége de Perpignan : les ennemis, avertis par la favorite des desseins du roi, jetèrent dix mille hommes dans la place, et par ce secours la rendirent imprenable. Lorsqu'en 1544, Charles-Quint et Henri VIII, de concert, attaquèrent François Ier, la duchesse fut encore accusée d'avoir livré le secret des opérations de la campagne à l'empereur. On lui impute également la prise d'Épernay, celle de Château-Thierry, et les succès des Impériaux, dont l'approche porta l'effroi jusque dans les murs de Paris. Abusant de la passion du roi et de l'ascendant qu'elle avait sur son esprit, elle le détermina à signer le traité de Crépy, si honteux pour la France, que le Dauphin protesta contre ce traité quelques semaines après qu'il eut été signé. Ainsi qu'on le voit, peu de maîtresses de souverain causèrent plus de maux à la France que l'impérieuse duchesse d'Étampes.

Malgré les précautions que prenait François Ier pour dérober ses amours illégitimes aux regards de la reine Éléonore, il était impossible que celle-ci n'en fût pas instruite, car la duchesse d'Étampes était trop orgueilleuse pour ne pas faire sentir à tout le monde la haute faveur dont elle jouissait à la cour. La reine, quoique résignée depuis longtemps, avait cependant une âme espagnole, et l'on ne sera pas étonné d'apprendre que, cédant au besoin de son cœur, elle se laissa pénétrer d'amour pour le connétable de Montmorency, qui lui offrit un hommage auquel elle n'était plus accoutumée.

Montmorency, qui à cette époque jouissait de la confiance de François, avait également possédé celle de Louis XII et d'Anne de Bretagne ; cette dernière l'avait même tenu sur les fonts baptismaux, au temps de sa première royauté, alors qu'elle était la femme de Charles VIII. Conseiller non moins intègre et désintéressé que guerrier vaillant et loyal, Anne de

Montmorency s'était cependant attiré plus d'un ennemi à la cour, où la franchise du caractère n'est point considérée comme une qualité, et où les façons brusques, les reparties parfois un peu brutales du maréchal lui avaient valu le surnom de *Rabroueur*. Cependant, comme il n'est point de caractère, si farouche qu'il soit, que l'amour ne puisse assouplir, les manières de Montmorency s'étaient remarquablement modifiées depuis l'arrivée d'Éléonore en France.

Le maréchal avait été vivement impressionné par la douce mélancolie et la vertueuse résignation de cette princesse espagnole, que la froideur de son mari affligeait sans néanmoins l'étonner ; car durant sa captivité, François Ier, si galant envers les femmes, semblait avoir pris à tâche de donner à sa future épouse, par des marques réitérées d'indifférence, comme un avant-goût du délaissement auquel il la condamna dès qu'elle fut montée sur le trône de France.

Sans doute, cet abandon dans lequel vivait la reine ne contribua pas peu à développer un amour que la vue d'Éléonore avait fait naître soudainement dans l'âme de l'austère guerrier. Au reste, on a remarqué que ce sont les organisations les moins ardentes qui se montrent ordinairement les plus passionnées et les plus constantes dans leurs attachements.

Donc, Anne de Montmorency avait choisi la reine de France pour la dame de ses pensées ; on assure même qu'il s'était hasardé à lui déclarer l'invincible passion qu'il ressentait pour elle, sans que la sévère Éléonore se fût laissé attendrir. S'il faut en croire les chroniqueurs du seizième siècle, l'épouse du volage François aurait même d'abord repoussé avec indignation les hommages du maréchal, lequel, au lieu de renoncer à une si difficile conquête, se serait fié au temps, ce grand dompteur d'obstacles de tous genres, pour vaincre la fierté d'Éléonore.

« Madame, avait-il répondu à la reine lorsque celle-ci, manifestant un violent courroux de sa téméraire déclaration, avait voulu lui imposer silence, en le menaçant de tout rapporter au roi ; madame, une flamme aussi vive que celle dont je brûle pour vous ne peut être éteinte ni par le commandement, ni par la menace... Quoi que vous disiez, quoi que vous fassiez, je ne cesserai de vous adorer... Seulement, pour vous témoigner mon obéissance et mon respect, je renfermerai au fond de mon âme l'amour sans espoir qui me consume ; me bornant à vous demander, pour unique grâce, de me permettre de vous saluer, en quelque circonstance, à quelque heure que j'aie l'honneur de vous rencontrer, par ces paroles : « Bonjour, madame. » Toutes les fois que vous les entendrez, vous vous direz : « L'humble serviteur qui me salue ainsi est un amoureux fidèle qui supporte mes mépris sans se plaindre. »

Ce discours bizarre, prononcé par Montmorency avec une imperturbable gravité, désarma en partie la colère d'Éléonore, colère dont quelques esprits sceptiques essayeront peut-être de nier la sincérité, en alléguant qu'une femme, tout honnête, toute sage qu'elle est, ne saurait raisonnablement s'offenser d'un amour non moins révérencieux que fervent.

Quoi qu'il en fût à l'égard de la rigide sœur de Charles-Quint, toujours est-il qu'elle ne fit point d'autre remontrance au maréchal, lequel, depuis ce moment, ne manqua jamais, chaque fois qu'il l'abordait, de lui faire une profonde révérence en disant lentement et tristement : « Bonjour, madame. » Et comme il ne variait jamais sa formule de salutation, les courtisans, hommes et femmes, remarquèrent et ridiculisèrent cette façon de se présenter devant la reine, le soir aussi bien que le matin.

Quant à Éléonore, soit que l'étrange manière adoptée par Montmorency pour rappeler à sa mémoire qu'elle était toujours l'objet d'un culte fidèle, égayât son esprit, soit que la singulière opiniâtreté de son galant la disposât à plus d'indulgence, après lui avoir longtemps rendu son bonjour par une simple inclination de tête, elle s'humanisa jusqu'à lui répondre par un sourire. Toutefois, hormis cette faible marque de l'adoucissement de ses sentiments envers Montmorency, la reine ne lui donnait aucun espoir, aucun encouragement, et continuait de garder vis-à-vis de lui l'attitude pleine de dignité que nous l'avons vue prendre lors de la déclaration du maréchal.

La reine, malgré les rigueurs qu'elle montrait au connétable, ne pouvait s'empêcher d'être intérieurement reconnaissante de l'affection constante que le guerrier lui témoignait au milieu de son abandon ; aussi, insensiblement, elle s'adoucit, et sa reconnaissance à la fin se changea en un sentiment plus tendre. Malheureusement, à la cour rien ne peut se tenir caché, car là plus qu'ailleurs les murs ont des oreilles. Les chastes amours de la reine furent dévoilées à la duchesse d'Étampes, qui s'empressa de les révéler à François Ier ; voici à quelle occasion :

C'était peu de jours avant l'arrivée de l'empereur à Chambord. Il pouvait être environ neuf heures du matin. La duchesse d'Étampes, assise devant une toilette recouverte d'une nappe de mousseline garnie de dentelle de Gênes, contemplait sa propre image dans un miroir de Venise dont l'encadrement était d'or guilloché.

La favorite était enveloppée dans une ample robe à manches larges et ouvertes, en tissu d'argent.

Tandis que l'une de ses femmes s'occupait à peigner sa luxuriante chevelure, trois autres apprêtaient, sur la table de la toilette, les flacons et les vases de vermeil contenant, ceux-ci les pâtes parfumées, ceux-là les essences dont la duchesse se servait habituellement.

Anne, dont la beauté semblait être ce matin-là plus resplendissante encore que de coutume, détournait parfois ses yeux du miroir qui reproduisait ses traits charmants pour les porter vers un bahut de bois de cèdre dont le couvercle, resté ouvert, laissait voir les pièces de velours et de brocart qu'il renfermait et que François Ier avait envoyées peu d'instants auparavant à la duchesse.

« Berthe, dit madame d'Étampes en s'adressant à l'une des femmes qui s'empressaient autour d'elle, sais-tu si les filles d'honneur de la reine ont aussi reçu, à cette occasion de la visite de l'empereur Charles-Quint à Sa Majesté le roi de France, les présents que notre généreux souverain se plaît toujours à leur prodiguer en de semblables occasions ?

— Oui, madame, répondit Berthe, et non-seulement les filles d'honneur de la reine, mais encore toutes les dames de la cour sont pourvues, pour leur habillement, de riches étoffes de soie ; madame de Brézé, entre autres, a eu pour sa part une robe de satin, dont le corsage est garni tout autour de la gorge par un cordon de diamants. »

A ces derniers mots, le visage radieux de la duchesse se rembrunit.

« Sans doute, se hâta de dire une autre cameriste plus âgée et par conséquent plus avisée que celle à qui Anne avait adressé sa question, sans doute ce magnifique cadeau aura été offert à la sénéchale par M. le Dauphin, et non par Sa Majesté le roi. »

Mais cette insinuation, loin de rasséréner le front de madame d'Étampes, l'assombrit davantage encore. L'empire que Diane de Poitiers exerçait sur le cœur du duc d'Orléans, depuis le jour où elle avait proposé au roi et où elle s'était promis à elle-même de captiver les affections du jeune prince, devenu dauphin à la mort de son frère aîné, portait bien autrement ombrage à l'ambitieuse et avide duchesse d'Étampes, que les anciennes prétentions de la fille du comte de Saint-Vallier sur le cœur du roi.

La cameriste reconnut que dans son désir de réparer l'étourderie de sa compagne, elle avait à son tour commis une maladresse. Elle chercha à en atténuer l'effet, par le récit d'une conversation qu'elle avait entendue la veille, en se promenant dans le jardin.

« Mesdemoiselles de Torcy et de Valdinia, raconta-t-elle, étaient assises l'une auprès de l'autre sous un berceau de jasmin, et s'entretenaient à demi-voix, mais en riant très-fort, des amours de M. le connétable.

— C'était une raillerie ! dit la duchesse. Le connétable n'a jamais été amoureux...

— Il l'est présentement, madame.

— Serait-ce de l'une de ces demoiselles ?

— Oh ! non pas ; les hommages de M. de Montmorency s'adressent bien plus haut.

— A madame de Brézé peut-être ? demanda madame d'Étampes avec un rire forcé.

—M. le connétable est un ami trop dévoué de M. le Dauphin pour oser...

— C'est vrai... Mais je cherche à quelle grande dame... il peut s'être attaché secrètement... »

Et en laissant ainsi tomber ses paroles une à une. la duchesse se disait mentalement : « Si c'était moi ! »

« C'est une bien grande dame, en effet ! reprit la camériste, qui ne devinait pas la pensée de sa maîtresse.

— Ces jeunes folles, Torcy et Valdinia, ont, je gage, prononcé son nom ?

— Oui...; mais moi, je n'oserais le répéter.

— Je ne vois que la reine, s'écria un peu impatiemment la favorite, à l'égard de qui vous puissiez vous montrer si excessivement réservée ! »

Et comme la camériste s'inclina simplement à cette insinuation, madame d'Étampes continua avec beaucoup d'aigreur :

« Il faut être bien peu avisé ou bien présomptueux pour songer à conquérir une place aussi inexpugnable que celle-là. Le cœur d'une princesse espagnole ne se prend pas ainsi d'assaut.

— Aussi y a-t-il déjà lontemps que M. de Montmorency en a commencé le siége.

— Et le roi ne s'en doute pas ? dit la duchesse.

— Sa Majesté François Ier est, en cette circonstance, plutôt époux que roi, remarqua Berthe.

— Conséquemment tu le crois aveugle, conclut la duchesse, dont la gaieté fut soudain ranimée par cette plaisante observation de la jeune fille.

— Au fait, continua-t-elle, qu'aurait-il à reprendre dans cette affaire ? La reine Éléonore est non moins prudente que fière... Ce ne sera certes pas elle qui accordera jamais à un soupirant la plus légère faveur..., fût-ce seulement un baiser, ou moins encore, une boucle de cheveux, une fleur, un ruban.

— Non, répondit bien bas celle des femmes de la duchesse qui avait découvert les secrètes amours de Montmorency, Sa Majesté la reine donne d'autres souvenirs que ceux-là...

— Vraiment ! dit madame d'Étampes.

— Elle a promis à M. le connétable de lui envoyer, comme une marque de son *estime particulière,* une chaîne d'ambre et d'or émaillé que nous l'avons vue souvent porter.

— Ceci devient grave, dit Anne d'un air scandalisé. Si cette intrigue, qui, après tout, n'existe peut-être que dans l'imagination de ces jeunes filles, venait à être connue, la réputation de la reine et l'honneur du roi seraient singulièrement compromis. »

Madame d'Étampes avait à peine achevé ces derniers mots, qu'un bruit de pas et de voix se fit entendre dans l'antichambre qui précédait son cabinet de toilette. C'était dans cette dernière pièce que la duchesse recevait habituellement le matin, pendant qu'elle se faisait coiffer, les hommages de ceux des courtisans qui avaient l'honneur d'être traités par elle en amis.

Parmi eux, on comptait les premiers conseillers du roi, c'est-à-dire qu'Anne de Montmorency se trouvait au nombre de ces privilégiés. Cependant, il s'en fallait qu'il vînt aussi fréquemment chez la favorite que Claude de Lorraine, et ce fut par hasard que ces deux hommes, rivaux en gloire et en faveur, se présentèrent ensemble ce jour-là à cette espèce de petit lever de la maîtresse du roi de France.

Ils furent introduits aussitôt dans le cabinet de madame d'Étampes, dont la coiffure était terminée et qui s'amusait à passer à chacun de ses doigts, des bagues qu'elle choisissait dans une petite coupe d'améthyste, placée sur sa table de toilette. Anne avait les mains remarquablement blanches et effilées.

« M. de Guise, demanda-t-elle d'abord à Claude de Lorraine, savez-vous si c'est aujourd'hui ou demain que le roi doit partir pour aller au-devant de l'empereur?

— Nous ne le savons pas encore, répondit le duc. Sa Majesté a convoqué son conseil pour ce matin, et sans doute... »

Mais madame d'Étampes, dont l'esprit était absorbé par une autre idée et qui n'avait adressé cette question à Guise que pour dissimuler le véritable objet de sa préoccupation intime, ne lui laissa pas le loisir d'achever sa réponse.

« Connétable, dit-elle en se tournant du côté de Montmorency, vous, qui ne manquez guère de rendre chaque matin vos devoirs à madame de Brézé, et qui probablement sortez en ce moment de chez elle, pourriez-vous nous dire si c'est au roi ou au dauphin qu'il faut attribuer ce superbe présent d'une robe enrichie de diamants, qui vient d'être envoyée à cette belle dame?

— A l'un et à l'autre, madame.

— Comment?

— L'étoffe de cette robe a été donnée à madame la sénéchale par Sa Majesté le roi, et le cordon de diamants par M. le Dauphin.

— Ah! » fit la duchesse avec une apparente indifférence. Les paroles suivantes qu'elle ajouta, après un silence de quelques secondes, prouvent qu'elle ressentait un vif dépit du double cadeau fait à son ancienne rivale :

« La parure ainsi que le fard servent à cacher bien des rides!

— Oh! madame, s'écria le trop sincère connétable, si vous eussiez vu tout à l'heure à sa toilette madame de Brézé, ce ne serait pas à elle que vous appliqueriez cette observation. La belle Diane de Poitiers est encore aussi fraîche que la rose.

— Aussi, reprit madame d'Étampes, d'un ton sardonique, n'est-ce point à elle que s'adressait, ainsi que vous l'avez malignement supposé, la réflexion que j'ai hasardée tout haut. Chacun sait que la veuve du sénéchal de Normandie doit la conservation miraculeuse de sa beauté à certains breuvages diaboliques qui lui ont été indiqués par un magicien de sa connaissance. »

A cette assertion de la duchesse, Montmorency se prit à rire ; le duc de Guise, lui, resta impassible.

« Imprudent connétable ! se dit Anne mentalement, tu ne sais pas que je possède ton plus précieux secret ! »

Les deux seigneurs ne tardèrent pas à se retirer pour se rendre au conseil royal. Dès qu'ils furent sortis du cabinet de la duchesse, celle-ci s'empressa de se venger de l'attachement désintéressé de Montmorency pour Diane de Poitiers, en dénonçant au roi les amours de ce seigneur et d'Éléonore.

Le soir de ce même jour, il y eut cercle chez la reine, qui était un peu souffrante.

François Ier, qui ne se rendait jamais dans la chambre de sa femme que par les grands appartements, eut cette fois la fantaisie d'y monter par un escalier dérobé. Au haut de cet escalier, et à l'entrée d'un étroit corridor à peine éclairé par une lampe, il se rencontra avec un page d'Éléonore, sur la poitrine duquel serpentait une chaîne d'ambre et d'or émaillé qui frappa les regards du monarque, devenu non pas jaloux, mais méfiant.

« D'où te vient ce riche joyau ? dit-il au page, que cette question décontenança singulièrement, non que le jouvenceau se doutât qu'il pût y avoir rien de répréhensible dans la mission dont sa souveraine l'avait chargé ; mais comme, cédant à l'impulsion d'une coquetterie puérile, il s'était momentanément paré de cette chaîne, il appréhendait d'être réprimandé par le roi.

« Sire, répondit-il d'une voix timide, ce joyau ne m'appartient pas... J'allais le porter à M. le connétable, de la part de Sa Majesté la reine... La crainte de perdre en chemin un si précieux objet m'avait induit à le passer à mon cou.

— Donne-le-moi, je me charge de le remettre au connétable. »

Comme on le pense bien, l'enfant n'osa point répliquer ni résister au roi, et celui-ci continua de se diriger vers la chambre de la reine.

Il est facile de se représenter l'étonnement mêlé de confusion dont fut saisie Éléonore en voyant paraître son mari, sur le pourpoint noir duquel brillait la chaîne remise par elle, peu d'instants auparavant, à son page, pour qu'il la portât au connétable.

Au reste, François ne dit jamais à la reine, non plus qu'à Montmorency, un mot qui pût être pris pour une allusion à cette aventure. Mais plus tard, lorsque Charles-Quint eut quitté la France, le roi fit savoir, un matin, au connétable qu'il eût à se retirer, sans prendre congé de lui, en quelqu'une de ses maisons de plaisance. Montmorency, qui comprit bien le motif de sa disgrâce, n'en demanda pas l'explication ; il alla demeurer dans son beau château de Chantilly, jusqu'à l'avénement au trône de Henri II, qui avait toujours eu beaucoup d'affection pour lui et qui s'empressa de le rappeler à la cour.

On a généralement attribué l'éloignement dans lequel François Ier tint Montmorency, jusqu'à la fin de son règne, à la jalousie d'autorité qu'inspirent aux vieux princes la grande puissance et la haute renommée des seigneurs qui leur ont rendu les plus éminents services. On a même publié que la défaveur imméritée du connétable prenait sa source dans le conseil donné par lui à son souverain de permettre le passage par la France, sans conditions, à Charles-Quint, conseil que François se serait ensuite repenti d'avoir suivi. Mais ce monarque divulgua lui-même, par inadvertance, le véritable motif de sa soudaine aversion pour Montmorency, quand il répondit au Dauphin, qui ne se lassait pas d'intercéder pour l'illustre guerrier :

« Ne me parlez plus jamais de ce *donneur de bonjours...* »

Le penchant de François Ier pour le beau sexe, loin de diminuer avec les années, ne faisait au contraire que s'accroître. Non content d'avoir à sa disposition les plus jolies dames de la cour, il voulut butiner parmi les fleurs de la bourgeoisie, et c'est ce goût roturier du monarque inconstant qui fut la cause de sa mort. Parmi les bourgeoises que le roi aima le plus passionnément, il en est une que les mémoires du temps désignent sous le nom de *la belle Féronnière.* Il est inutile de dire que les charmes de cette bourgeoise répondaient à son nom, car le roi était, en fait de beauté, le plus grand connaisseur de son royaume, et ses hommages ne s'adressaient qu'à la grâce jointe à une rare perfection de formes. Malheureusement pour le roi, la belle Féronnière avait un mari, et un mari qui était très-jaloux de ses droits de propriété conjugale. Voulant se venger du partage illégal que le roi faisait de sa belle moitié, il employa pour cela un moyen étrange, extraordinaire, un moyen roturier s'il en fut, et que la délicatesse de notre langue ne permet pas de désigner par son nom : le mari, jaloux et bizarre, s'infecta d'une maladie pestilentielle, la communiqua à sa femme, qui ne tarda pas à la transmettre au trop galant monarque.

Le roi ne put jamais guérir de cette horrible maladie. Il fut dès lors tourmenté par des douleurs incessantes, et sa vie ne fut plus, pour ainsi dire, qu'une lente agonie. Le découragement s'empara de son âme, et ce fut sans doute dans un de ces accès de sombre tristesse auxquels on le voyait fréquemment en proie, qu'un jour, en présence de sa sœur Marguerite, il grava avec la pointe d'un diamant, sur une vitre de son cabinet, situé dans une tour du château de Chambord, le fameux distique qui, de la part d'un monarque si volage dans ses amours, nous semble être un aphorisme tout à fait dérisoire :

> Souvent femme varie ;
> Mal habil qui s'y fie.

Ce que la duchesse d'Étampes redoutait depuis longtemps arriva. François Ier mourut, au château de Rambouillet, le 31 mars 1547. Le Dauphin lui succéda sous le nom de Henri II, et l'on peut dire que Diane de Poitiers monta sur le trône avec lui. La duchesse d'Étampes n'avait eu qu'un pouvoir contesté ; Diane régna ouvertement. Toutes les créatures de la duchesse furent disgrâciées ou exilées ; mais, comme si le pouvoir de nuire à sa rivale lui en eût ôté tout à coup la volonté, Diane se contenta de lui faire donner l'ordre de se retirer dans ses terres, et la laissa jouir de tous ses biens. La belle mais trop vindicative duchesse, à qui la postérité reprochera éternellement d'avoir trahi la confiance d'un roi qui l'aima pendant plus de vingt années, mourut dans une telle obscurité, qu'on sait à peine l'époque de sa mort.

Anne de Pisseleu, à cause de la protection qu'elle accorda aux savants durant sa faveur, avait été appelée *le Mécène des beaux esprits ;* on peut dire à sa louange qu'elle mérita ce titre, ainsi que l'éloge qu'on lui donna d'être *la plus belle des savantes et la plus savante des belles.*

A l'époque de la mort de François Ier, Chambord n'était pas encore complétement réédifié, bien que depuis douze années, près de deux mille ouvriers de toute espèce y eussent constamment travaillé. Parmi les bâtiments qui y ont été ajoutés par les successeurs de ce souverain, on signale comme remontant au règne de Henri II, une tour remarquable par sa forme élégante et son escalier en spirale. En ce lieu, l'*H* couronnée et le croissant, l'un des attributs de Diane, tiennent la place de la salamandre et de l'initiale de François, dont les murs et les plafonds de ce palais sont presque partout parsemés.

L'*H* et le croissant, qui servent d'ornement à quelques frises du château de Chambord, rappellent les chiffres entrelacés des deux amants, qui s'aperçoivent de tous côtés au château d'Anet. Henri II, a dit un écrivain de nos jours, est le seul roi de France qui ait consacré aussi publiquement ses faiblesses. Il faut peut-être moins attribuer à l'amour qu'à la vaniteuse ambition de sa maîtresse, cet oubli des convenances : elle exigea impérieusement ces coupables condescendances de son royal amant ; et l'histoire nous apprend que Henri, pour la charmer, voulait qu'on vît dans les tournois, sur ses ameublements, dans ses devises, et même sur les frontispices de ses bâtiments royaux, un croissant, des arcs et des flèches, qui étaient le symbole adopté par Diane.

Un beau jour, il prit fantaisie à Diane d'être duchesse, ainsi que l'avait été Anne de Pisseleu, son ancienne rivale ; Henri, qui ne savait rien refuser à celle qui le captivait, lui donna ce titre avec le magnifique domaine de Valentinois.

La duchesse de Valentinois ne fut pas toujours fidèle à son amant. Étrange fatalité ! le croissant que Henri se plaisait à arborer partout comme un symbole de l'amour constant de sa maîtresse, devint pour lui, sans qu'il pût le prévoir, un emblème d'un genre tout à fait différent.

Disons ici quelques mots sur cette intrigue amoureuse qui faillit perdre Diane et le comte de Brissac, et qui, grâce à la réserve du roi, ne perdit que le délateur.

Un soir, tandis que Diane et le jeune comte échangeaient de tendres propos et de doux serments, une des femmes de la duchesse accourut l'avertir que le roi, qui était parti la veille pour Blois, où se trouvait alors la reine, et qui ne devait revenir à Chambord que le lendemain, était de retour... Sans doute, il ne tarderait pas à se rendre chez sa maîtresse adorée.

« Henri arrive toujours chez moi par l'escalier dérobé, dit précipitamment madame de Valentinois à Brissac. Vous pouvez donc, Charles, descendre en toute sécurité par le grand escalier. »

Brissac obéit à son amie. Mais cette dernière s'était trompée dans ses prévisions. Le roi ne prit point, comme à l'ordinaire, l'escalier dérobé ; néanmoins, comme celui du milieu a une double rampe et que Henri ne suivit point celle par où descendait Brissac, il ne rencontra pas l'amant favorisé de l'ingrate duchesse, à laquelle ne suffisait pas la tendresse exclusive de ce jeune monarque, d'ailleurs beau, généreux, aimable, surtout pour elle.

Un seigneur fort bien alors en cour, Claude de Thaïs, indigné de l'infidélité de Diane, dont il découvrit par hasard l'intrigue amoureuse, ou peut-être, qui sait? jaloux de la préférence accordée par la duchesse à Brissac, eut la hardiesse de dévoiler à Henri cette liaison clandestine. Le roi l'écouta d'un air pensif. Il ne fit d'ailleurs aucune question, aucune objection à l'audacieux révélateur, et, soit incrédulité, soit indulgence, il ne témoigna ni ressentiment, ni méfiance à madame de Valentinois, non plus qu'à Brissac. Au contraire, et comme pour donner une preuve éclatante de son mépris pour les délateurs, Henri ôta à Thaïs sa charge de grand maître de l'artillerie et en gratifia peu de temps après Charles de Brissac. Toutefois, et bien que l'influence de Diane sur le roi ne parût nullement diminuée, il est à remarquer que ce fut à cette époque que Henri chercha des distractions auprès de quelques autres femmes, parmi lesquelles on cite une Écossaise venue en France avec la jeune et jolie Marie Stuart.

Henri II n'occupa le trône de France que pendant douze années. On rapporte qu'en 1556, un célèbre devin, auquel le roi avait commandé de lui tirer son horoscope, le lui présenta écrit avec de l'encre rouge sur un parchemin.

« Ah ! dit Henri après l'avoir lu, je croyais que ce devin m'aurait fait quelque prédiction sur les événements de ma vie à venir, et je vois qu'il s'est occupé uniquement de rechercher quel genre de mort Dieu me réserve. Cela signifierait-il que ma fin est proche?

— Eh! Sire, s'écria Anne de Montmorency, qui se trouvait auprès du roi, qu'aviez-vous besoin de consulter de semblables marauds, tous bavards et menteurs à l'égal les uns des autres?

— Mais, répliqua Henri, ces gens-là disent quelquefois la vérité. Voyez donc, connétable, quelle étrange mort m'est présagée par ce nécromancien... Suivant lui, je dois être tué dans un combat singulier.

—Sire, croyez-moi, reprit le connétable, jetez ce parchemin au feu.

— Pourquoi? Cela ne changerait rien à la prophétie... D'ailleurs, j'aime autant, voire mieux, mourir de cette mort que de toute autre. — Et, appelant aussitôt un de ses secrétaires des commandements : — M. de L'Aubespine, prenez cette prophétie et serrez-la bien, afin de pouvoir me la présenter quand je vous la redemanderai. »

Un an s'était à peine écoulé, que Henri tombait au milieu d'un tournoi, mortellement blessé à l'œil droit par le fer de la lance de Montgommery, capitaine des gardes, qu'il avait presque forcé de jouter avec lui.

Dès que le roi eut été transporté dans son appartement, le connétable, se souvenant tout à coup du devin et de sa prophétie, appela M. de L'Aubespine et lui demanda le parchemin.

« Ah! murmura-t-il dès qu'il eut jeté les yeux dessus, c'est là le combat singulier où il était écrit que le roi devait périr!... »

Effectivement, quinze jours après ce malheureux tournoi, François II succédait à son père.

Le règne de Henri II terminé, Diane qui, tant que son amant avait vécu, s'était vue considérée comme la véritable souveraine de France, dut se résigner au même sort qu'elle avait fait subir à la duchesse d'Étampes.

Devenue reine mère, Catherine de Médicis releva la tête, qu'elle avait tenue jusqu'alors courbée sous le joug de la toute-puissante maîtresse de son faible époux. Non contente d'exiler sur-le-champ cette odieuse rivale, la veuve de Henri II la força à lui rendre des bagues, des boucles, des épingles, qu'elle tenait du feu roi : la reine prétendit, comme jadis

François Ier en redemandant ses joyaux à madame de Chateaubriand, que ces pierreries appartenaient à la couronne. Diane subit toutes ces humiliations en expiation de ses fautes. Retirée du monde, elle ne songea plus qu'à faire pénitence, et à racheter par de pieuses pratiques les scandales de sa vie.

Sous le règne suivant, le château de Chambord continua d'être visité par les rois de France, mais il fut loin d'avoir cet éclat dont il brilla pendant vingt ans sous François Ier et Henri II. François II et Henri III n'ont laissé dans ce château aucun souvenir de grand intérêt. Henri IV affectionna peu Chambord, qui était trop loin de sa bonne ville de Paris. Louis XIII, son fils, eut pour ce château un goût plus vif. L'architecture sévère de cette habitation royale s'harmonisait assez avec ses goûts et son caractère. C'est à Chambord que le prince vint se consoler de l'exil de mademoiselle de Lafayette, qu'il signa malgré lui, de crainte de déplaire au cardinal de Richelieu. C'est à Chambord que mademoiselle d'Hautefort, qui avait remplacé dans le cœur du prince mademoiselle de Lafayette, ayant caché malicieusement dans son sein une lettre dont le roi voulait s'emparer, fut toute désappointée de voir le roi se servir, non de ses mains, mais d'une paire de pincettes, pour retirer de sa cachette mystérieuse la missive désirée.

Gaston d'Orléans, frère de Louis XIII, ayant été exilé à Blois à cause de sa turbulence, alla souvent à Chambord se consoler de son exil, par les plaisirs de la chasse. Sa fille, Mademoiselle, venait souvent le voir. Il s'amusait à l'égarer dans la double montée du grand escalier, et à l'appeler d'un côté, tandis que la petite princesse le cherchait de l'autre. Le souvenir de ce jeu d'enfance ne s'effaça jamais de son esprit; elle l'a consigné dans ses *Mémoires* de la manière suivante :

« Une des plus curieuses et des plus remarquables choses de la maison, c'est le degré fait de manière, qu'une personne peut monter et l'autre descendre sans qu'elles se rencontrent, bien qu'elles se voient. A quoi

Monsieur prit plaisir à se jouer d'abord avec moi : il était en haut de l'escalier lorsque j'arrivai ; il descendit quand je montai, et riait bien fort de me voir courir, dans la pensée que j'avais de l'attraper : j'étais bien aise du plaisir qu'il prenait, et je le fus encore davantage quand je l'eus joint. »

Lorsque la princesse s'amusait à ces jeux innocents, elle ne se doutait pas que trente ans plus tard elle verrait commencer dans ce château son amour pour Lauzun, qui jeta tant d'amertume dans les dernières années de sa vie. Ce fut à Chambord que la grande Mademoiselle avoua au cadet de Gascogne le sentiment qu'elle lui portait, en projetant son haleine sur une glace et en écrivant avec le doigt le nom de son vainqueur.

Au sombre et valétudinaire pupille de Richelieu succéda, sur le trône de France, un prince fameux par son faste et sa magnificence, et la cour triste et ennuyeuse de Louis XIII fut remplacée au château de Chambord par la cour spirituelle et brillante de Louis XIV. Le fils d'Anne d'Autriche, voulant soustraire à la vue de sa mère les amours de sa jeunesse, avait choisi Chambord pour le théâtre de ses aventures galantes. C'est dans cette superbe retraite qu'il adressa plus d'une fois ses hommages à la piquante Mancini, qu'il abandonna bientôt pour offrir son encens à la gracieuse Louise de La Vallière.

Un jour qu'il se trouvait, avec sa Louise adorée, devant la vitre où François Ier avait écrit deux vers sur l'inconstance des femmes, Louis XIV, dans l'enivrement d'un amour heureux, jugea le distique impertinent, et, voulant prouver à sa maîtresse qu'il avait une meilleure opinion de ses sentiments, il brisa lui-même la vitre qui lui paraissait si peu galante. Si la maîtresse bien-aimée de ce prince avait pu deviner le sort qui lui était réservé, si elle avait pu voir dans l'avenir la cellule de religieuse où elle devait pleurer l'inconstance de son amant, au lieu de favoriser par un sourire cette destruction d'un précieux souvenir historique, elle se serait empressée de retenir la main de Louis, et d'effacer seulement un mot du distique mensonger, pour y substituer cette variante, bien plus près de la vérité :

> Souvent le roi varie ;
> Mal habil qui s'y fie.

Mais à cette époque, la sensible Louise était réellement aimée du roi ; elle était heureuse des fêtes de toute sorte que le jeune monarque donnait à son intention, et son âme n'était pas encore affligée par la vue de l'impérieuse rivale qui devait plus tard la supplanter.

Pellisson, qui assista à quelques-unes des fêtes que Louis XIV donna à Chambord pour le plaisir de mademoiselle de La Vallière, exprime son admiration en ces termes :

« Si les anciens arbres, dit-il, n'avaient été condamnés par un jugement équitable à un éternel silence ; si l'obscurité de leurs oracles et l'indiscrétion avec laquelle ils trahissaient les secrets des amants, n'avaient obligé les dieux à les réduire à servir seulement pour l'ombrage et la fraîcheur, il y a, sans doute, beaucoup d'apparence que ceux de Chambord parleraient plus clairement que de coutume, et qu'ils décideraient en faveur de ce qu'ils voient aujourd'hui, quoiqu'ils aient eu l'honneur d'aider aux plaisirs de François Ier, dont la grandeur et la magnificence n'ont pu être surpassées que depuis quelques années. »

C'est à Chambord que Molière fit jouer, pour la première fois, son *Bourgeois gentilhomme,* dans une salle que Louis XIV avait fait construire par Mansard, expressément pour cette représentation. On rapporte à ce sujet une anecdote qui fait bien connaître l'esprit servile des courtisans. Soit que le roi n'eût point d'abord apprécié le chef-d'œuvre de Molière, soit qu'il eût voulu suspendre son jugement jusqu'à ce qu'il fût à même de mieux comprendre les caractères et le comique de la pièce, il ne donna à la première représentation aucun signe d'approbation en faveur de l'ouvrage. Aussitôt tout le monde de dire que la pièce était mauvaise et que le talent du poëte, jadis si resplendissant, commençait à décroître. L'auteur de la comédie fut pendant cinq jours dans les tortures les plus grandes, n'entendant de toutes parts que des allusions fâcheuses et des paroles désagréables. A la seconde représentation, le roi, interrompant le silence qu'il avait gardé jusqu'alors au sujet de la pièce, donna des marques de la plus vive approbation et voulut même féliciter hautement le poëte du plaisir que son œuvre lui avait causé. Cette fois les courtisans, revenant de leur première opinion, applaudirent à outrance ; ils donnèrent à l'envi les plus grands éloges à la pièce, et coururent bien vite dans la chambre de Molière pour lui témoigner leur admiration. Ainsi se font les succès à la cour. Ils dépendent d'un cas fortuit, du caprice élogieux du monarque, qui est l'arbitre souverain des jugements et des opinions.

Le dernier voyage de Louis, à Chambord, eut lieu en 1684 ; le monarque était accompagné de madame de Maintenon et de madame de Montespan, qui, à cette époque, se disputaient sa faveur. Il pensa y revenir en 1712, mais alors le temps des fêtes était passé, les ennemis de la France marchaient vers la capitale, et la monarchie était dans le plus grand danger. Ce fut dans ce moment de péril que le grand roi dit au maréchal d'Harcourt : « Je vais faire un appel à tous les Français capables de porter les armes ; je suis sûr que ma voix sera entendue, et alors je triompherai, ou je périrai avec la France entière. Dans le conseil, on agita la question du départ du roi pour Chambord : c'était là qu'il avait résolu de se défendre jusqu'à la mort et de s'ensevelir sous les ruines de la monarchie. Le génie de Villars épargna au roi cette funeste extrémité : la victoire de Denain, remportée sur l'Europe entière, rassura Louis XIV, et lui procura une paix honorable.

Sous Louis XV, cette résidence, après avoir été habitée longtemps par Stanislas de Pologne, son beau-père, devint la récompense du courage militaire. La munificence royale donna Chambord en apanage au maréchal de Saxe, qui venait de gagner la célèbre bataille de Fontenoy. Ce guerrier illustre se reposa dans ce palais des fatigues de la guerre, au sein des plaisirs, des arts, de l'amitié et des exercices militaires. Le roi, par une galanterie toute particulière, lui avait permis d'amener avec lui ses deux régiments de hulans, qui tinrent garnison dans des casernes bâties à la porte même du château.

Ayant été épargné par le vandalisme révolutionnaire, le domaine de Chambord fut érigé en principauté par Napoléon, et donné en dotation au prince de Wagram, qui avait négocié l'alliance impériale avec Marie-Louise.

Dans la suite, la princesse de Wagram, étant devenue veuve, obtint de Louis XVIII l'autorisation de vendre à l'enchère sa principauté, et l'on vit, en 1820, les affiches de vente apposées sur le palais de François Ier. Déjà la bande noire des démolisseurs s'apprêtait à porter une main profane sur l'ancienne résidence de nos rois, lorsque la France entière s'émut à la pensée de cette profanation : une souscription fut ouverte dans tout le royaume ; le château de Chambord fut acheté par la nation, et offert en hommage au duc de Bordeaux, qui en est encore possesseur.

FIN DU CHATEAU DE CHAMBORD.

TABLE DES MATIÈRES.

FIN DE LA TABLE DES MATIÈRES.

PLACEMENT DES GRAVURES.

Paris. — Imprimerie d'ALEXANDRE BAILLY, 10, rue du Faubourg-Montmartre.

* 9 7 8 2 0 1 4 4 2 9 5 7 2 *